OUTDOOR ISLAND PULLOVER

Nordisches Strickdesign für sie und ihn

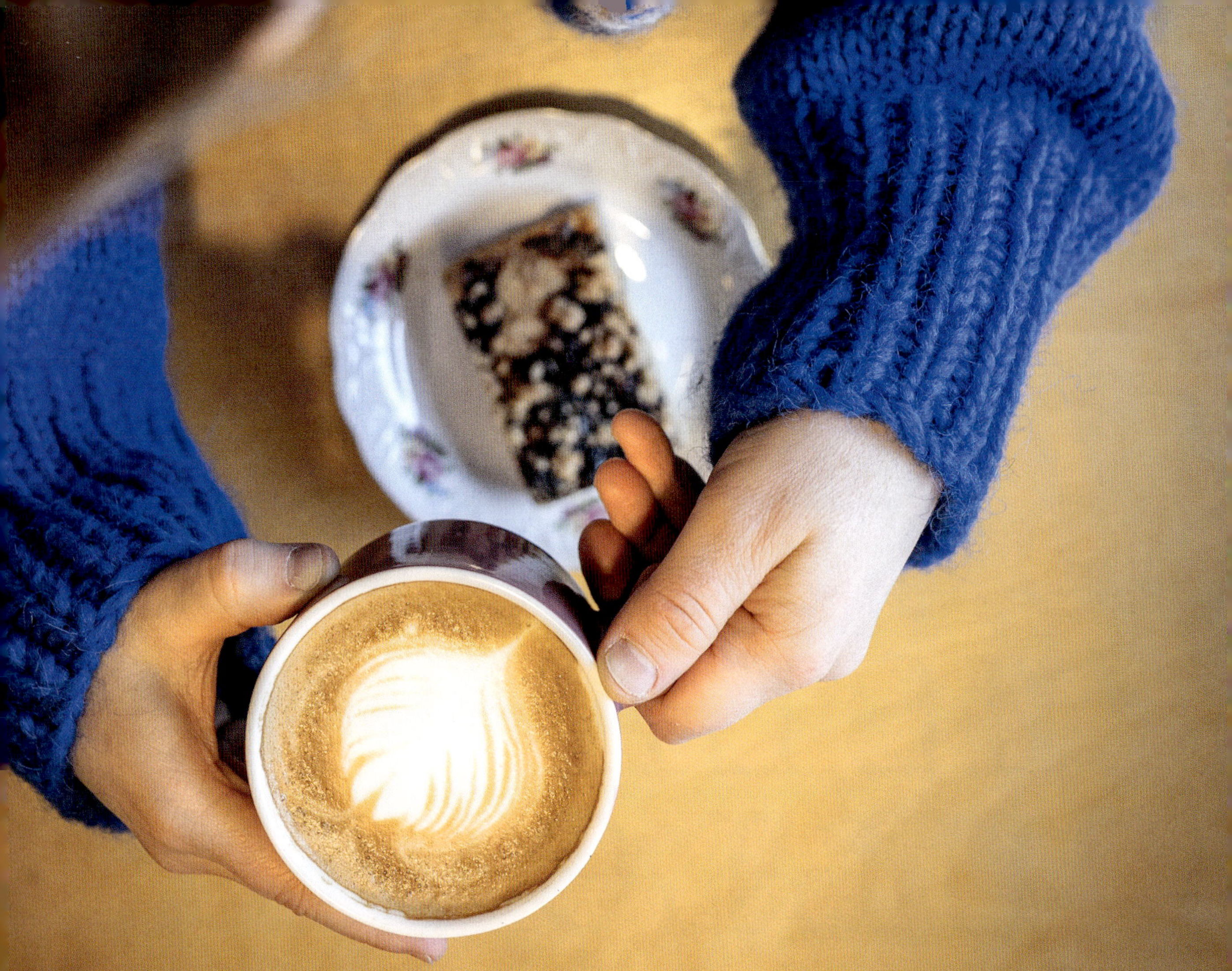

ISBN 978-3-517-10290-0
1. Auflage

Das Buch ist eine Übersetzung aus dem Finnischen.
First published in Finnish with the original title *Siggan ja Satun islantilaiset villapaidat* by WSOY, Helsinki. Published in the German language by arrangement with Bonnier Rights Finland.

Hinweise

Das vorliegende Buch ist sorgfältig erarbeitet worden. Dennoch erfolgen alle Angaben ohne Gewähr. Weder Autorinnen noch Verlag können für eventuelle Nachteile oder Schäden, die aus den im Buch gegebenen Hinweisen resultieren, eine Haftung übernehmen.
Die Modelle in diesem Buch dürfen ohne Genehmigung der Copyrightinhaber und des Verlags nicht für den Verkauf nachgearbeitet werden.
Die Redaktion bemühte sich bei der Umsetzung der deutschen Ausgabe um eine gendergerechte Sprache, sodass sich alle Geschlechter gleichermaßen angesprochen fühlen. An manchen Stellen wurde aus Gründen der Lesbarkeit auf Gendern verzichtet.

Copyright und Bildnachweis für die finnische Originalausgabe:
Copyright © Die Autorinnen, 2022
Text © Satu Rämö
Designs und Strickmustertabellen © Sigríður Sif Gylfadóttir
Fotografie © Björgvin Hilmarsson, mit Ausnahme von S. 26
© Satu Rämö
Grafikdesign und Layout © Satu Kontinen

Für die deutschsprachige Ausgabe:
Projektleitung: Vanessa Silbermann
Übersetzung: Andrea Hauss-Honkanen
Redaktion und Lektorat: Anna-Christiane Gülicher-Loll
Herstellung: Karin Herres
Satz: Satzwerk Huber, Germering
Umschlaggestaltung für die deutschsprachige Ausgabe:
Veruschkamia, München, www.veruschkamia.de,
unter Verwendung eines Fotos von Björgvin Hilmarsson
Druck und Bindung: TBB, a.s., Slovakia
Printed in Slovakia

MIX
Papier | Fördert gute Waldnutzung
FSC® C022120

Penguin Random House Verlagsgruppe FSC® N001967

www.suedwest-verlag.de

SIGRÍÐUR SIF GYLFADÓTTIR & SATU RÄMÖ

OUTDOOR ISLAND PULLOVER

Nordisches Strickdesign für sie und ihn

Aus dem Finnischen von Andrea Hauss-Honkanen

südwest

INHALT

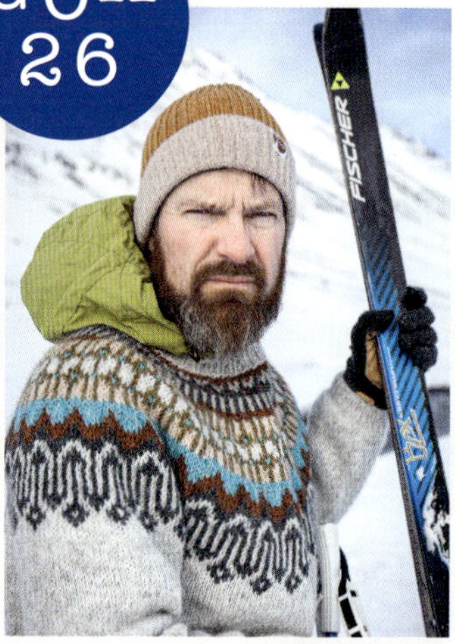

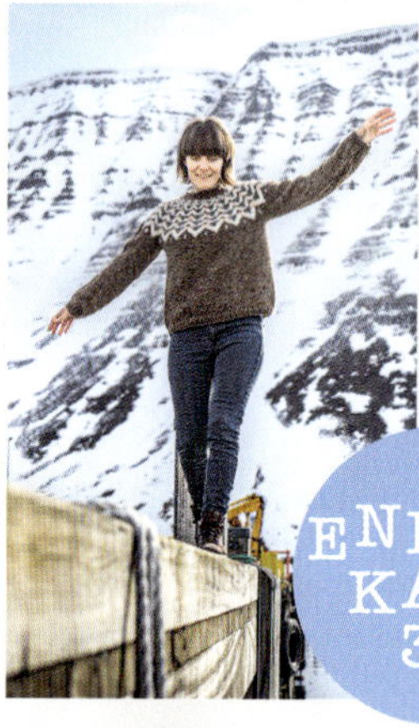

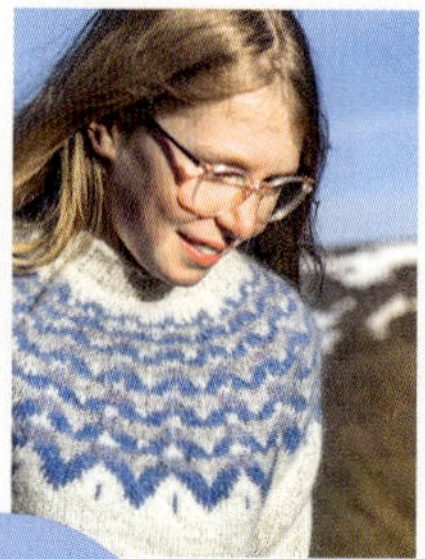

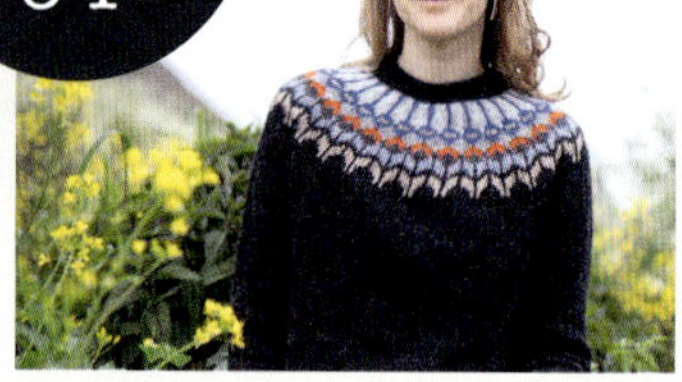

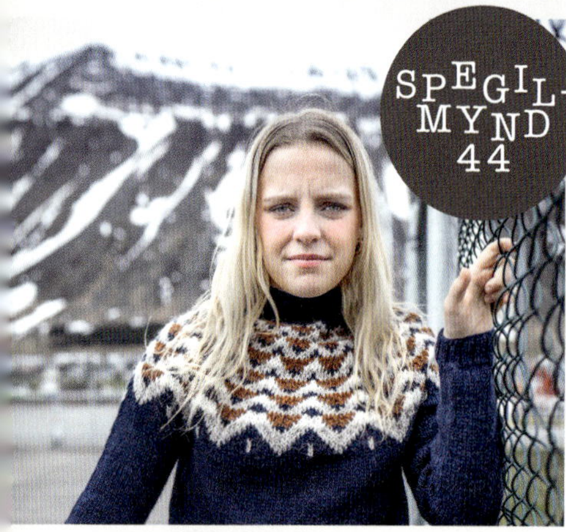

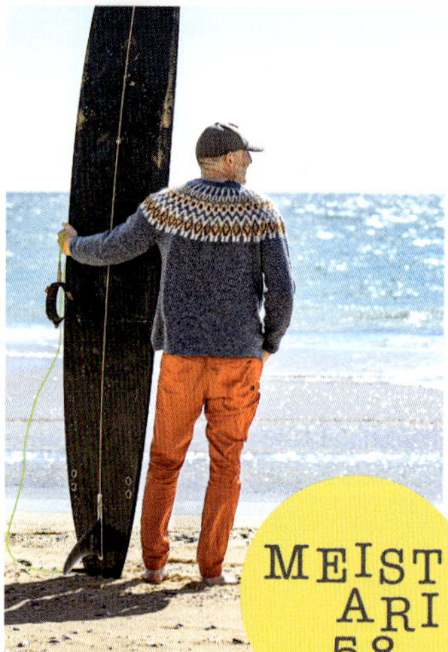

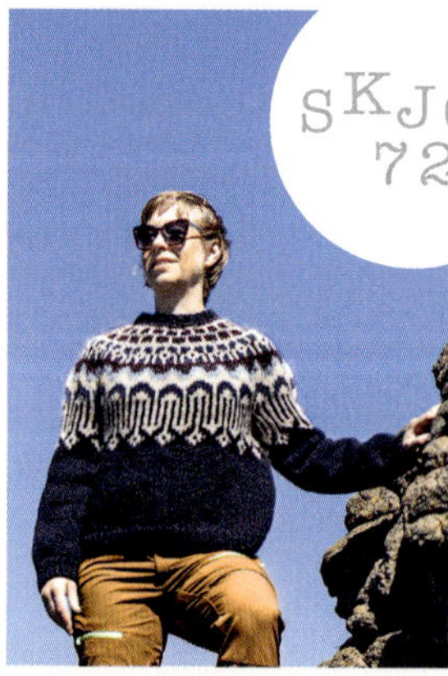

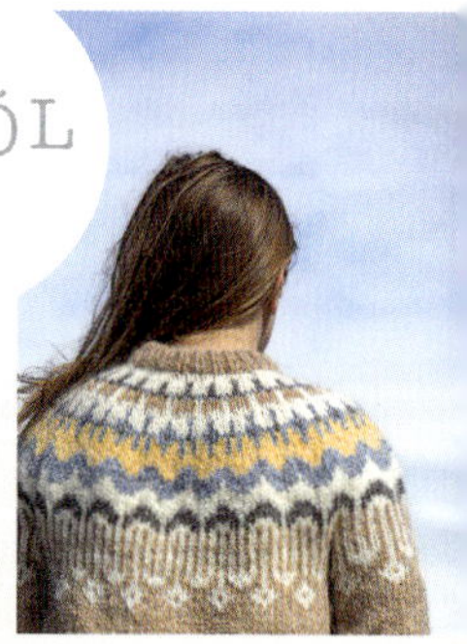

+

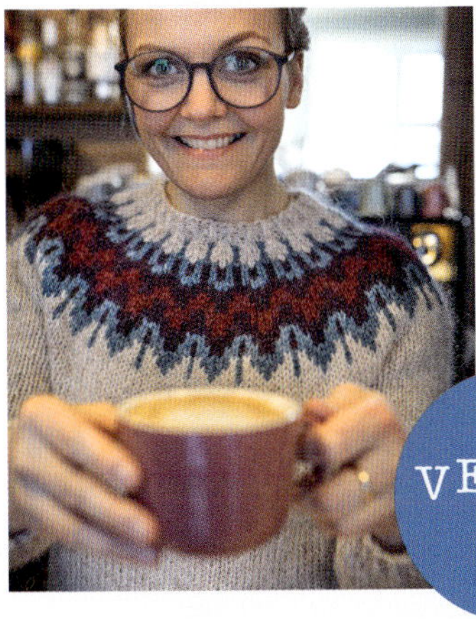

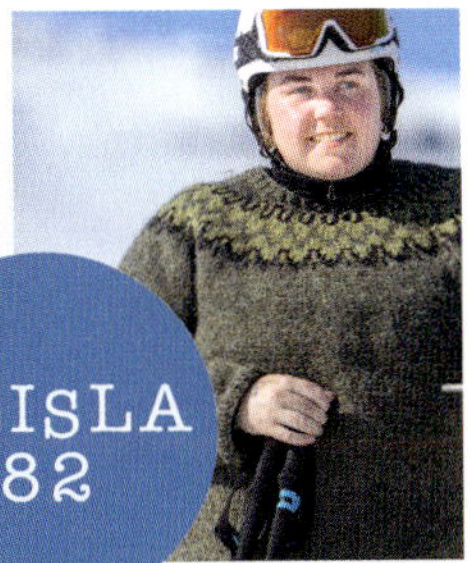

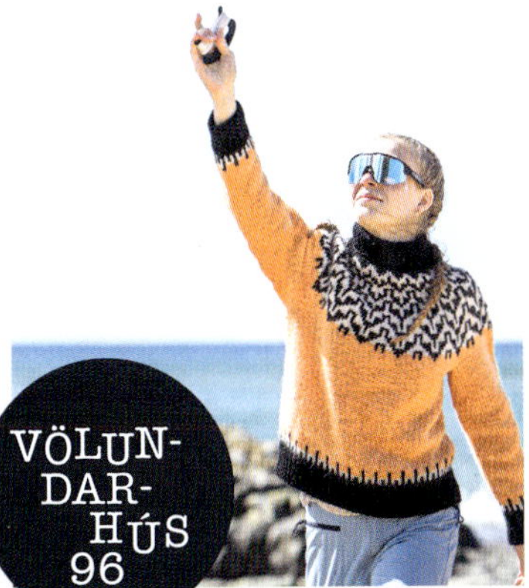

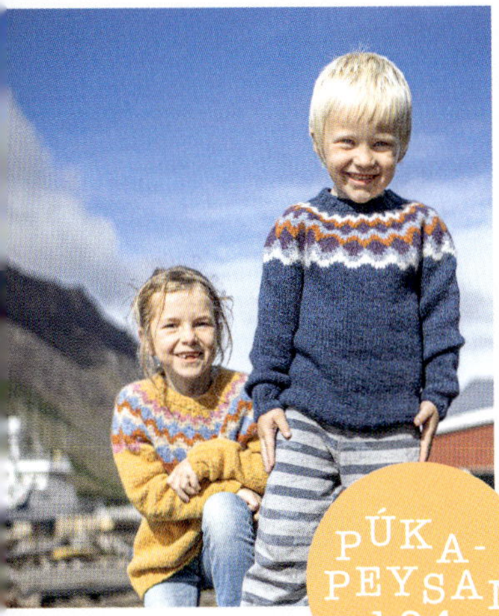

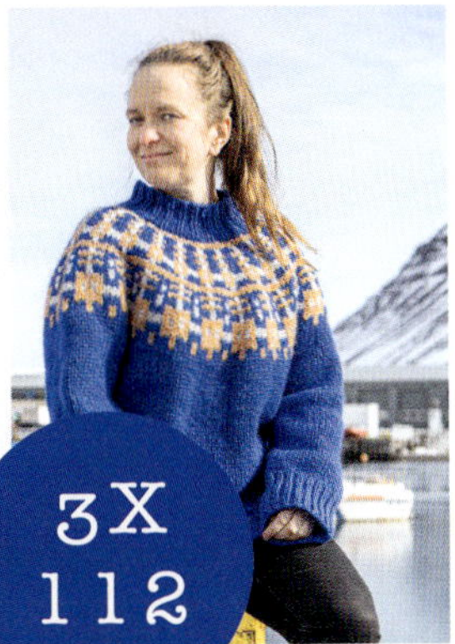

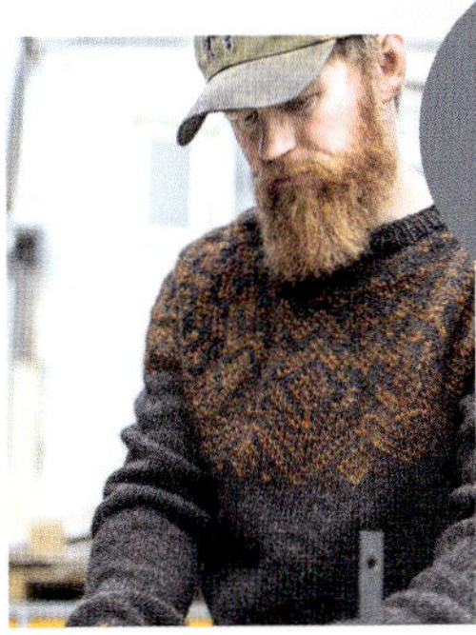

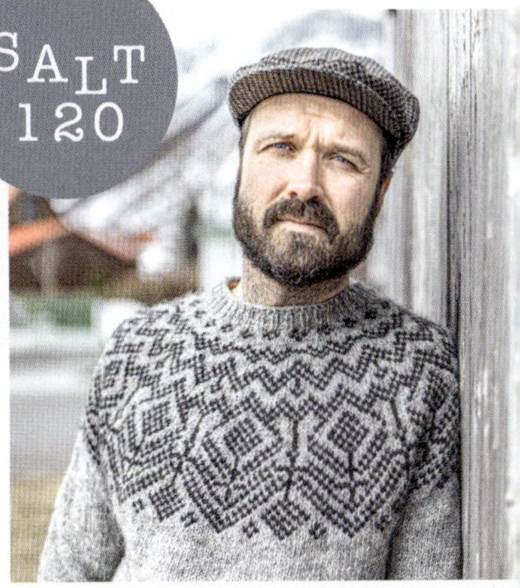

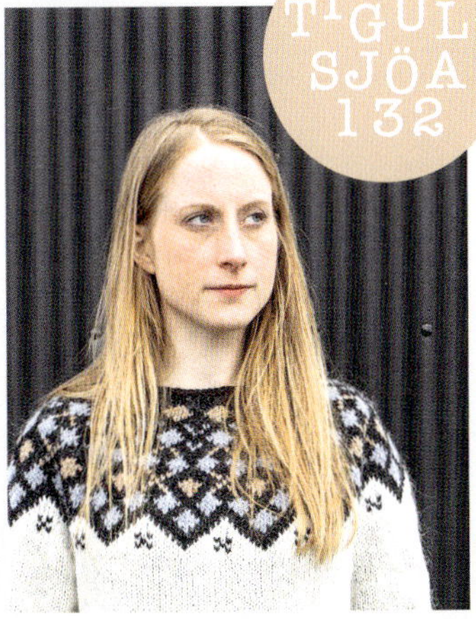

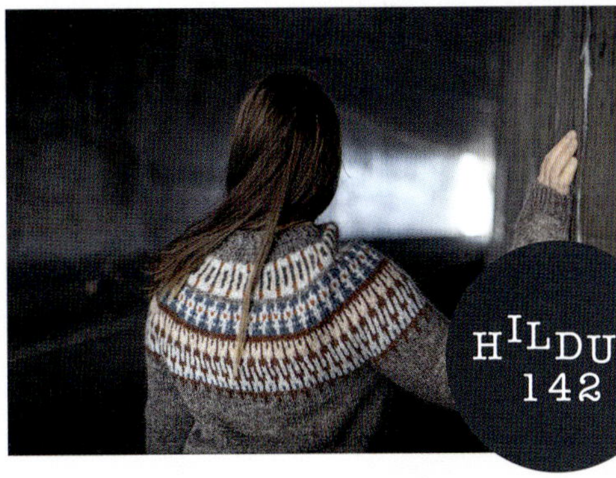

LIEBE STRICKBEGEISTERTE,

dieses Strickbuch ist eine lebensfrohe Hommage an den Islandpullover im Allgemeinen und die Zusammenarbeit von zwei Strickerinnen mit unterschiedlichen Kenntnissen im Besonderen. Geschichten über isländische Schafwolle, über Pullover und die Bedeutung des *Lopapeysa* für Isländer*innen bringen neue Einblicke in das Hobby Stricken.

Wir, die beiden Autorinnen des Buchs, sind Sigga und Satu und möchten uns kurz vorstellen:

Sigríður Sif »Sigga« Gylfadóttir ist Isländerin, Strickdesignerin und Unternehmerin, hat viele Talente und berufliche Kenntnisse und probiert gern Neues aus. Sigga hat als Lawinenexpertin, Physikerin und Risikoanalystin für eine isländische Bank gearbeitet. Heute betreibt sie ihr eigenes Kunsthandwerksunternehmen Ívaf und verkauft ihre Kreationen in isländischen Geschäften und in ihrem Onlineshop. Alle Anleitungen in diesem Buch wurden von Sigga entworfen, geschrieben und erprobt.

Satu Rämö zog vor zwanzig Jahren nach Island. Satu ist Autorin und Kommunikationsprofi. Sie hat Siggas Anleitungen ins Finnische übersetzt und alle Begleittexte für das Buch geschrieben.

Wir beide haben uns 2019 zum ersten Mal im Buchclub von Ísafjörður im Nordwesten Islands getroffen. Nachdem wir uns näher kennengelernt hatten, stellten wir fest, dass wir beide das Stricken im Heimatland der jeweils anderen erlernt hatten. Sigga studierte von 2003 bis 2007 Technische Physik in Otaniemi (heute Aalto University, Finnland). Ihren ersten Islandpullover strickte sie 2005 in Helsinki. Satu zog 2003 zum Studieren von Finnland nach Island und strickte ihren ersten von unten nach oben gearbeiteten Islandpullover für das Fotoshooting dieses Buches (siehe Seite 53). Beim Muster ging mitunter etwas schief (die korrekte Version des Góa-Pullovers ist auf Seite 26 zu sehen), aber das macht überhaupt nichts. Der Pullover ist trotzdem toll geworden! Auch Fehler können schön sein.

Bei einigen Anleitungen in diesem Buch handelt es sich um traditionelle isländische Pullovermodelle, während andere ein moderneres Design und einen zeitgemäßeren Schnitt haben. Es gibt einfache Anleitungen für schnell gestrickte Pullover und solche, die Geduld und mehr Strickkenntnisse erfordern. Wir haben versucht, alle Anleitungen – auch die für anspruchsvolle Modelle – so deutlich zu erklären, dass auch Strickanfänger*innen immer wissen, was als Nächstes zu tun ist.

Die erfahrenere Sigga musste unzählige Fragen beantworten, die die Anfängerin Satu während des Entstehungsprozesses des Buchs stellte.

Was heißt es, einen Maschenmarkierer abzuheben? Woher weiß man, welche Masche mit welcher Masche bei einer Abnahme zusammengestrickt werden soll? Wie wird die Öffnung unter dem Ärmel geschlossen? Wie werden die Ärmel mit dem Rumpfteil zusammengefügt? Muss man immer eine Maschenprobe machen?

Wir hatten beide während des ganzen Prozesses sehr viel Spaß und hoffen, dass die Zusammenarbeit zweier Strickerinnen mit sehr unterschiedlichen Handarbeitskenntnissen auch den Leser*innen des Buchs Freude bereitet, sowohl Neulingen als auch denen, die schon unzählige Kleidungsstücke und Accessoires gestrickt haben.

Für die Fotos war Björgvin Hilmarsson verantwortlich, das ist Satus Ehemann und Siggas Kletterbuddy. Alle Models im Buch gehören zu unserem Freundes- und Familienkreis vor Ort. Ob das Model für den Pullover Hildur (S. 142) möglicherweise Hildur höchstpersönlich ist, die Protagonistin der *Hildur*-Krimis von Satu?

Ein ganz besonders großes Dankeschön möchten wir den in Island lebenden finnischen Teststrickerinnen aussprechen, die unermüdlich nach Siggas Anleitungen Pullover gestrickt haben. Danke Eevakaisa Irjudóttir Nokkala, Emilia Annetts, Aino-Katri Karinen, Lotta Anda, Katariina Rafnar, Julia Heinämaa, Sanna Väisänen, Anni Teperi und Fanni Anttila.

Nun genug der Worte, jetzt geht's ans Stricken!

SIGGA & SATU
Ísafjörður, im August 2022

P.S.: Wir haben für die Pullis einen eigenen Instagram-Account eröffnet: @islantilaisetvillapaidat
Wenn uns in den Anleitungen etwas auffällt, das genauer oder besser erklärt werden sollte, findet ihr dort die aktuellen Ergänzungen. Du kannst uns auch über dieses Konto kontaktieren. Wenn du deinen Pullover in den sozialen Medien postest, tagge bitte den Namen des Pullovers und unseren Account, damit wir die Ergebnisse bewundern und mit anderen teilen können.

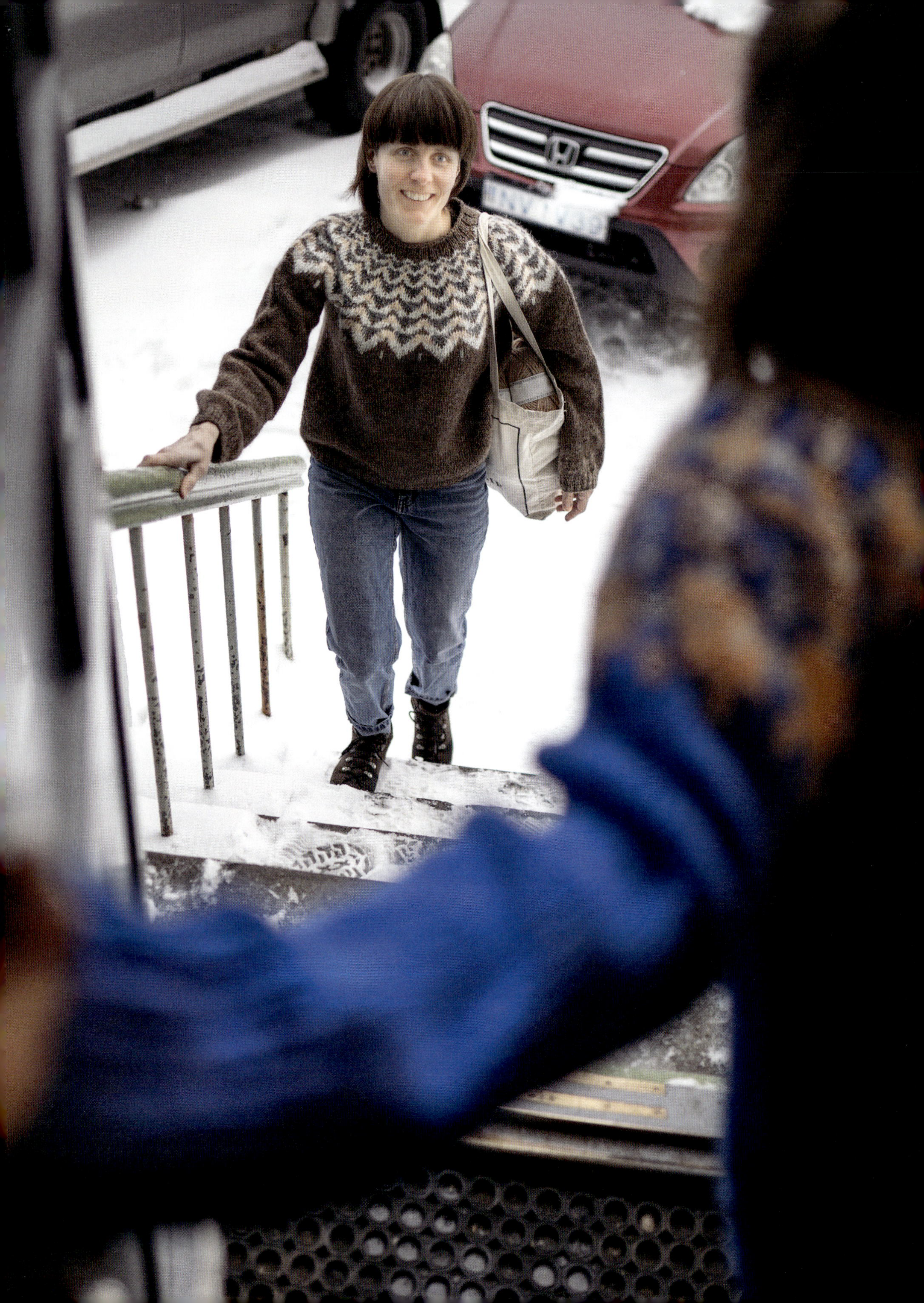

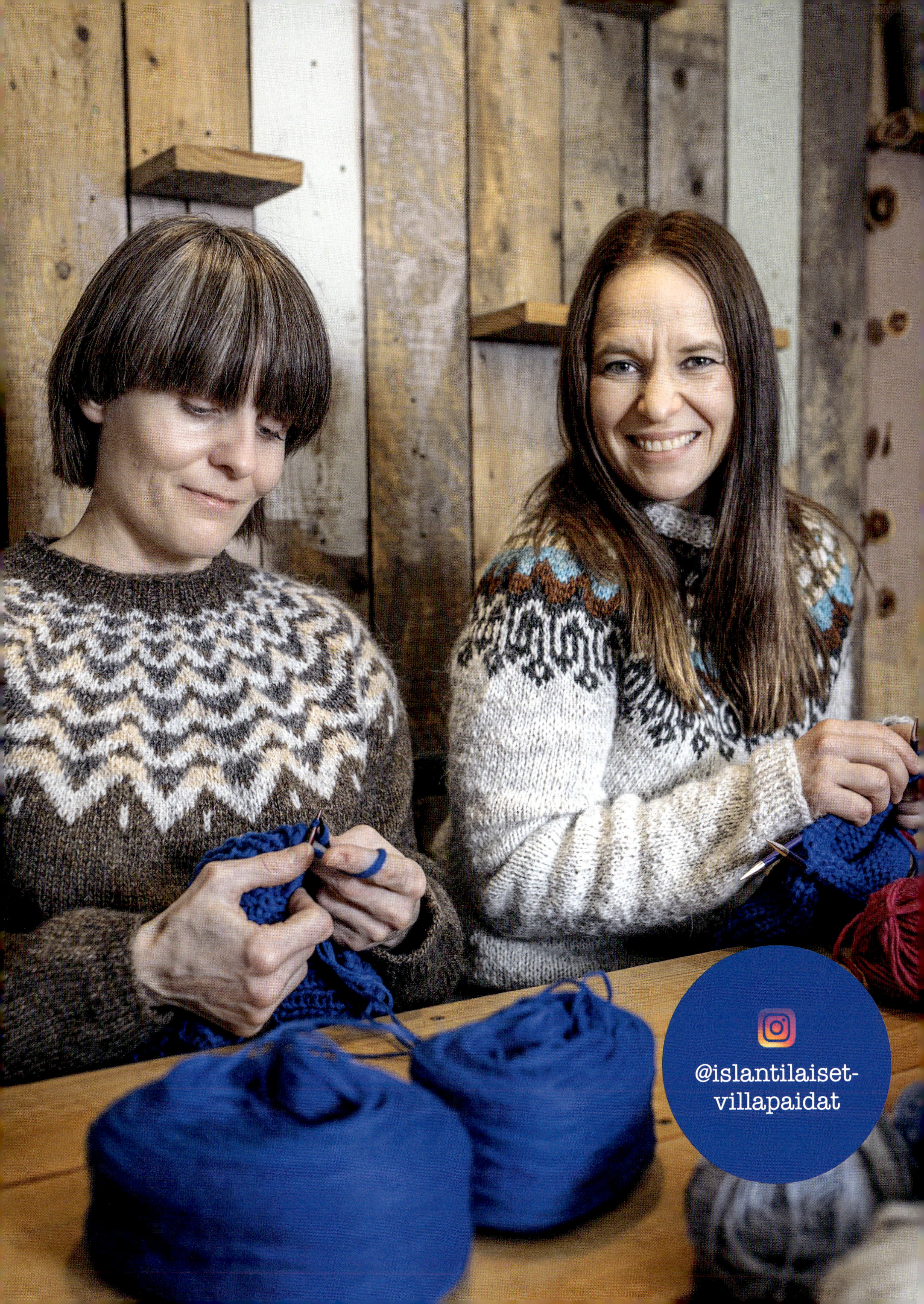
@islantilaiset-
villapaidat

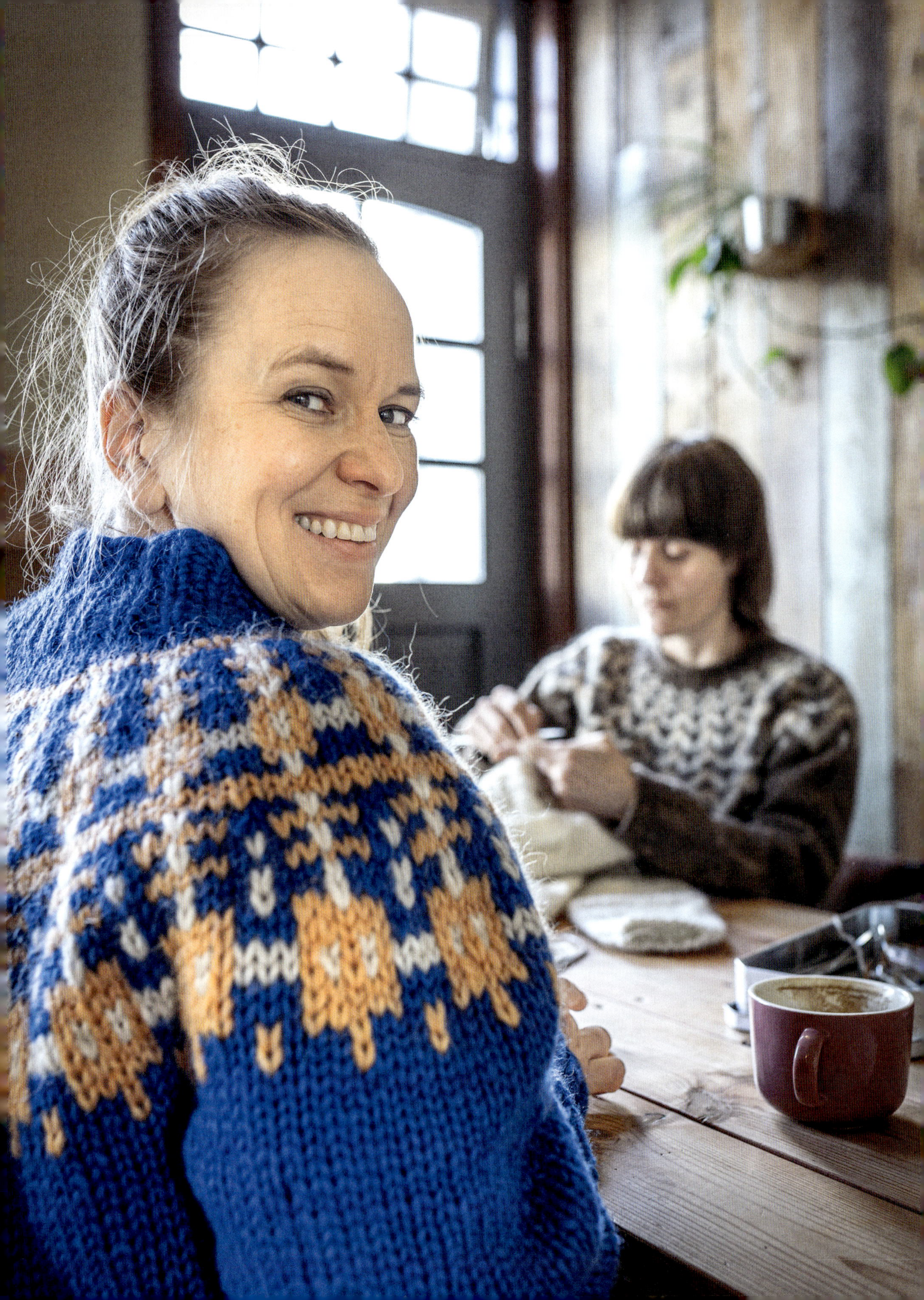

BEVOR ES LOSGEHT

Bevor du ein Pullovermodell auswählst, Garn kaufst und die ersten Maschen anschlägst, lies bitte die folgenden allgemeinen Hinweise. Wir haben hier alle Informationen zusammengestellt, die du *vor* dem Stricken brauchst, wenn du nach den Anleitungen in diesem Buch arbeiten möchtest.

ISLANDPULLOVER

Islandpullover werden in Runden von unten nach oben nahtlos in einem Stück gestrickt. Die Ärmel und das Rumpfteil werden in Höhe der Achseln auf einer Rundstricknadel zusammengefügt. In Höhe der Achseln werden Maschen sowohl vom Rumpfteil als auch von den Ärmeln vorübergehend stillgelegt. Diese werden am Schluss verbunden.

Die meisten Pullover in diesem Buch wurden mit Léttlopi-Garn gestrickt, dem derzeit meistverkauften Wollgarn Islands. Es gibt auch Anleitungen für das dickere Álafosslopi und ein paar Anleitungen für zweifädige oder dreifädige Plötulopi. Wenn du eine Herausforderung suchst und einen dünnen Pullover stricken möchtest, legen wir dir das Modell Sjónfríð, gestrickt mit Einband-Garn, ab Seite 64 ans Herz.

Wir haben versucht, die Garnmenge anhand der angegebenen Maschenprobe und Maße zu berechnen, aber die Strickfestigkeit ist natürlich individuell verschieden. Der tatsächliche Garnverbrauch kann daher von dem in der Anleitung angegebenen Verbrauch etwas abweichen.

Wenn du ein längeres Bündchen oder längere Ärmel als in der Anleitung angegeben arbeiten möchtest, dann denke daran, dass du von Garn A mehr brauchst.

GRÖSSENTABELLE

Alle Rumpfteile sind vom Bund bis zu den Armlöchern gerade gestrickt. Wir haben für jedes Modell eine eigene Größentabelle angelegt, da die Pullover einfach alle unterschiedlich sind. Einige sind eher traditionell geschnitten und hüftlang, während andere kurz und weit sind.

Die in den Anleitungen angegebenen Größen sind die Damengrößen (S) M (L) XL (XXL). Sie entsprechen in etwa den Herrengrößen XS–XL.

Miss an der Person, die den Pullover tragen soll, den Brustumfang, die Armlänge und die gewünschte Länge des Pullovers vom Armloch bis zum Bund. Bitte beachte, dass die angegebenen Maße die des fertigen Pullovers sind. Outdoor-Pullover sollten ausreichend weit geschnitten sein, sodass noch eine dünne Softshelljacke oder Ähnliches darunterpasst.

NADELN UND SONSTIGES ZUBEHÖR

Du solltest mal Siggas Stricknadelsammlung sehen! Die ist beneidenswert umfangreich, aber man kann auch mit wenig Utensilien auskommen.

Für jedes Modell haben wir die Nadeln aufgelistet, die zum Stricken des Modells benötigt werden. Wähle die Nadelstärke, die am besten zu deiner Strickfestigkeit passt. Wenn du eher locker strickst, wähle minimal dünnere Nadeln. Wenn du sehr fest strickst, solltest du etwas dickere Nadeln nehmen. Ob du eher fest oder locker strickst, findest du mit einer Maschenprobe heraus. Wir haben für jede Garnqualität eine Maschenprobe erstellt (Seite 16/17).

Um einen Islandpullover zu stricken, benötigst du mindestens zwei Rundstricknadeln (80 cm und 60 cm lang). Wenn du eine sehr große Größe strickst, empfehlen wir sogar 100 cm für die Rundpasse.

Ärmel und Halsbündchen werden traditionell mit einem Nadelspiel gestrickt, aber du kannst auch eine 40 cm lange Rundstricknadel nehmen, wenn dir das besser gefällt.

Zum Stilllegen der Ärmelmaschen (die Armlöcher werden erst ganz am Schluss geschlossen) kannst du große Sicherheitsnadeln, Hilfsfäden oder zusätzliche (kurze) Rundstricknadeln verwenden.

Darüber hinaus gibt es Strickfingerhüte mit Fadenführungen zum Stricken mehrerer Farben, Maschenmarkierer für den Rundenübergang, schöne Wollkörbe und noch viel mehr! Zwei Rundstricknadeln, zwei Nadelspiele, Garn, ein paar Maschenmarkierer und eine Wollnähnadel reichen jedoch vollkommen aus. Alles andere ist ein nettes Extra.

ZÄHLMUSTER

Die Zählmuster werden von unten nach oben und von rechts nach links gelesen. Beginne also mit dem Stricken des Musters in der unteren rechten Ecke und fahre nach links fort. Bei jedem Zählmuster stehen außerdem schriftliche Anleitungen, die Anfangs- und Endmaschenzahlen sowie die Maschenzahlen nach den Abnahmen dabei.

Bitte beachten! Halte beim Stricken des Einstrickmusters die Hauptfarbe näher am Strickstück und den Musterfaden weiter entfernt. So tritt das Muster deutlicher hervor.

Als Satu ihren ersten von Sigga entworfenen Pullover strickte, gelang es ihr tatsächlich, das Muster in den ersten Runden durcheinanderzuwirbeln. Wenn man den Góa-Pullover, den Satu selbst gestrickt hat und der auf Seite 53 zu sehen ist, mit dem Góa-Pullover einer anderen Strickerin auf Seite 26 vergleicht, wird man feststellen, dass am Anfang des Musters auf Satus Pullover etwas nicht stimmt. Vielleicht lag es daran, dass Satu am Anfang das Zählmuster versehentlich von links nach rechts gelesen hat (ja, wirklich wahr!). Oder irgendein isländischer Kobold spielte ihr einen Streich. Auch wenn das Muster nicht »perfekt« geworden ist, ist der Pullover trotzdem wunderschön.

Die Isländer*innen stricken ihre Pullover gern zügig: Rundstricknadeln, möglichst wenige Fäden zum Vernähen, eine Hauptfarbe, nicht mehr als zwei Farben in einer Runde. Wir haben versucht, diese Prinzipien zu berücksichtigen.

Die Abnahmen der Passe erfolgen in den Anleitungen dieses Buches auf zweierlei Arten. Wird in einer Runde mit zwei Farben abgenommen, sind die Abnahmen direkt im Zählmuster markiert. Erfolgt die Abnahme in einer einfarbigen Runde, wird nur die Anzahl der abzunehmenden Maschen angegeben.

Beispiel: Wenn in einer Runde 20 Maschen gleichmäßig verteilt abgenommen werden sollen, bedeutet dies, dass du zwanzig Mal jeweils zwei Maschen rechts zusammenstrickst. Es empfiehlt sich, die Maschen gleichmäßig über die Runde verteilt abzunehmen und natürlich nicht alle nacheinander.

VERKÜRZTE REIHEN STRICKEN BZW. ERHÖHUNG DES RÜCKENTEILS

Ein traditioneller Islandpullover ist vorne und hinten gleich, er kann also mal so, mal so getragen werden. Durch die leichte anatomische Wölbung im Nacken und die Halsneigung sitzt ein Pullover jedoch besser, wenn er im Nackenbereich etwas höher ist als vorne. Das Rückenteil etwas höher zu arbeiten ist nicht schwierig, aber du kannst auch ganz traditionell arbeiten und die Erhöhung mit verkürzten Reihen einfach weglassen.

Das Stricken der verkürzten Reihen erfolgt erst nach dem Musterteil der Passe, bevor das Bündchen gestrickt wird. Wir geben jeweils eine detaillierte Anleitung, wie man den Nacken erhöht.

Ein erhöhter Nacken ist nicht möglich, wenn das Musterteil sich bis zum Bündchen oder

Kragen fortsetzt. Sigga hat also nur dann verkürzte Reihen zur Anleitung hinzugefügt, wenn sie sich mit nur einer Farbe stricken lassen.

SPANNFÄDEN VERKREUZEN

Bei einigen Modellen (z. B. Endurkast und Salt) kommt es in der Passe zu langen Spannfäden, d. h. eine der Farben wird auf der linken Seite über mehrere Maschen mitgeführt. An zu langen Spannfäden auf der Innenseite kann man beim An- und Ausziehen leicht hängen bleiben. Findet der Farbwechsel erst nach sechs oder mehr Maschen statt, sollten die Fäden zwischendurch miteinander verkreuzt werden.

Die Verkreuzungen am besten in einer möglichst gleichfarbigen Masche vornehmen, damit man sie auf der Vorderseite der Arbeit nicht sieht (ein schwarzer Faden sollte nicht in einer weißen Masche verkreuzt werden).

AB- UND ZUNEHMEN

Bei jedem Modell müssen zur Formgebung Maschen ab- und zugenommen werden. Zunahmen gibt es vor allem an den Ärmeln, Abnahmen in der Passe und am Halsbündchen.

Maschen abnehmen:

Du kannst auf verschiedene Weise abnehmen:

1. Stich mit der rechten Nadel in zwei Maschen auf der linken Nadel unter den vorderen Maschenbogen ein, hole den Faden durch und stricke die Maschen rechts zusammen. Dies ist eine Abnahme mit Rechtsneigung. Satu als Anfängerin nimmt immer so ab.

2. Hebe eine Masche von der linken Nadel auf die rechte Nadel wie zum Rechtsstricken, aber ohne sie abzustricken. Mach dasselbe ein zweites Mal. Lege die Maschen zurück auf die linke Nadel, ohne sie zu verdrehen, und stricke sie in den hinteren Maschengliedern zusammen. Wenn dir das zu knifflig ist, google nach »ssk-Abnahme« (für englisch: slip-slip-knit) oder »Abnahme mit Linksneigung«. Sie wird z. B. beim Modell Salt benötigt.

Maschen zunehmen:

Maschen können auch auf viele verschiedene Arten zugenommen werden. Hier sind zwei gängige Methoden.

1. Eine Masche aus dem Querfaden zunehmen. Hebe den Querfaden zwischen zwei Maschen auf die linke Nadel. Stricke den Faden von hinten ab (= verschränkt), sodass an der Stelle kein Loch entsteht.

2. Eine Masche zweimal abstricken. Das ist eine wunderbar einfache Möglichkeit! Stricke die Masche normal, aber lass sie noch nicht von der linken Nadel gleiten, sondern stricke sie noch einmal verschränkt ab (von hinten). Ein- und dieselbe Masche wird also einmal von vorn und einmal von hinten abgestrickt.

ANPASSUNG DER ANLEITUNGEN

Die Isländer*innen lieben es, Dinge auf ihre ganz eigene Art zu machen. Zu strenge Regeln engen ein, und auf Dauer mag sie niemand befolgen. Stricke einfach längere Ärmel, wenn du Lust dazu hast. Oder verlängere den Rumpf, wenn dein Pullover auch den Po wärmen soll. Nimm andere Farben, mach das Rippenbündchen enger, stricke einen anderen Kragen. Wenn du die Anleitung änderst, denke daran, eventuell mehr Garn zu kaufen. Experimentiere mutig! Was nicht so toll wird, kann man wieder aufribbeln.

Einige der Anleitungen haben ein 1/1-Rippenmuster (1 M re, 1 M li), einige ein 2/1-Rippenmuster (2 M re, 1 M li) und einige ein festeres, verschränktes 1/1-Rippenmuster (1 M re verschr, 1 M li), wobei die rechte Masche von hinten anstatt von vorn abgestrickt wird. Bei den Halsbündchen handelt es sich hauptsächlich um kurze Rippenbündchen, du kannst aber auch einen Rollkragen stricken (Völundarhús, Seite 96), den Kragen doppelt legen (Skjól, Seite 72) oder einen kurzen Kragen glatt rechts mit nur ein paar Runden stricken, dann bildet sich ein kleiner Rollrand (Tígulsjöa, Seite 132).

ABKÜRZUNGEN

In den Anleitungen werden folgende Abkürzungen verwendet:

abgen = abgenommen

Arb = Arbeit

fortf = fortfahren

insg = insgesamt

M = Masche(n)

re = rechte, rechts

li = linke, links

Nd = Nadel(n)

R = Reihe(n)

Rd = Runde

str = stricken

wdh = wiederholen

zun = zunehmen

zus = zusammen

zus-str = zusammenstricken

/ = Abnahme mit Rechtsneigung

\ = Abnahme mit Linksneigung (ssk)

FERTIGSTELLUNG, WASCHEN UND BEBILDERTE ANLEITUNGEN

Am Ende des Buches (ab Seite 151) geben wir Tipps zum Abketten, Fertigstellen des Werks und zum Waschen. Für Anfänger*innen gibt es bebilderte Anleitungen, wie der Rumpf und die Ärmel auf einer Nadel zusammengefügt werden, bevor die Passe gestrickt wird, und zeigen zwei verschiedene Techniken, die Löcher unter den Ärmeln zu schließen.

MASCHENPROBE

Die Anweisungen für eine Maschenprobe sind in diesem Buch etwas ausführlicher als üblich. Sigga ist Physikerin und schätzt detaillierte, präzise Anweisungen. Satu ist da großzügiger und hat auch nicht immer die Geduld, eine Maschenprobe zu stricken. Wir widmen uns der Maschenprobe einmal ausführlich (siehe nächste Doppelseite), dann wäre das geklärt.

Eine Maschenprobe anzufertigen, ist überaus sinnvoll, denn nur so lässt sich die richtige Nadelstärke zum Stricken auswählen und die richtige Pullovergröße anhand der Größentabelle finden. Die Probe sollte mit Rundstricknadeln gestrickt werden, da auch der Pullover so gestrickt wird. Am besten gleich mit Bündchen, damit sich die Probe nicht aufrollt.

Wasche die Probe von Hand mit Wollwaschmittel oder Shampoo. Spüle sie danach gut aus, drücke das Wasser vorsichtig heraus und lege die Probe flach zum Trocknen hin. Die Strickdichte kann erst abgelesen werden, wenn das Probestück trocken ist.

Zähle zunächst in der Breite, wie viele Maschen auf 10 cm kommen. Zähle anschließend in der Höhe, wie viele Runden auf 10 cm kommen. Die Maschenzahl ist wichtiger als die Anzahl der Runden!

Die Rundenanzahl ist meist nur für die Passe wichtig, da das Muster in Runden (und nicht in Zentimetern) angegeben wird.

Die passende Länge des Rumpfs und der Ärmel sollte dem Träger des Pullovers angepasst werden: gemäß Anprobe oder in Zentimetern.

GARN	MASCHENPROBE (10 CM x 10 CM)	DAS PROBESTÜCK	DIE AUSWAHL DER NADELN	BEIM MUSTER BEACHTEN
Léttlopi	Mit Rundnadel Nr. 4,5 = 18 M und 24 Rd	56 M mit Rundnadel Nr. 3,5 anschl. 2,5 cm im 1/1-Rippenmuster (1 M re, 1 M li) in Rd str. Zu Rundnadel Nr. 4,5 wechseln und ca. 20 cm glatt rechts str. Locker abketten.	Wenn du fester strickst (deine Probe hat z. B. 20 M und 26 Rd), wird der nach der Anleitung gestrickte Pullover insgesamt schmaler und kürzer – das kann eine ganze Größe Unterschied ausmachen. Verwende etwas dickere Nadeln. Wenn du lockerer strickst (deine Probe hat z. B. nur 16 M und 22 Rd), wird der nach der Anleitung gestrickte Pullover weiter und länger – das kann ebenfalls eine ganze Größe Unterschied ausmachen. Verwende etwas dünnere Nadeln.	Wenn die Probe 23 oder 25 Rd auf 10 cm hat, macht das nichts. Wenn der Unterschied größer ist, sollte das Muster entweder eine Nummer größer als der Pullover (wenn die Probe z. B. 26 oder mehr Rd auf 10 cm hat) oder eine Nummer kleiner als der Pullover (wenn die Probe z. B. 22 oder weniger Rd auf 10 cm hat) gestrickt werden. So bekommt das Muster im Verhältnis zum Pullover die richtige Größe.
Álafosslopi	Mit Rundnadel Nr. 6,5 = 13 M und 18 Rd	56 M mit Rundnadel Nr. 5 anschl. 2,5 cm im 1/1-Rippenmuster (1 M re, 1 M li) in Rd str. Zu Rundnadel Nr. 6,5 wechseln und ca. 20 cm glatt rechts str. Locker abketten.	Wenn du fester strickst (deine Probe hat z. B. 15 M und 22 Rd), wird der nach der Anleitung gestrickte Pullover schmaler und kürzer – das kann eine ganze Größe Unterschied ausmachen. Verwende etwas dickere Nadeln. Wenn du lockerer strickst (deine Probe hat z. B. 10 M und 15 Rd), wird der nach der Anleitung gestrickte Pullover weiter und länger – das kann ebenfalls eine ganze Größe Unterschied ausmachen. Verwende etwas dünnere Nadeln.	Wenn die Probe 17 oder 19 Rd auf 10 cm hat, macht das nichts. Wenn der Unterschied größer ist, sollte das Muster entweder eine Nummer größer als der Pullover (wenn die Probe z. B. 22 oder mehr Rd auf 10 cm hat) oder eine Nummer kleiner als der Pullover (wenn die Probe z. B. 15 oder weniger Rd auf 10 cm hat) gestrickt werden. So bekommt das Muster im Verhältnis zum Pullover die richtige Größe.
Plötulopi (doppelt)	Mit Rundnadel Nr. 5 = 14 M und 20 Rd	42 M mit Rundnadel Nr. 4 anschl. 2,5 cm im 1/1-Rippenmuster (1 M re, 1 M li) in Rd str. Zu Rundnadel Nr. 5	Wenn du fester strickst (deine Probe hat z. B. 15 M und 21 Rd), wird der nach der Anleitung gestrickte Pullover schmaler und kürzer – das kann eine ganze Größe Unterschied ausmachen. Verwende etwas dickere Nadeln.	Wenn die Probe 19 oder 21 Rd auf 10 cm hat, macht das nichts. Wenn der Unterschied größer ist, sollte das Muster entweder eine Nummer größer als der

		wechseln und ca. 18 cm glatt rechts str. Locker abketten.	Wenn du lockerer strickst (deine Probe hat z. B. 13 M und 19 Rd), wird der nach der Anleitung gestrickte Pullover weiter und länger – das kann eine ganze Größe Unterschied ausmachen. Verwende etwas dünnere Nadeln.	Pullover (wenn die Probe z. B. 22 oder mehr Rd auf 10 cm hat) oder eine Nummer kleiner als der Pullover (wenn die Probe z. B. 18 oder weniger Rd auf 10 cm hat) gestrickt werden. So bekommt das Muster im Verhältnis zum Pullover die richtige Größe.
Plötulopi (dreifach)	Mit Rundnadel Nr. 7 = 11 M und 16 Rd	33 M mit Rundnadel Nr. 6 anschl. 3 cm im 1/1-Rippenmuster (1 M re, 1 M li) in Rd str. Zu Rundnadel Nr. 7 wechseln und ca. 20 cm glatt rechts str. Locker abketten.	Wenn du fester strickst (deine Probe hat z. B. 12 M und 17 Rd), wird der nach der Anleitung gestrickte Pullover schmaler und kürzer – das kann eine ganze Größe Unterschied ausmachen. Verwende etwas dickere Nadeln. Wenn du lockerer strickst (deine Probe hat z. B. 10 M und 15 Rd), wird der nach der Anleitung gestrickte Pullover weiter und länger – das kann eine ganze Größe Unterschied ausmachen. Verwende etwas dünnere Nadeln.	Wenn die Probe 15 oder 17 Rd auf 10 cm hat, macht das nichts. Wenn der Unterschied größer ist, sollte das Muster entweder eine Nummer größer als der Pullover (wenn die Probe z. B. 18 oder mehr Rd auf 10 cm hat) oder eine Nummer kleiner als der Pullover (wenn die Probe z. B. 14 oder weniger Rd auf 10 cm hat) gestrickt werden. So bekommt das Muster im Verhältnis zum Pullover die richtige Größe.
Einband	Mit Rundnadel Nr. 3 = 22 M und 33 Rd	66 M mit Rundnadel Nr. 2,5 anschl. 2,5 cm im 1/1-Rippenmuster (1 M re, 1 M li) in Rd str. Zu Rundnadel Nr. 3 wechseln und ca. 20 cm glatt rechts str. Locker abketten.	Wenn du fester strickst (deine Probe hat z. B. 25 M und 35 Rd), wird der nach der Anleitung gestrickte Pullover schmaler und kürzer – das kann eine ganze Größe Unterschied ausmachen. Verwende etwas dickere Nadeln. Wenn du lockerer strickst (deine Probe hat z. B. 20 M und 31 Rd), wird der nach der Anleitung gestrickte Pullover weiter und länger – das kann eine ganze Größe Unterschied ausmachen. Verwende etwas dünnere Nadeln.	Wenn die Probe 32 oder 34 Rd auf 10 cm hat, macht das nichts. Wenn der Unterschied größer ist, sollte das Muster entweder eine Nummer größer als der Pullover (wenn die Probe z. B. 36 oder mehr Rd auf 10 cm hat) oder eine Nummer kleiner als der Pullover (wenn die Probe z. B. 30 oder weniger Rd auf 10 cm hat) gestrickt werden. So bekommt das Muster im Verhältnis zum Pullover die richtige Größe.

GARN AUS ISLÄNDISCHER WOLLE

ÁLAFOSSLOPI. Die aus dickem Wollgarn hergestellten Lopapeysa sind in erster Linie Outdoor-Oberbekleidung, unter der noch ein Rollkragenpullover, eine Sweatjacke oder eine Windjacke getragen wird. Am Fluss Varmá, in der Gemeinde Mósfellsbaer, etwa 20 Autominuten von Reykjavík entfernt, werden seit 1896 Wollgarne hergestellt. Ursprünglich hieß das Unternehmen Álafoss. Álafosslopi wurde nach dem Wasserfall Álafoss benannt, der sich in der Nähe der alten Fabrik befindet, die mit Wasserkraft betrieben wurde.

LÉTTLOPI. Wie der Name schon sagt: Léttlopi ist eine leichtere Version von Álafosslopi, etwa halb so dick. Das Garn eignet sich daher auch zum Stricken von Pullovern, die in Innenräumen getragen werden. Léttlopi ist derzeit das beliebteste isländische Wollgarn, und auch die meisten Anleitungen in diesem Buch sind für Léttlopi konzipiert.

PLÖTULOPI. Dies ist das traditionellste isländische Wollgarn. Plötulopi (dt. Plattenwolle) wird in flachen Rollen verkauft und ist ein lose verzwirntes, einfädiges Garn. Es reißt leicht, kann jedoch wegen der langen Fasern leicht wieder angesetzt werden. Pullover aus Plötulopi sind sehr zart und leicht. Doppelfädig lassen sich daraus bequeme Pullis für drinnen arbeiten, aus dreifädig verarbeitetem Plötulopi werden kuschelige Outdoor-Pullover. Plötulopi ist etwa 75 Prozent so dick wie Léttlopi.

EINBAND. Einband ist das dünnste isländische Wollgarn. Es ist zum Beispiel für luftig-leichte Shirts und zum Lacestricken gut geeignet. Im Neuzustand fühlt es sich überraschend hart und rau an, wird aber nach dem ersten Waschen weicher. Oft wird Einband auch als Beilauffaden zu Plötulopi verwendet.

JÖKLALOPI. Jöklalopi oder Bulkylopi ist das dickste Wollgarn von Ístex, etwa doppelt so dick wie Álafosslopi. Da das Garn wunderbar weich und dick ist (empfohlene Nadelstärke Nr. 9), ist selbst ein riesiger Pullover oder eine einfarbige, dicke Mütze ganz schnell fertig.

Die Anleitungen in diesem Buch sind für Ístex-Garne konzipiert. Ístex ist Islands älteste und größte Spinnerei. Dort werden fast 99 Prozent der gesamten in Island produzierten Wollgarne hergestellt. Die Spinnerei verfügt über eine eigene Wollwaschanlage in der Gemeinde Blönduós im Norden des Landes. Nachdem die Wolle gewaschen und getrocknet wurde, wird sie zur weiteren Verarbeitung nach Südisland zur Ístex-Fabrik in der Gemeinde Mosfellsbær transportiert. Die Ursprünge der Fabrik reichen bis ins 19. Jahrhundert zurück, als ein in der Region ansässiger Landbesitzer eine mechanische Vorrichtung für die Wollverarbeitung auf die Insel brachte.

Auf Island gibt es auch noch einige kleinere Spinnereien, die hauptsächlich die Wolle von den Schafen ihrer eigenen Farmen spinnen. Die bekanntesten dieser kleinen Spinnereien sind Gilhagi im Norden Islands und Uppspuni an der Südküste.

Traditionell wird der Islandpullover in den natürlichen Vliesfarben der Schafe gearbeitet, also Weiß, Braun, Schwarz und Grau. In den moderneren Modellen sind jedoch viele kräftig bunte Farbtöne zu sehen: Gelb, Orange, Blau, ja sogar Elektrisches Blau.

Für die bunten Garne wird weiße Schafwolle gefärbt. Für eher gebrochene Farbtöne wird (hell)graue Wolle verwendet.

Die kleinen Spinnereien färben ihr Garn mit natürlichen Farbstoffen. Bei Ístex beträgt die Mindestproduktionsmenge für ein Farbbad 300 kg, was etwa sechstausend Léttlopi-Knäueln entspricht. Die Produktionsmengen bei Ístex sind so groß, dass das Färben mit heimischen Naturfarben gar nicht möglich wäre. Die Ístex-Farbstoffe werden im Ausland eingekauft.

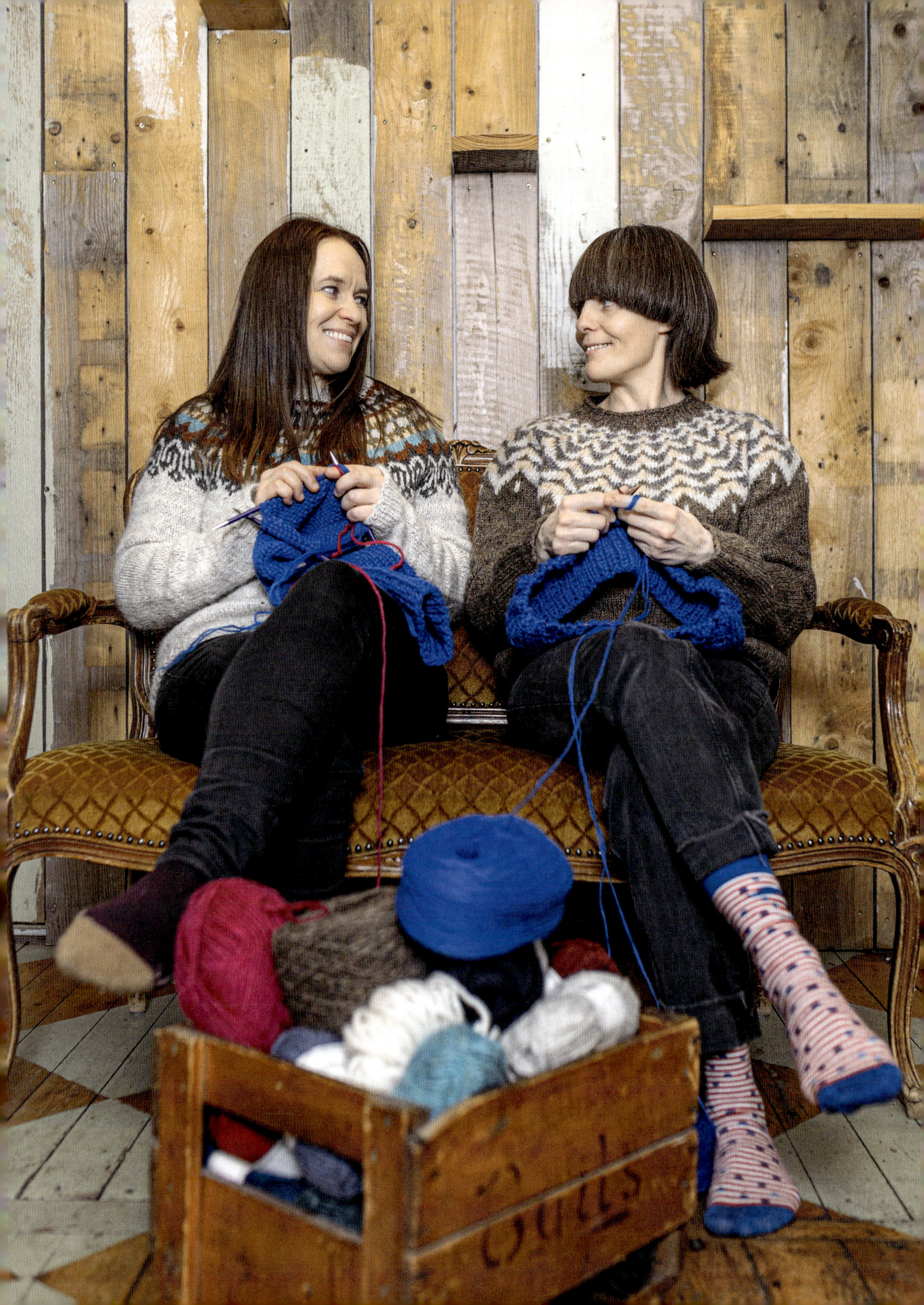

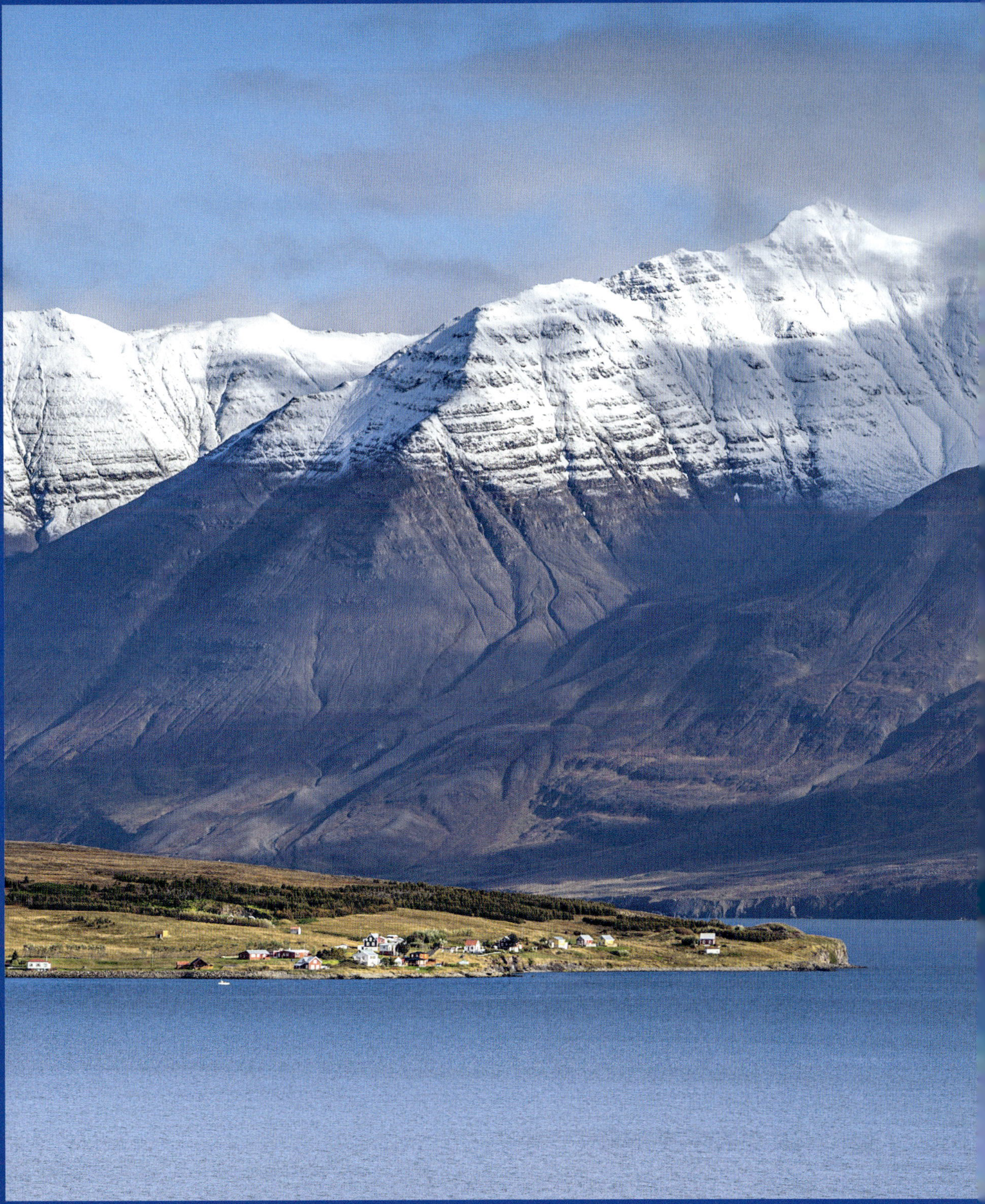

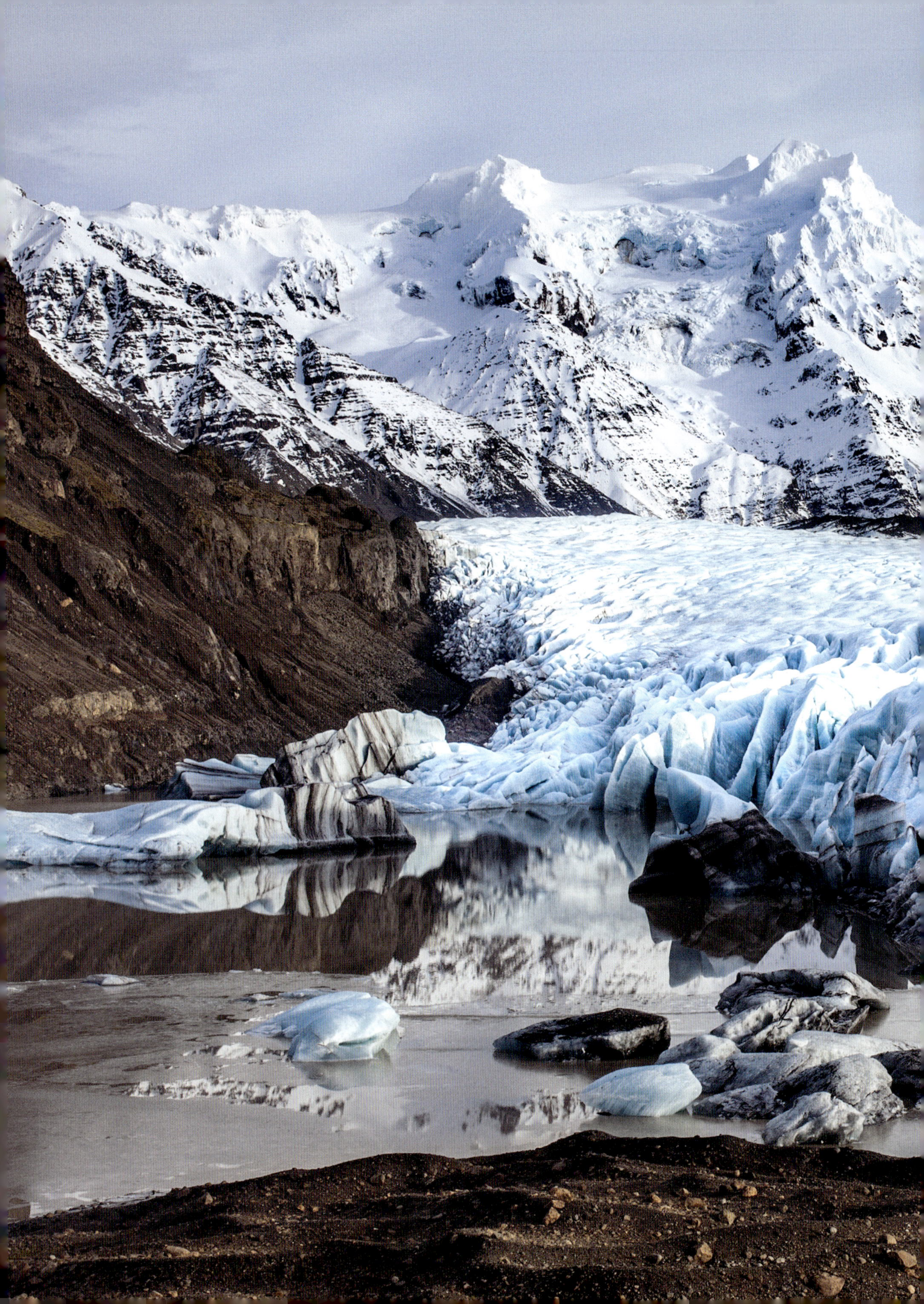

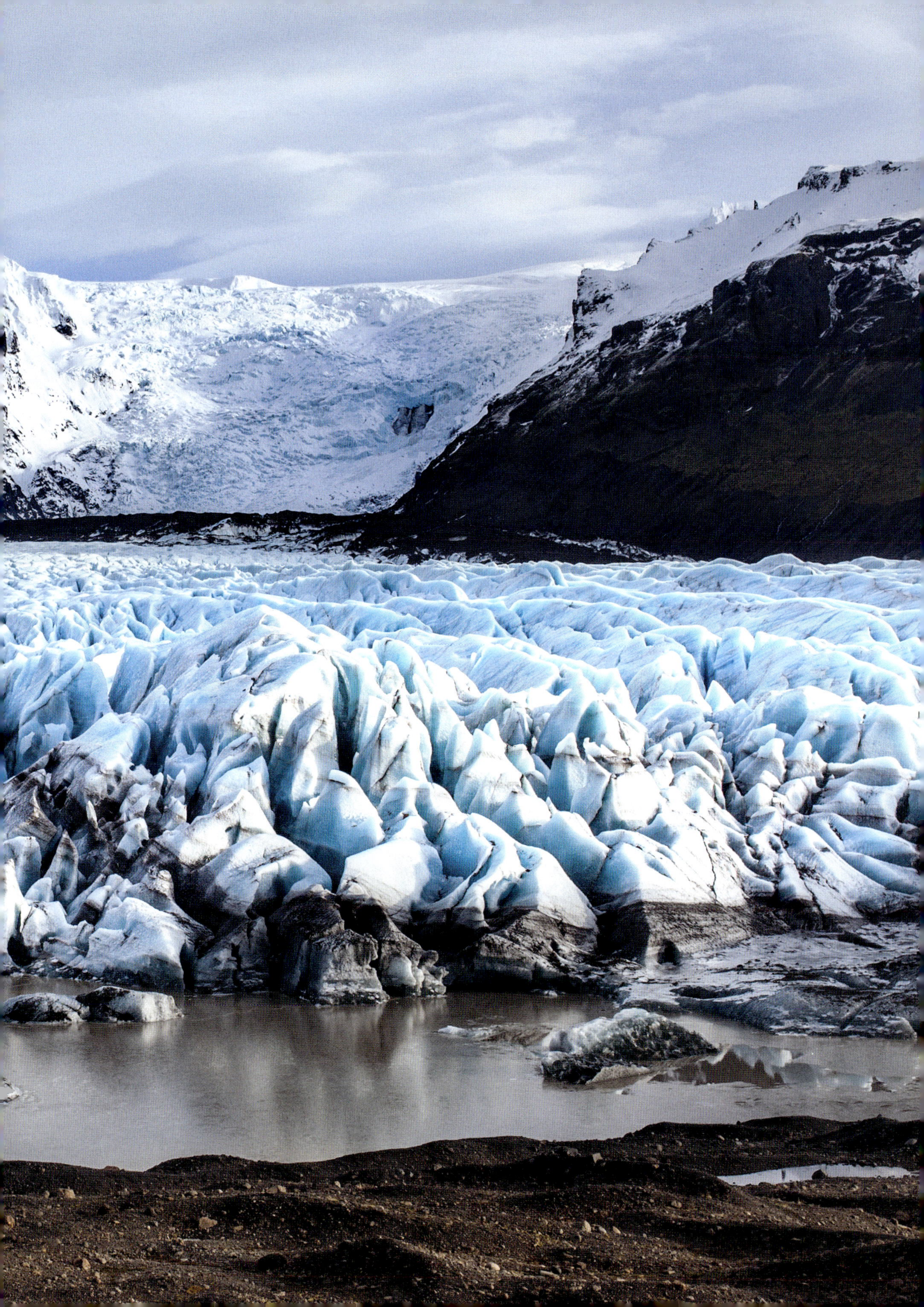

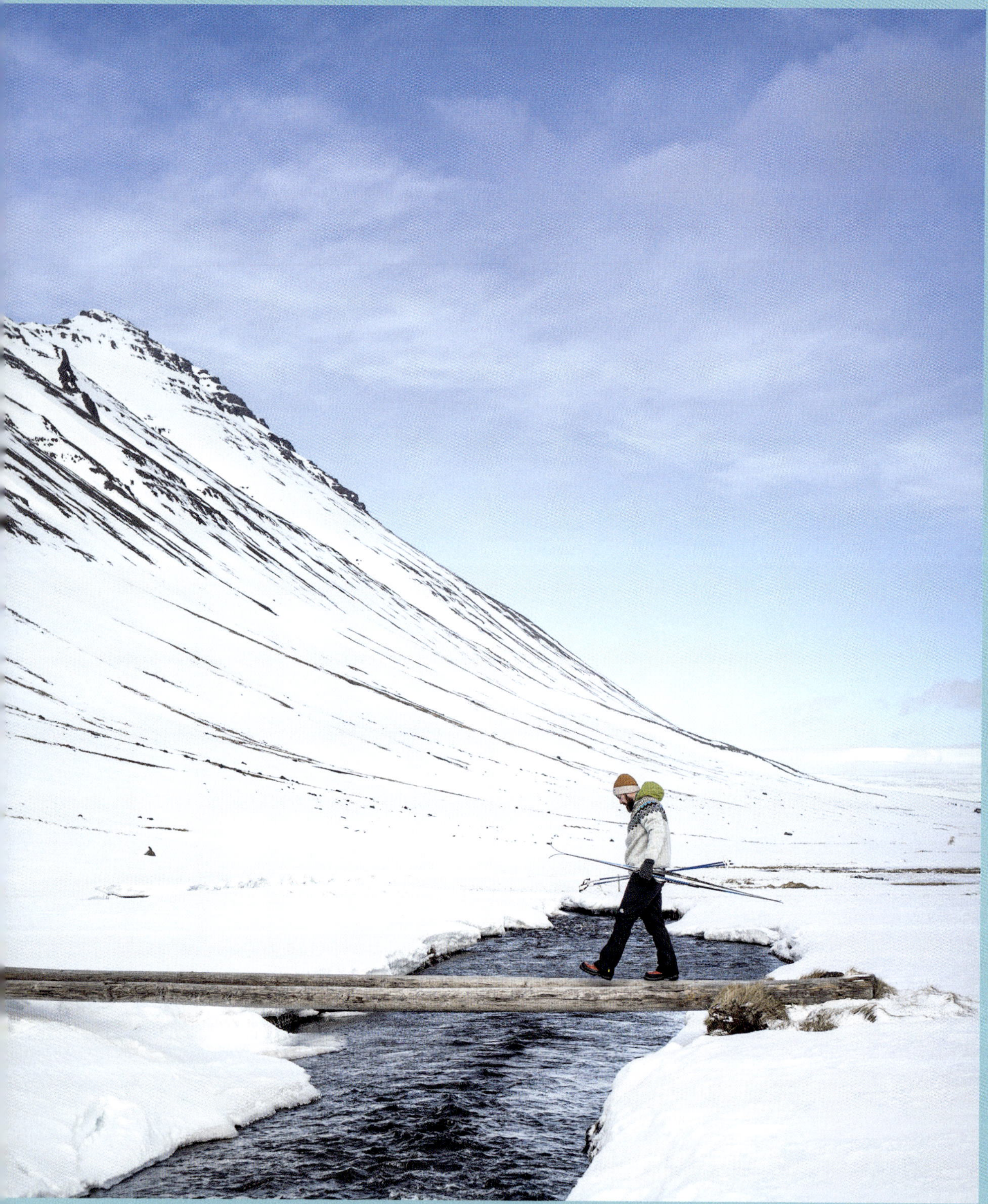

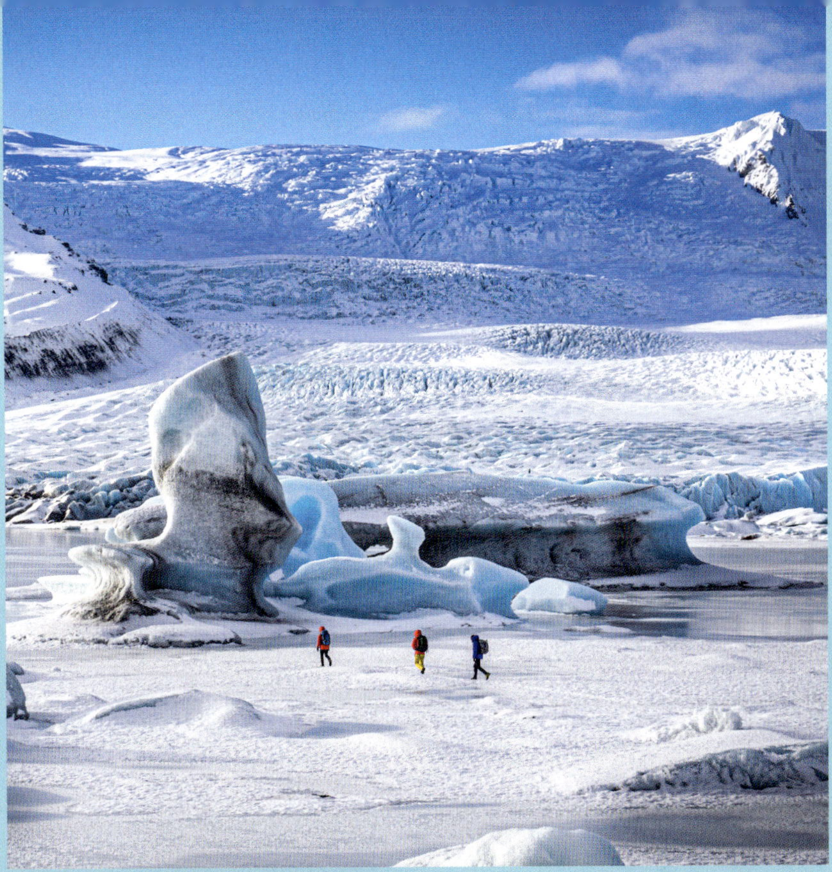

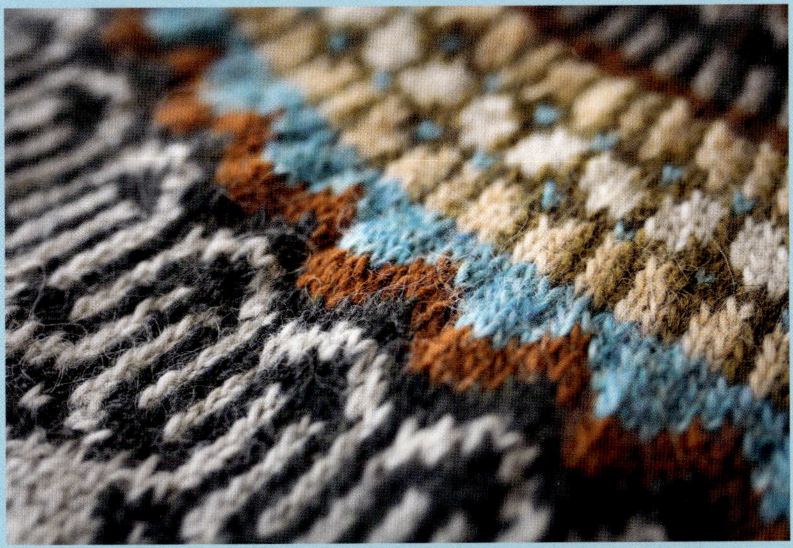

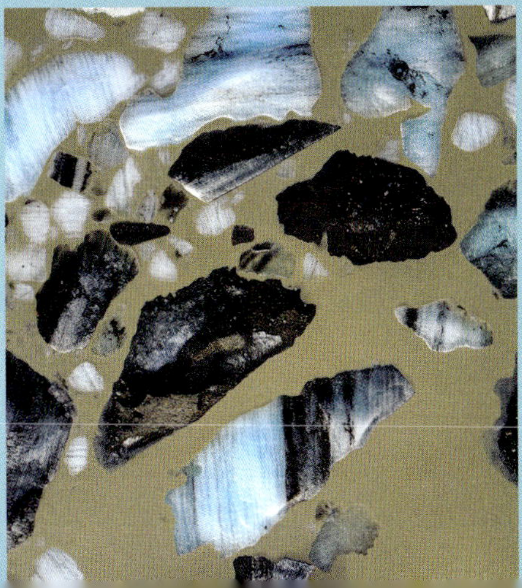

GÓA

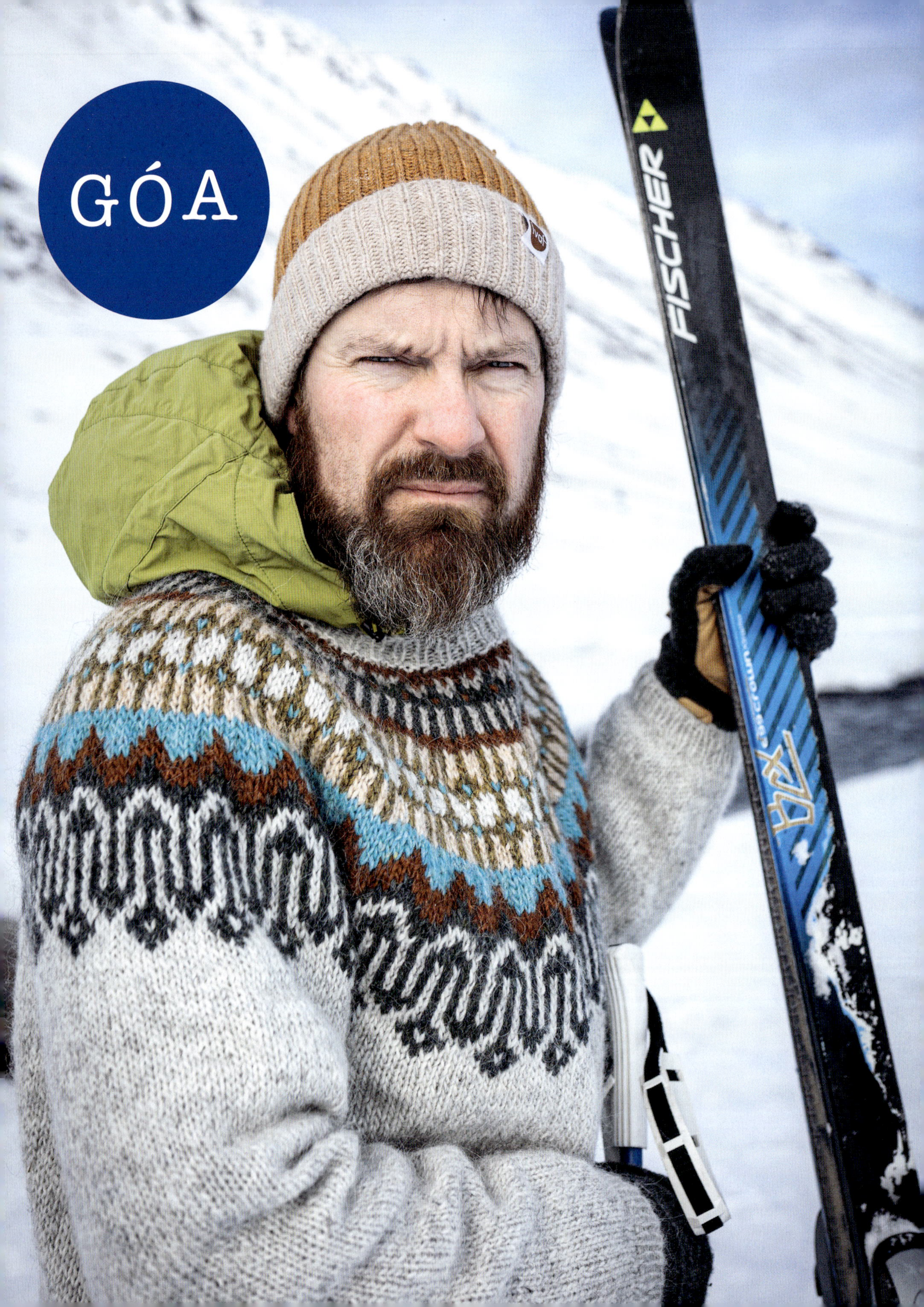

Im altnordischen Kalender ist Góa der fünfte Wintermonat, der etwa Mitte Februar beginnt.

Wenn Góa einen stürmischen Start hinlegt, wird es ein guter Sommer, so sagt man. Am ersten Tag von Góa wird in Island der Frauentag gefeiert. Dann werden die Frauen von ihren Männern und die Mütter von ihren Söhnen mit Geschenken und Blumen bedacht – manchmal sogar mit Wolle.

Siggas früherer Job am Isländischen Meteorologischen Institut als Lawinenspezialistin führte sie auf Geschäftsreisen durch Island in Gebiete, in denen Wälle gegen Schneelawinen gebaut wurden, um die Bewohner*innen zu schützen. Eines Tages, gegen Ende des Winters, also Ende Februar, fuhr Sigga von den Nordfjorden nach Hause. Die Straße schlängelte sich an den Fjorden entlang und die winterliche Sonneneinstrahlung ließ das Meer funkeln. In den Tälern der Fjorde bewunderte Sigga den nahenden Frühling.

Sigga parkte das Auto und ging auf die Küste zu. An den Ufern war der Schnee schon geschmolzen, und die Flut hatte Algen und Muscheln angespült. Vulkanisches, vom Meerwasser nasses Gesteinsmaterial knirschte unter ihren Schuhen. In diesem Moment verband sich der Winter mit dem Frühling und Sigga beschloss, diesen Moment in einem Pullover festzuhalten. Der Pullover des vorletzten Wintermonats, Góa, der am Frauentag entstand, war geboren.

Björgvin Hilmarsson (links), Fotograf, Gletscherführer und Satus Ehemann, hat die Fotos für dieses Buch gemacht. Nur dieser Schnappschuss hier, vom Skiausflug im Februar, stammt von Satu Rämö.

GÓA

Garn

Léttlopi 50 g

- **A:** 0054 Silbergrau (7) 8 (9) 10 (11) Knäuel
- **B:** 1415 Grüngrau (1) 1 (1) 2 (2)
- **C:** 9427 Bronze (1) 1 (1) 1 (1)
- **D:** 1404 Arktisblau (1) 1 (1) 1 (1)
- **E:** 1418 Stroh (1) 1 (1) 1 (1)
- **F:** 9426 Gelbgrün (1) 1 (1) 1 (1)
- **G:** 0086 Hellbeige (1) 1 (1) 1 (1)

Maschenprobe

10 cm x 10 cm = 18 M x 24 Rd

Nadeln

Rundstricknadeln

Nr. 3,5 (80 cm) und Nr. 4,5 (60 cm und 80 cm)

Nadelspiele

Nr. 3,5 und Nr. 4,5

Beim Stricken von großen Größen nach Bedarf eine 100 cm lange Rundstricknadel verwenden (Nr. 4,5).

In dieser Anleitung wird das Halsbündchen mit dem Nadelspiel gestrickt. Alternativ kannst du auch eine 40 cm lange Rundstricknadel (Nr. 3,5) verwenden.

MASSE DES FERTIGEN PULLOVERS IN CM

Größe	(S)	M	(L)	XL	(XXL)
Brustumfang	89	98	109	120	131
Damen					
Rumpflänge Achsel bis Bund	36	37,5	39	40,5	42
Ärmellänge Achsel bis Bündchen	45	46	47	48	49
Herren					
Rumpflänge Achsel bis Bund	39	40,5	42	43,5	45
Ärmellänge Achsel bis Bündchen	49	50	51	52	53

ÄRMEL

Mit dem Bündchen beginnen. (42) 46 (50) 54 (58) M mit Farbe A und Nadelspiel Nr. 3,5 anschlagen. 3,5 cm im 1/1-Rippenmuster (1 M re, 1 M li) in Rd str. Zu Nadelspiel Nr. 4,5 wechseln und 1 Rd re M str.

In der nächsten Rd wie folgt zunehmen: Nach der 1. M und vor der letzten M je 1 M zun. Die Zunahmen in jeder (14.) 12. (10.) 9. (9.) Rd insg (7) 9 (10) 11 (12) Mal wdh.

Wenn du längere Ärmel strickst (z. B. für einen Herrenpullover), arbeite die Zunahmen in etwas größeren Abständen: in jeder (15.) 13. (11.) 10. (10.) Rd.

Nach den Zunahmen hat der Ärmel (56) 64 (70) 76 (82) M.

Den Ärmel weiter bis zur gewünschten Länge str.

In der letzten Rd die letzten (5) 6 (7) 8 (9) M und auch die folgenden (5) 6 (7) 8 (9) M [= (10) 12 (14) 16 (18) M] auf einem Hilfsfaden oder einer Hilfsnadel stilllegen. Danach hat der Ärmel noch (46) 52 (56) 60 (64) M.

Beiseitelegen und den zweiten Ärmel genauso str.

RUMPF

(160) 176 (196) 216 (236) M mit Farbe A und der Rundstricknadel Nr. 3,5 anschlagen. Einen MM als Rd-Übergang setzen.

3,5 cm im 1/1-Rippenmuster (1 M re, 1 M li) in Rd str. Zu Nd Nr. 4,5 wechseln. Re M str, bis der Rumpf vom Bund bis zur Achsel die gewünschte Länge hat.

In der letzten Rd die letzten (5) 6 (7) 8 (9) M und auch die folgenden (5) 6 (7) 8 (9) M [= (10) 12 (14) 16 (18) M] auf einem Hilfsfaden oder einer Hilfsnadel stilllegen. Diese M sind für ein Armloch. Erst wenn der Pullover fertig gestrickt ist, werden die Armlöcher geschlossen.

PASSE

Die Ärmel und den Rumpf wie auf Seite 152 beschrieben zusammenfügen, dazu an der rückwärtigen Seite des linken Ärmels mit Farbe A beginnen:

Du hast zuletzt (10) 12 (14) 16 (18) M vom Rumpfteil stillgelegt. Jetzt einen Ärmel nehmen und die stillgelegten M sowie die vom Rumpfteil stillgelegten M gegeneinanderlegen. Die (46) 52 (56) 60 (64) Ärmel-M auf die Rundstricknadel des Rumpfteils str (die M auf dem Hilfsfaden bleiben stillgelegt). Die nächsten (70) 76 (84) 92 (100) M für den Rumpf str [= Vorderseite des Pullovers].

Die nächsten (10) 12 (14) 16 (18) M vom Rumpfteil auf einen Hilfsfaden oder eine Hilfsnadel legen (2. Armloch).

Dann die (46) 52 (56) 60 (64) M des zweiten Ärmels re auf die Rundstricknadel des Rumpfteils str und danach die (70) 76 (84) 92 (100) M für das Rückenteil des Pullovers str.

Rumpf und Ärmel sind nun auf einer Nadel vereint [= (232) 256 (280) 304 (328) M]. Setze einen MM für den Rd-Übergang (zwischen Rückenteil und linkem Ärmel). Der MM wird im weiteren Verlauf immer abgehoben und mitgeführt, sodass der Rd-Beginn jederzeit sichtbar ist.

Jetzt mit dem Passenmuster gemäß Zählmuster beginnen. Zur kürzeren Rundstricknadel (60 cm) Nr. 4,5 wechseln, wenn die Maschenzahl entsprechend weniger geworden ist.

Nach dem Stricken des Zählmusters liegen (70) 78 (84) 92 (98) M auf der Nadel.

ZÄHLMUSTER

Zuerst Zählmuster A, dann Zählmuster B und zum Schluss Zählmuster C arbeiten, dabei die dort angegebenen, größenspezifischen Ergänzungen beachten.

ERHÖHUNG DES RÜCKENTEILS

Wenn das Passenmuster komplett gestrickt wurde, kannst du auf Wunsch noch einige verkürzte Reihen stricken.

(14) 16 (17) 18 (19) M re mit Farbe A str. Den Faden vor die Arb legen, die nächste M von der linken Nadel auf die rechte Nadel heben. Den Faden wieder hinter die Arb legen. Die M zurück von der rechten Nadel auf die linke Nadel heben.

Die Arb wenden und in der Rück-R (49) 55 (59) 64 (68) M li str.

Die nächste M umwickeln und die Arb wenden wie zuvor beschrieben. (35) 39 (42) 46 (49) M re str.

Die nächste M umwickeln und die Arb wenden wie zuvor beschrieben. (21) 23 (25) 28 (30) M li str.

Die nächste M umwickeln und die Arb wenden wie zuvor beschrieben. (21) 23 (25) 28 (30) M re str.

HALSBÜNDCHEN

Wenn das Passenmuster (und ggf. die verkürzten Reihen) gestrickt sind, zu einem Nadelspiel oder einer kurzen Rundstricknadel (40 cm) Nr. 3,5 wechseln. Mit Farbe A 1 Rd re M str, dabei gleichmäßig verteilt (0) 4 (6) 10 (12) M abnehmen [= (70) 74 (78) 82 (86) M].

Achtung beim Stricken von verkürzten Reihen! Bei den Wendemaschen liegt der Faden vor der M. Die Wendemasche und den umlaufenden Faden in der nächsten Runde zus-str. Dadurch wird verhindert, dass ein Loch entsteht.

---

1 Rd links stricken.

3 cm im 1/1-Rippenmuster (1 M re, 1 M li) str. Alle M locker abketten.

FERTIGSTELLUNG

Die Nähte unter den Ärmeln schließen (auf Seite 154–157 findest du eine bebilderte Anleitung zum Schließen dieser Nähte im Maschenstich mit einer Wollnadel oder zum Zusammenstricken mit einer dritten Stricknadel). Alle Fäden vernähen.

Den Pullover waschen und liegend trocknen lassen.

Genauere Anweisungen zur Fertigstellung findest du auf Seite 158.

Das vielfarbige Muster auf dem Góa-Pullover sieht schwieriger aus, als es tatsächlich ist. Da nur in einfarbigen Runden abgenommen und in jeder Runde mit höchstens zwei Farben gestrickt wird, ist Góa auch hervorragend für Anfänger*innen geeignet.

ERGÄNZUNGEN ZUM ZÄHLMUSTER

ZÄHLMUSTER C

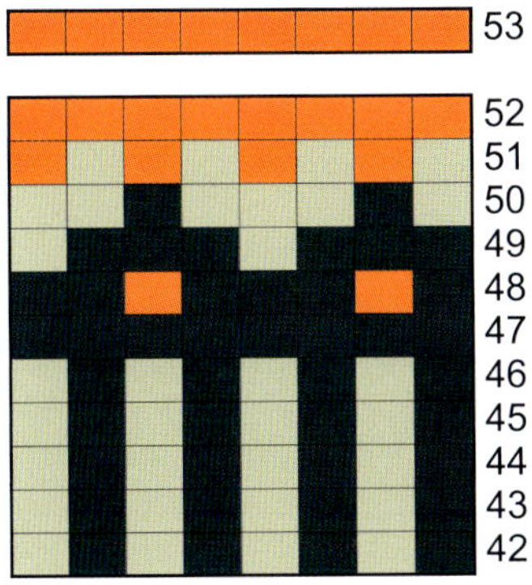

ZÄHLMUSTER B

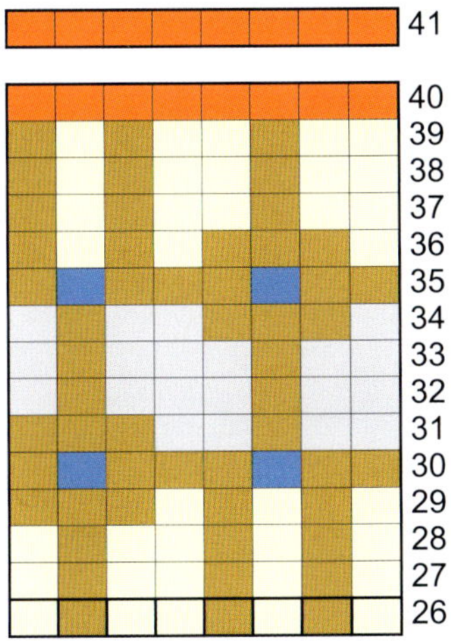

ZÄHLMUSTER A

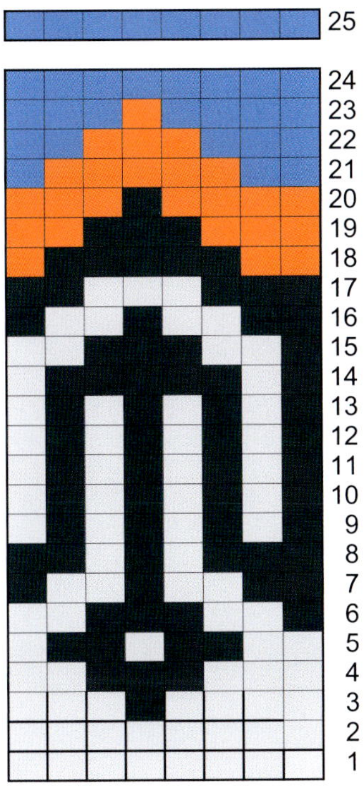

Rd	Anleitung
ZÄHLMUSTER C	
53	In dieser Rd gleichmäßig verteilt (46) 50 (56) 60 (66) M abnehmen [= (70) 78 (84) 92 (98) M].
46	Für Größe S überspringen.
45	Für Größe S, M, L, XL überspringen.
42	Nach den Abnahmen der vorigen Rd liegen noch (116) 128 (140) 152 (164) M auf der Nadel.
ZÄHLMUSTER B	
41	In der Rd gleichmäßig verteilt (60) 64 (68) 80 (84) M abnehmen.
37	Für Größe S, M und L überspringen.
28	Für Größe S, M und L überspringen.
26	Nach den Abnahmen der vorigen Rd liegen noch (176) 192 (208) 232 (248) M auf der Nadel.
ZÄHLMUSTER A	
25	In der Rd gleichmäßig verteilt (56) 64 (72) 72 (80) M abnehmen.
13	Für Größe S und M überspringen.
12	Für Größe S und M überspringen.
2	Für Größe S überspringen.
1	Für Größe S und M überspringen.
1	Am Anfang liegen (232) 256 (280) 304 (328) M auf der Nadel.

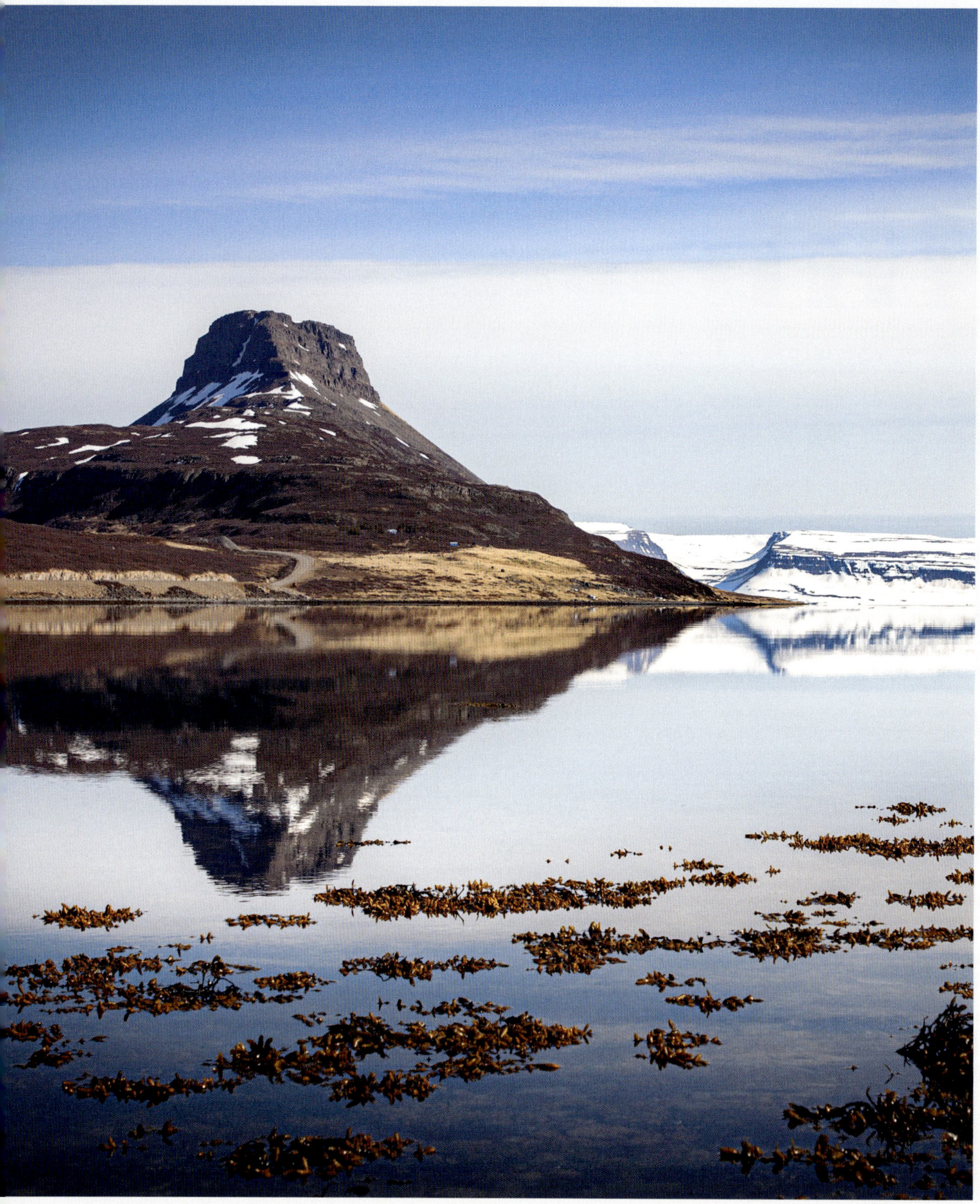

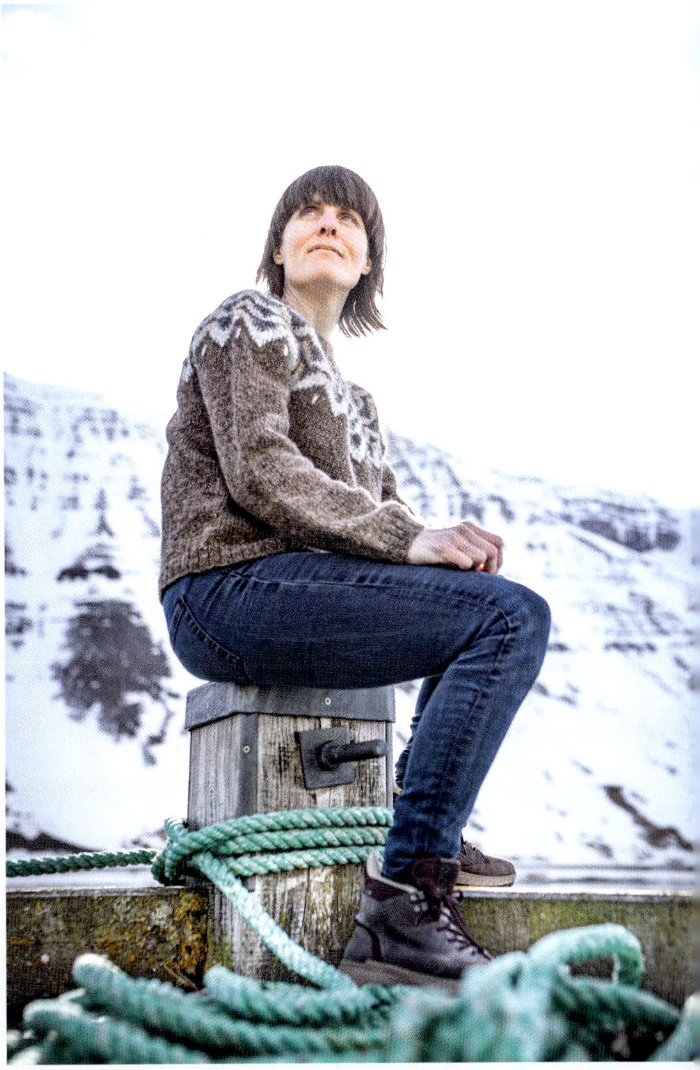

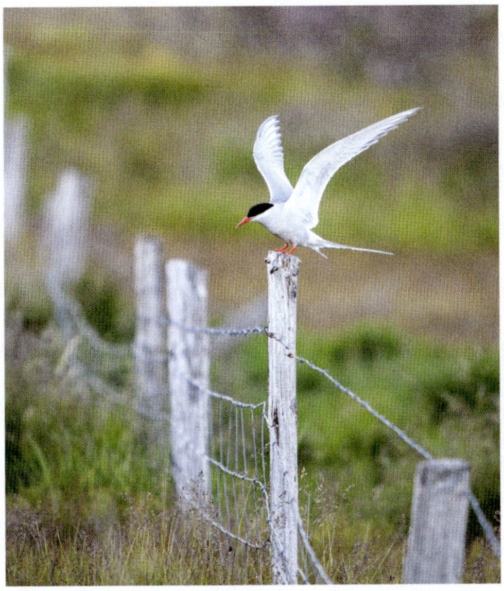

»Kennst du dieses aufregende Gefühl, wenn du zwischen zwei Spiegeln stehst?«, hat mich Sigga einmal gefragt.

Die Grenzen der physischen Welt verschieben sich, wenn sich die Realität immer und immer wieder spiegelt und jedes Mal kleiner wird. Wenn man zwischen zwei Spiegeln steht, ist es schwer zu erkennen, wo das Spiegelbild beginnt und wo es endet.

Auch in der Natur Islands lösen sich die topografischen Grenzen auf, etwa bei windstillem Wetter, wenn sich die bergige Landschaft so präzise auf der Wasseroberfläche abzeichnet, dass ein Spaziergang am Meeresufer wirkt, als wandele man auf der Grenze zweier identischer Welten. Dann gibt es keine Realität und ihr Spiegelbild, sondern unendlich viele Versionen dieses Augenblicks.

Der isländische Nobelpreisträger für Literatur, Halldór Laxness (1902–1998), beschrieb die Natur seiner Heimat in seinem Roman »Weltlicht« überaus poetisch: »Wo sich ein Gletscher in den Himmel erhebt, hört die Erde auf, irdisch zu sein, und wird stattdessen Teil des Himmels. Dort gibt es keine Sorgen, und man braucht auch die Freude nicht. Dort herrscht allein die Schönheit. Höher als alle Ansprüche.«

Aus diesen Gedanken heraus entstand der folgende Pullover, Endurkast – das bedeutet Spiegelung.

Sigríður Sif Gylfadóttir begann 2005 mit dem Stricken von Pullovern, als sie in Otaniemi, Espoo, Technische Physik studierte. Heute lebt sie mit ihrer Familie in den Westfjorden Islands.

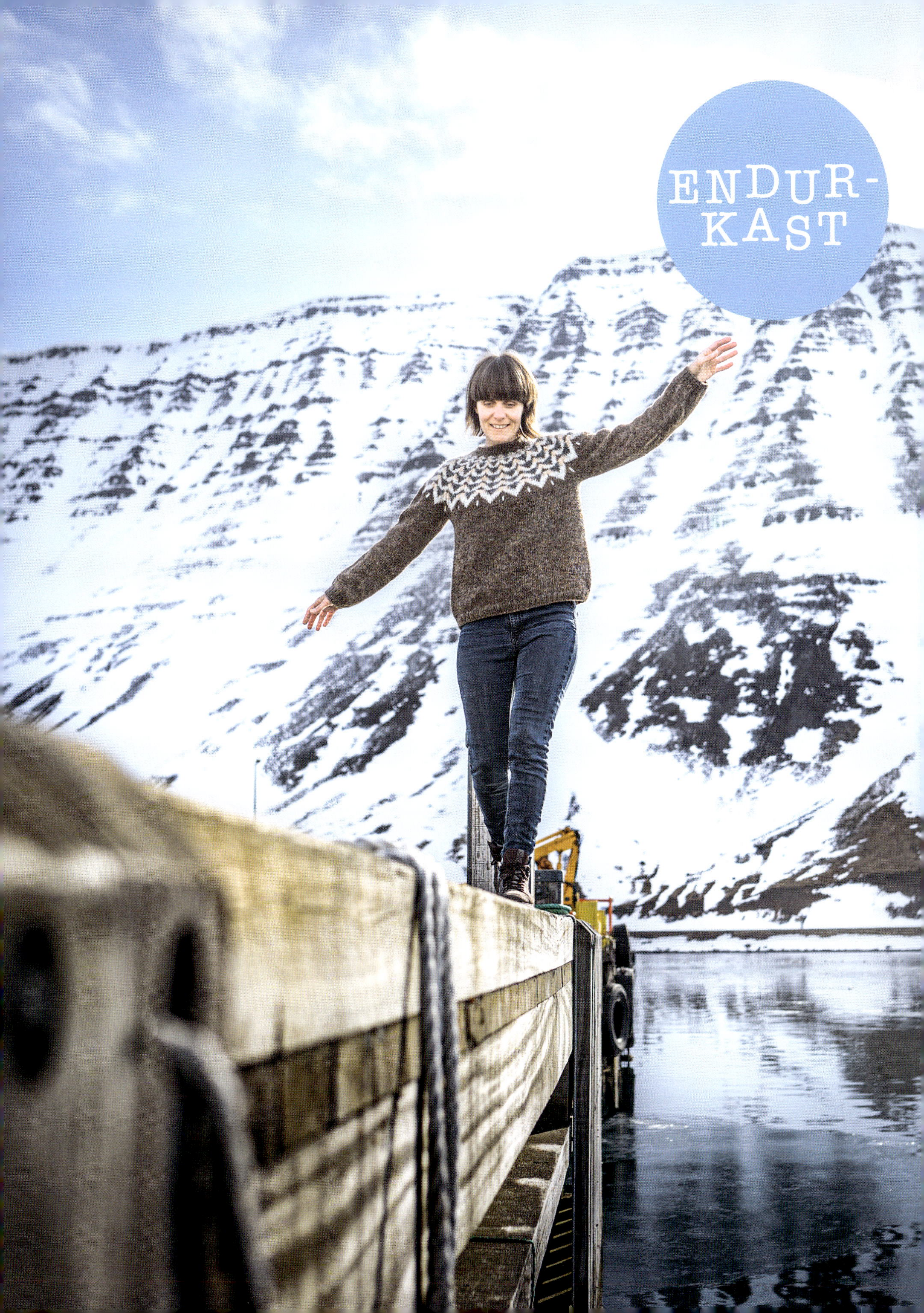
ENDUR-
KAST

ENDUR-KAST

Garne

Léttlopi 50 g

Farbkombination 1

- **A:** 1420 Schlammbraun (7) 8 (9) 10 (11) Knäuel
- **B:** 0054 Silbergrau (1) 1 (1) 2 (2)
- **C:** 0057 Mittelgrau (1) 1 (1) 1 (1)
- **D:** 1418 Stroh (1) 1 (1) 1 (1)

Farbkombination 2

- **A:** 0051 Weiß (7) 8 (9) 10 (11)
- **B:** 1402 Himmelblau (1) 1 (1) 2 (2)
- **C:** 0054 Silbergrau (1) 1 (1) 1 (1)
- **D:** 1702 Hellblauviolett (1) 1 (1) 1 (1)

Maschenprobe

10 cm x 10 cm = 18 M und 24 Rd

Nadeln

Rundstricknadeln

Nr. 3,5 (80 cm) und Nr. 4,5 (60 cm und 80 cm)

Nadelspiele

Nr. 3,5 und Nr. 4,5

Beim Stricken von großen Größen für die Passe eine 100 cm lange Rundstricknadel verwenden (Nr. 4,5).

In dieser Anleitung wird das Halsbündchen mit dem Nadelspiel gestrickt. Alternativ kannst du auch eine 40 cm lange Rundstricknadel (Nr. 3,5) verwenden.

MASSE DES FERTIGEN PULLOVERS IN CM

Größe	(S)	M	(L)	XL	(XXL)
Brustumfang	94	102	112	121	131
Damen					
Rumpflänge Achsel bis Bund	32	34	36	38	40
Ärmellänge Achsel bis Bündchen	45	46	47	48	49

Endurkast ist breiter und kürzer als der traditionelle Lopapeysa. Das gleiche Muster wiederholt sich im traditionelleren Spegilmynd-Pullover ab Seite 44.

ÄRMEL

Mit dem Bündchen beginnen. (54) 57 (60) 60 (63) M mit Farbe A und Nadelspiel Nr. 3,5 anschlagen. 3,5 cm im 2/1-Rippenmuster (2 M re, 1 M li) in Rd str. Zu Nadelspiel Nr. 4,5 wechseln und 1 Rd re M str, dabei (0) 1 (0) 2 (1) M zun [= (54) 58 (60) 62 (64) M].

Rechts str, bis die Arb ab Anschlag 10 cm lang ist.

In der nächsten Rd wie folgt zunehmen: Nach der 1. M und vor der letzten M je 1 M zun. Die Zunahmen alle (8) 8 (8) 7 (7) cm insg (5) 5 (5) 6 (6) Mal wdh [= (64) 68 (70) 74 (76) M].

Den Ärmel danach bis zur gewünschten Länge str.

In der letzten Rd die letzten (4) 5 (6) 7 (8) M und auch die folgenden (4) 5 (6) 7 (8) M [= (8) 10 (12) 14 (16) M] auf einem Hilfsfaden oder einer Hilfsnadel stilllegen. Danach hat der Ärmel noch (56) 58 (58) 60 (60) M.

Beiseitelegen und den zweiten Ärmel genauso str.

RUMPF

(168) 183 (201) 216 (234) M mit Farbe A und der Rundstricknadel Nr. 3,5 anschlagen. Einen MM setzen, er markiert den Rd-Übergang.

3,5 cm im 2/1-Rippenmuster (2 M re, 1 M li) in Rd str. Zu Rundstricknadel Nr. 4,5 wechseln.

In der nächsten Rd re M str und gleichmäßig verteilt (2) 1 (1) 2 (2) M zun [= (170) 184 (202) 218 (236) M]. Rechts str, bis der Rumpf vom Bund bis zur Achsel die gewünschte Länge hat.

In der letzten Rd die letzten (4) 5 (6) 7 (8) M und auch die folgenden (4) 5 (6) 7 (8) M [= (8) 10 (12) 14 (16) M] auf einem Hilfsfaden oder einer Hilfsnadel stilllegen. Diese M sind für ein Armloch. Erst wenn der Pullover fertig gestrickt ist, werden die Armlöcher geschlossen.

PASSE

Die Ärmel und den Rumpf wie auf Seite 152 beschrieben zusammenfügen, zwischen Rückenteil und linkem Ärmel beginnen.

Du hast zuletzt (8) 10 (12) 14 (16) M vom Rumpfteil auf einen Hilfsfaden oder eine Hilfsnadel gelegt [= 1. Achsel]. Jetzt einen Ärmel nehmen und die von diesem auf einem Hilfsfaden stillgelegten M sowie die vom Rumpfteil stillgelegten M gegeneinanderlegen. Die (56) 58 (58) 60 (60) Ärmel-M auf die Rundstricknadel des Rumpfteils str, die M auf dem Hilfsfaden bleiben stillgelegt. Die nächsten (77) 82 (89) 95 (102) M für den Rumpf str [= Vorderseite des Pullovers]. Vom Rumpfteil (8) 10 (12) 14 (16) M auf einen Hilfsfaden oder eine Hilfsnadel heben [= 2. Achsel].

Die (56) 58 (58) 60 (60) M des zweiten Ärmels auf die Rundstricknadel des Rumpfteils str und danach die (77) 82 (89) 95 (102) M für das Rückenteil des Pullovers str.

Rumpf und Ärmel sind nun auf einer Nadel vereint [= (266) 280 (294) 308 (322) M]. Setze einen MM für den Rd-Übergang (zwischen Rückenteil und linkem Ärmel).

Der MM wird im weiteren Verlauf immer abgehoben und mitgeführt, sodass der Rd-Beginn jederzeit sichtbar ist.

Jetzt mit dem Passenmuster gemäß Zählmuster beginnen. Zur kürzeren Rundstricknadel (60 cm) Nr. 4,5 wechseln, wenn die Maschenzahl entsprechend weniger geworden ist.

Nach dem Stricken des Zählmusters liegen (76) 80 (84) 88 (92) M auf der Nadel.

ZÄHLMUSTER

Bei diesem Muster variiert der Beginn einer neuen Rd je nach Größe. Ein dicker, vertikaler Strich zeigt an, wo für die jeweilige Größe die neue Rd beginnt. Zuerst wird der Rd-Beginn gestrickt, danach wird der rot umrandete Rapport bis zum Rd-Ende wiederholt. Die nächste Rd wird bei dem dicken, vertikalen Strich begonnen, danach wird das rot umrandete Muster bis zum Rd-Ende wiederholt, usw. **Die Abnahmen** gemäß Zählmuster arbeiten und die links danebenstehenden größenspezifischen Ergänzungen beachten.

ERGÄNZUNGEN ZUM ZÄHLMUSTER

Rd	Anleitung
54	Für Größe M die letzte M der 53. Rd mit der 1. M der 54. Rd zus-str [= (76) 80 (84) 88 (92) M].
52	Nach den Abnahmen der vorigen Rd liegen (95) 100 (105) 110 (115) M auf der Nadel.
47–50	Für Größe S, M und L überspringen.
44	Nach den Abnahmen der vorigen Rd liegen (114) 120 (126) 132 (138) M auf der Nadel.
43	Für Größe M am Ende der 42. Rd den MM entfernen, 1 M re, den MM setzen. Am Ende der 43. Rd 2 M zus-str.
43	Nach den Abnahmen der vorigen Rd liegen (133) 140 (147) 154 (161) M auf der Nadel.
39	Nach den Abnahmen der vorigen Rd liegen (152) 160 (168) 176 (184) M auf der Nadel.
38	Für Größe M am Ende der 37. Rd den MM entfernen, 1 M re, den MM setzen. Am Ende der 38. Rd 2 M zus-str.
38	Nach den Abnahmen der vorigen Rd liegen (171) 180 (189) 198 (207) M auf der Nadel.
33	Nach den Abnahmen der vorigen Rd liegen (190) 200 (210) 220 (230) M auf der Nadel.
27	Nach den Abnahmen der vorigen Rd liegen: (209) 220 (231) 242 (253) M auf der Nadel.
22	Nach den Abnahmen der vorigen Rd liegen (228) 240 (252) 264 (276) M auf der Nadel.
21	Für Größe M am Ende der 20. Rd den MM entfernen, 1 M re, den MM setzen. Am Ende der 21. Rd 2 M zus-str.
21	Nach den Abnahmen der vorigen Rd liegen (247) 260 (273) 286 (299) M auf der Nadel.
8–13	Für Größe S und M überspringen.
3	Für Größe S überspringen.
2	Für Größe S, L und XL überspringen.
1	Am Anfang liegen (266) 280 (294) 308 (322) M auf der Nadel.

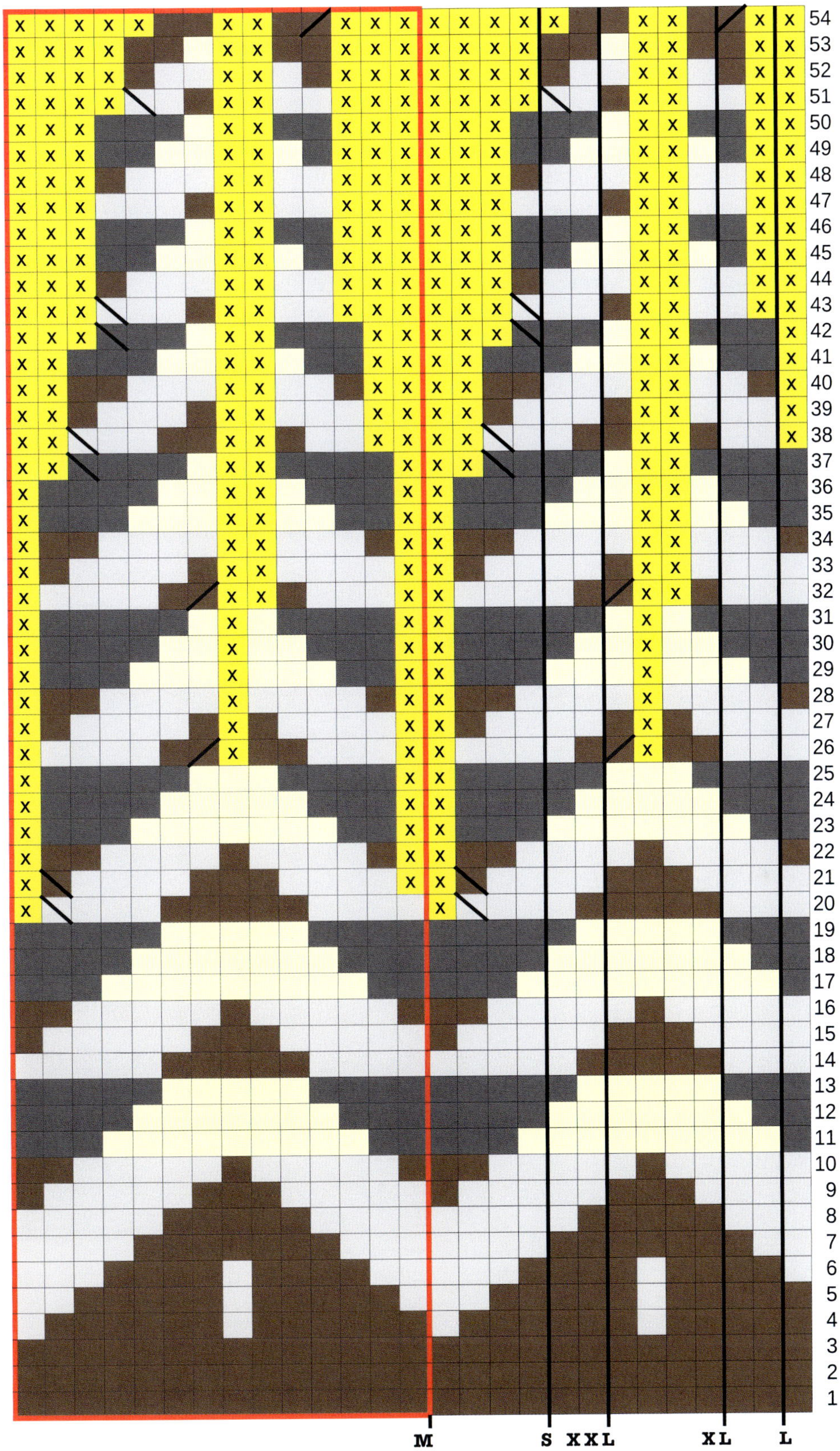

x keine M (wurde abgen)

/ Diese M und die M rechts daneben re zus-str.

\ Diese M und die M links daneben re abgehoben zus-str.

Farbkombination 1

ERHÖHUNG DES RÜCKENTEILS

Wenn das Passenmuster komplett gestrickt wurde, kannst du auf Wunsch noch einige verkürzte Reihen stricken.

(16) 16 (16) 17 (17) M re mit Farbe A str. Den Faden vor die Arb legen, die nächste M von der linken Nadel auf die rechte Nadel heben. Den Faden wieder hinter die Arb legen. Die M zurück von der rechten Nadel auf die linke Nadel heben.

Die Arb wenden und in der Rück-R (54) 55 (57) 61 (63) M li str.

Die nächste M umwickeln und die Arb wenden wie zuvor beschrieben. (38) 39 (41) 44 (46) M re str.

Die nächste M umwickeln und die Arb wenden wie zuvor beschrieben. (22) 23 (25) 27 (29) M li str.

Die nächste M umwickeln und die Arb wenden wie zuvor beschrieben. (22) 23 (25) 27 (29) M re str.

HALSBÜNDCHEN

Wenn das Passenmuster (und ggf. die verkürzten Reihen) fertig gestrickt sind, zu einem Nadelspiel oder einer Rundstricknadel (40 cm) Nr. 3,5 wechseln. Mit Farbe A 1 Rd re M str, dabei gleichmäßig verteilt (4) 5 (6) 7 (8) M abn [= (72) 75 (78) 81 (84) M].

Achtung beim Stricken von verkürzten Reihen! Bei den Wendemaschen liegt der Faden vor der M. Die Wendemasche und den umlaufenden Faden in der nächsten Runde zus-str. Dadurch wird verhindert, dass ein Loch entsteht.

---

3 cm im 2/1-Rippenmuster (2 M re, 1 M li) str. Alle M locker abketten, wie sie erscheinen.

FERTIGSTELLUNG

Die Nähte unter den Ärmeln schließen (auf Seite 154–157 findest du eine bebilderte Anleitung zum Schließen dieser Nähte im Maschenstich mit einer Wollnadel oder zum Zusammenstricken mit einer dritten Stricknadel). Alle Fäden vernähen.

Den Pullover waschen und liegend trocknen lassen.

Genauere Anweisungen zur Fertigstellung findest du auf Seite 158.

Ein Wollpullover muss nicht sehr oft gewaschen werden. Gerüche und Staub verschwinden durch Schütteln und Auslüften des Pullovers an der frischen Luft.

Farbkombination 2

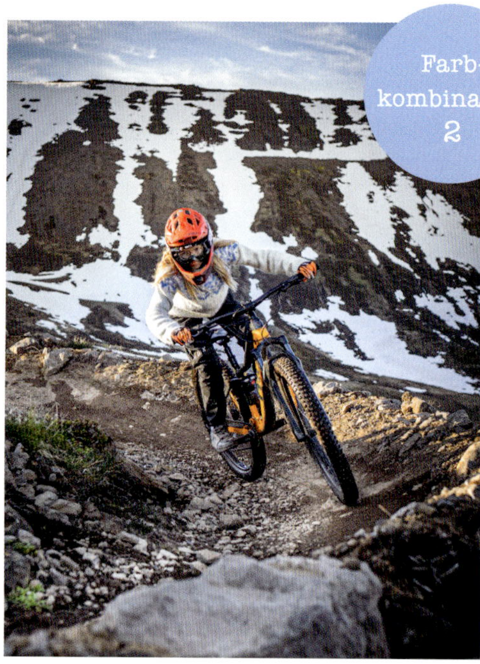

Der Pullover hält auf Mountainbike-Fahrten schön warm und ist weit genug, sodass er über den Rückenprotektor passt. Saga Björgvinsdóttir, 12, besucht die 7. Klasse der Schule in Ísafjörður.

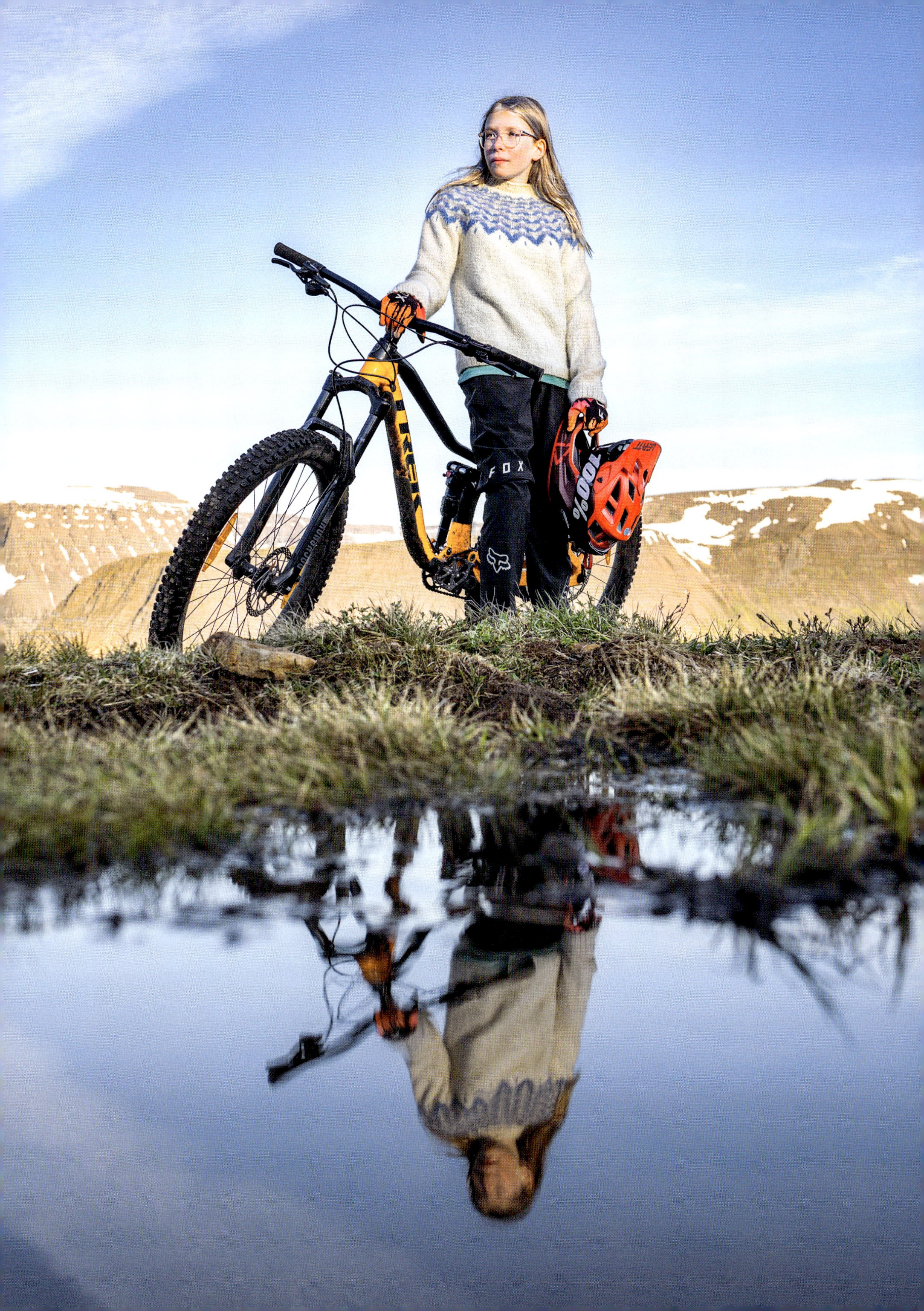
TREK
FOX
100%

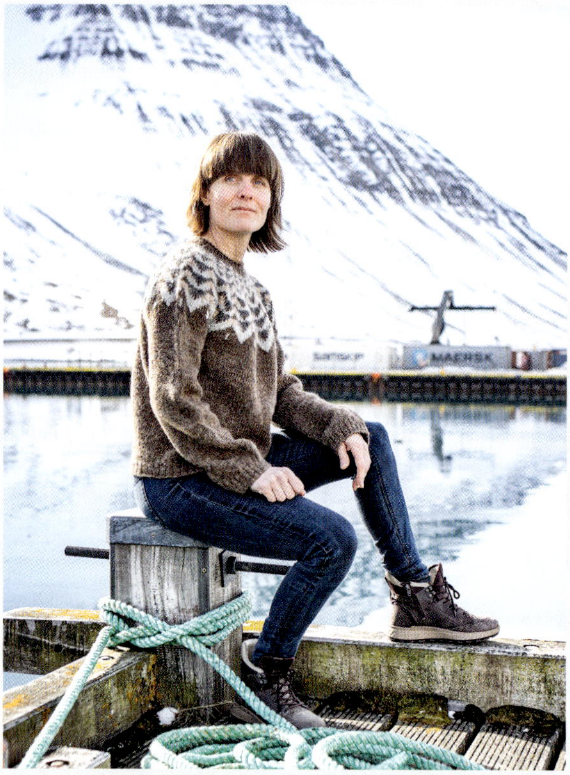

Uns beiden, den Autorinnen dieses Buches, und vielen Teststrickerinnen gefiel das Muster dieses Pullovers so gut, dass wir gleich zwei Varianten anbieten wollten: Endurkast und Spegilmynd. Sigga hat für das Spiegelmuster drei Farbkombinationen entworfen: eine in einem Braunton als Basis, der die Farbe der Berge wiedergibt, eine blaue in der Farbe des Nordmeers und eine helle, die die Farben eines Wintersonnenuntergangs darstellt.
Natürlich kannst du auch andere Farben wählen! Wenn du ein Bild deines fertigen Pullovers auf Instagram teilen möchtest, tagge uns mit @islantilaisetvillapaidat. Wir freuen uns schon darauf, eure Gestaltungen zu sehen.

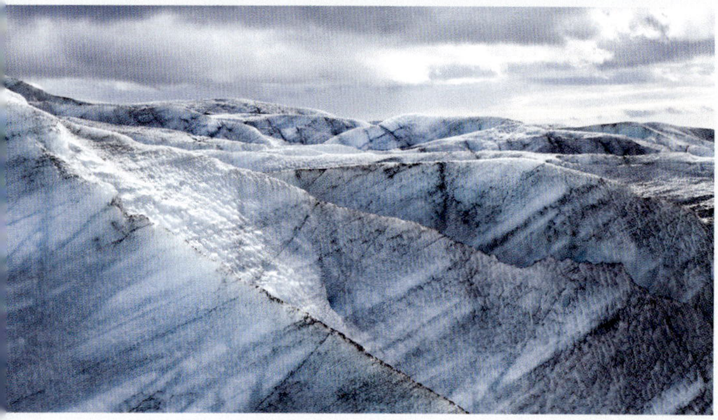

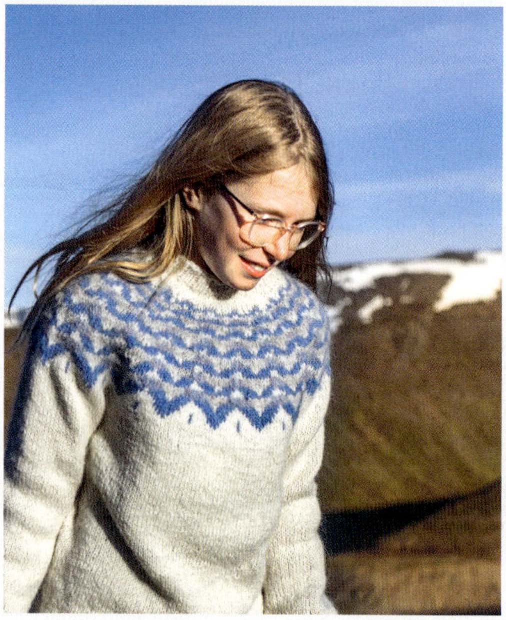

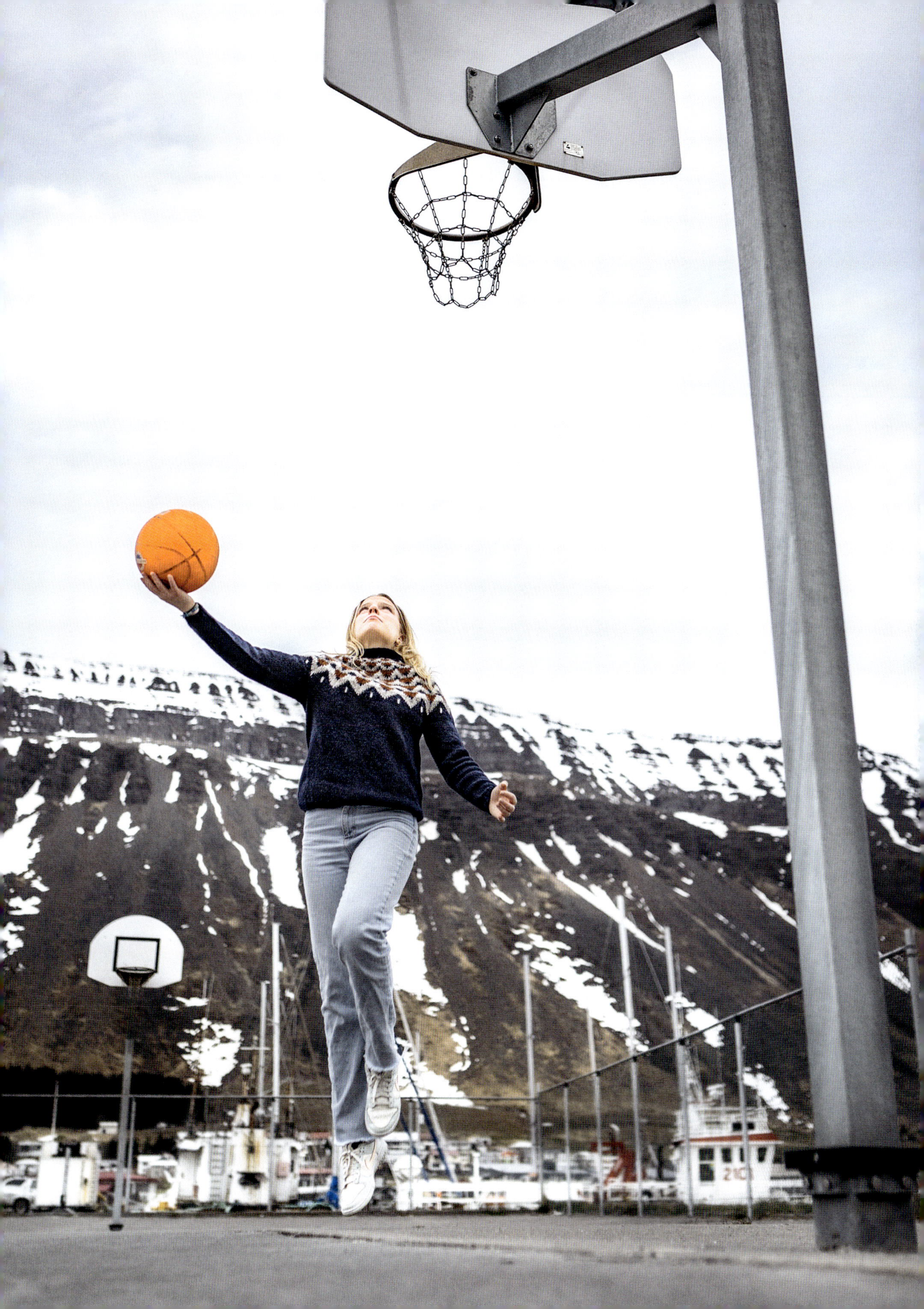

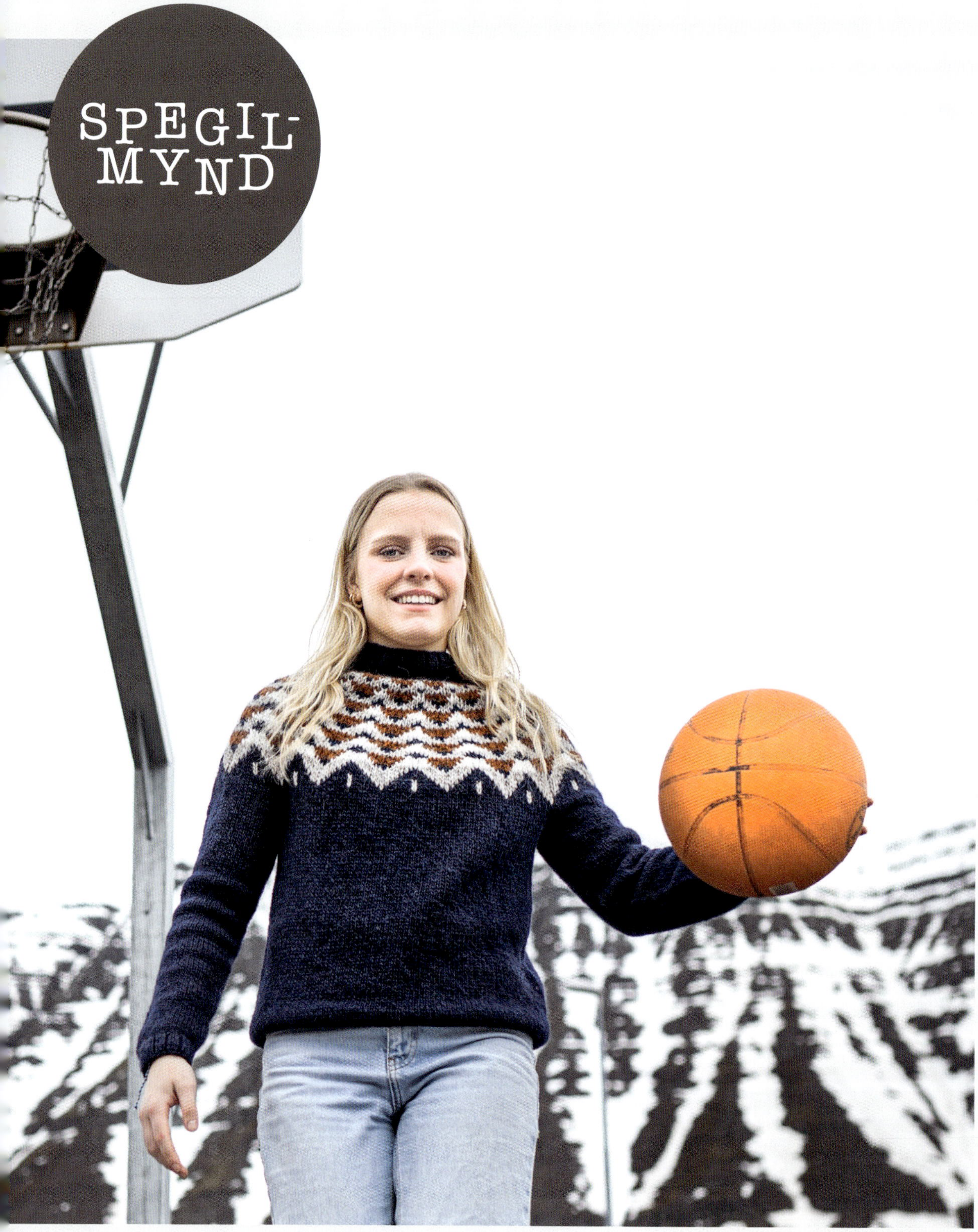

Sara Emily Newman lebt in Ísafjörður, besucht das Gymnasium und spielt gern Basketball.

Das Passenmuster von Spegilmynd ist dasselbe wie von Endurkast, aber der Pullover hat einen traditionelleren Schnitt. Die Länge geht bis zur Hüfte, und die Ärmel fallen enger aus; Endurkast ist eher kurz geschnitten, und der Rumpf und die Ärmel sind weiter. Sowohl Spegilmynd als auch Endurkast lassen sich auf die gleiche Weise ins Deutsche übersetzen: Spiegelung.

Garn

Léttlopi 50 g

Farbkombination 1

- **A:** 9420 Marine (6) 7 (8) 9 (10) Knäuel
- **B:** 0086 Hellbeige (1) 1 (1) 1 (2)
- **C:** 9427 Bronze (1) 1 (1) 1 (1)
- **D:** 0051 Weiß (1) 1 (1) 1 (1)

Spegilmynd ist ein Léttlopi-Modell für drinnen oder draußen. Wenn der Pullover als Outdoor-Pullover getragen werden soll, wähle am besten eine Größe mehr als üblich, damit noch eine Fleecejacke oder Skiwäsche darunterpasst.

Maschenprobe

10 cm x 10 cm = 18 M und 24 Rd

Nadeln

Rundstricknadeln

Nr. 3,5 (80 cm) und Nr. 4,5 (60 cm und 80 cm)

Nadelspiele

Nr. 3,5 und Nr. 4,5

Beim Stricken von großen Größen nach Bedarf eine 100 cm lange Rundstricknadel verwenden (Nr. 4,5).

In dieser Anleitung wird das Halsbündchen mit dem Nadelspiel gestrickt. Alternativ kannst du auch eine 40 cm lange Rundstricknadel (Nr. 3,5) verwenden.

MASSE DES FERTIGEN PULLOVERS IN CM

Größe	**(S)**	**M**	**(L)**	**XL**	**(XXL)**
Brustumfang	89	98	108	117	127
Damen					
Rumpflänge Achsel bis Bund	35	38	39	41	43
Ärmellänge Achsel bis Bündchen	45	46	47	48	49
Herren					
Rumpflänge Achsel bis Bund	38	40	42	44	46
Ärmellänge Achsel bis Bündchen	49	50	51	52	53

ÄRMEL

Mit dem Bündchen beginnen. (39) 42 (42) 45 (45) M mit Farbe A und Nadelspiel Nr. 3,5 anschlagen. 3,5 cm im 2/1-Rippenmuster (2 M re, 1 M li) in Rd str. Zu Nadelspiel Nr. 4,5 wechseln und 1 Rd re M str, dabei (1) 0 (2) 1 (1) M zun [= (40) 42 (44) 46 (46) M].

In der nächsten Rd wie folgt zunehmen: Nach der 1. M und vor der letzten M je 1 M zun. Die Zunahmen in jeder (13.) 10. (8.) 8. (7.) Rd insg (7) 9 (11) 12 (15) Mal wdh [= (54) 60 (66) 70 (76) M].

Wenn du längere Ärmel strickst (z. B. für einen Herrenpullover), arbeite die Zunahmen in etwas größeren Abständen: in jeder (14.) 11. (9.) 9. (7.) Rd.

Den Ärmel danach bis zur gewünschten Länge str.

In der letzten Rd die letzten (6) 7 (7) 8 (9) M und auch die folgenden (5) 7 (8) 9 (9) M [= (11) 14 (15) 17 (18) M] auf einem Hilfsfaden oder einer Hilfsnadel stilllegen. Danach hat der Ärmel noch (43) 46 (51) 53 (58) M.

Beiseitelegen und den zweiten Ärmel genauso str.

RUMPF

(156) 174 (192) 210 (228) M mit Farbe A und der Rundstricknadel Nr. 3,5 anschlagen. Einen MM setzen, er markiert den Rd-Übergang.

3,5 cm im 2/1-Rippenmuster (2 M re, 1 M li) in Rd str. Zu Rundstricknadel Nr. 4,5 wechseln.

In der ersten Rd (4) 2 (2) 0 (0) M zun [= (160) 176 (194) 210 (228) M].

Re M str, bis der Rumpf vom Bund bis zur Achsel die gewünschte Länge hat.

In der letzten Rd die letzten (6) 7 (7) 8 (9) M und auch die folgenden (5) 7 (8) 9 (9) M [= (11) 14 (15) 17 (18) M] auf einem Hilfsfaden oder einer Hilfsnadel stilllegen. Diese M sind für ein Armloch. Erst wenn der Pullover fertig gestrickt ist, werden die Armlöcher geschlossen.

PASSE

Die Ärmel und den Rumpf wie auf Seite 152 beschrieben zusammenfügen, zwischen Rückenteil und linkem Ärmel beginnen.

Du hast zuletzt (11) 14 (15) 17 (18) M vom Rumpfteil auf einen Hilfsfaden oder eine Hilfsnadel gelegt [= 1. Achsel]. Jetzt einen Ärmel nehmen und die von diesem auf einem Hilfsfaden stillgelegten M sowie die vom Rumpfteil stillgelegten M gegeneinanderlegen. Die (43) 46 (51) 53 (58) Ärmel-M auf die Rundstricknadel des Rumpfteils str; die M auf dem Hilfsfaden bleiben stillgelegt. Die nächsten (69) 74 (82) 88 (96) M für den Rumpf str [= Vorderseite des Pullovers]. Vom Rumpfteil (11) 14 (15) 17 (18) M auf einen Hilfsfaden oder eine Hilfsnadel heben [= 2. Achsel].

Die (43) 46 (51) 53 (58) M des zweiten Ärmels auf die Rundstricknadel des Rumpfteils str und danach die (69) 74 (82) 88 (96) M für das Rückenteil [= (224) 240 (266) 282 (308) M].

Rumpf und Ärmel sind nun auf einer Nadel vereint. Setze einen MM für den Rd-Übergang (zwischen Rückenteil und linkem Ärmel). Der MM wird im weiteren Verlauf immer abgehoben und mitgeführt, sodass der Rd-Beginn jederzeit sichtbar ist.

Jetzt mit dem Zählmuster beginnen. Zur kürzeren Rundstricknadel (60 cm) Nr. 4,5 wechseln, wenn die Maschenzahl entsprechend weniger geworden ist.

Nach dem Stricken des Zählmusters liegen (80) 85 (95) 100 (110) M auf der Nadel.

ZÄHLMUSTER

Bei diesem Muster variiert der Beginn einer neuen Rd je nach Größe. Ein dicker, vertikaler Strich zeigt an, wo für die jeweilige Größe die neue Rd beginnt. Zuerst wird der Rd-Beginn gestrickt, danach wird der rot umrandete Rapport bis zum Rd-Ende wiederholt. Die nächste Rd wird bei dem dicken, vertikalen Strich begonnen, danach wird das rot umrandete Muster bis zum Rd-Ende wiederholt, usw.

Die Abnahmen gemäß Zählmuster arbeiten und die dort angegebenen, größenspezifischen Ergänzungen beachten.

ERGÄNZUNGEN ZUM ZÄHLMUSTER

Rd	Anleitung
47–50	Für Größe S, M und L überspringen.
44	Nach den Abnahmen der vorigen Rd liegen (96) 102 (114) 120 (132) M auf der Nadel.
43	**Nur Größe S, L und XXL:** Den MM entfernen, die 1. M mit Farbe B str, den MM zurück auf die Nadel setzen, gemäß Zählmuster fortf.
43	Nach den Abnahmen der vorigen Rd liegen (112) 119 (133) 140 (154) M auf der Nadel.
39	Nach den Abnahmen der vorigen Rd liegen (128) 136 (152) 160 (176) M auf der Nadel.
38	Nach den Abnahmen der vorigen Rd liegen (144) 153 (171) 180 (198) M auf der Nadel.
38	**Nur Größe S, L und XXL:** Den MM entfernen, die 1. M mit Farbe B str, den MM zurück auf die Nadel setzen, gemäß Zählmuster fortf.
37	**Nur Größe S:** Die letzte M der 36. Rd mit der 1. M der 37. Rd zus-str. Diese M wird die 1. M der 37. Rd. Vor der Abnahme den MM entfernen.
33	Nach den Abnahmen der vorigen Rd liegen (160) 170 (190) 200 (220) M auf der Nadel.
32	**Nur Größe M und XL:** Die letzte M der 31. Rd mit der 1. M der 32. Rd zus-str. Diese M wird die 1. M der 32. Rd. Vor der Abnahme den MM entfernen.
27	Nach den Abnahmen der vorigen Rd liegen (176) 187 (209) 220 (242) M auf der Nadel.
26	**Nur Größe M und XL:** Die letzte M der 25. Rd mit der 1. M der 26. Rd zus-str. Diese M wird die 1. M der 26. Rd. Vor der Abnahme den MM entfernen.
22	Nach den Abnahmen der vorigen Rd liegen (192) 204 (228) 240 (264) M auf der Nadel.
21	**Nur Größe S:** Den MM von der Nadel heben, die 1. M in Farbe B str, den MM auf die re Nadel heben, gemäß Zählmuster fortf.
21	Nach den Abnahmen der vorigen Rd liegen (208) 221 (247) 260 (286) M auf der Nadel.
8–13	Für Größe S und M überspringen.
3	Für Größe XL überspringen.
2	Für Größe S, L und XL überspringen.
1	(0) 2 (0) 2 (0) M abn [= (224) 238 (266) 280 (308) M].
1	Am Anfang liegen (224) 240 (266) 282 (308) M auf der Nadel.

Wenn das Muster fertig ist, liegen (80) 85 (95) 100 (110) M auf der Nadel.

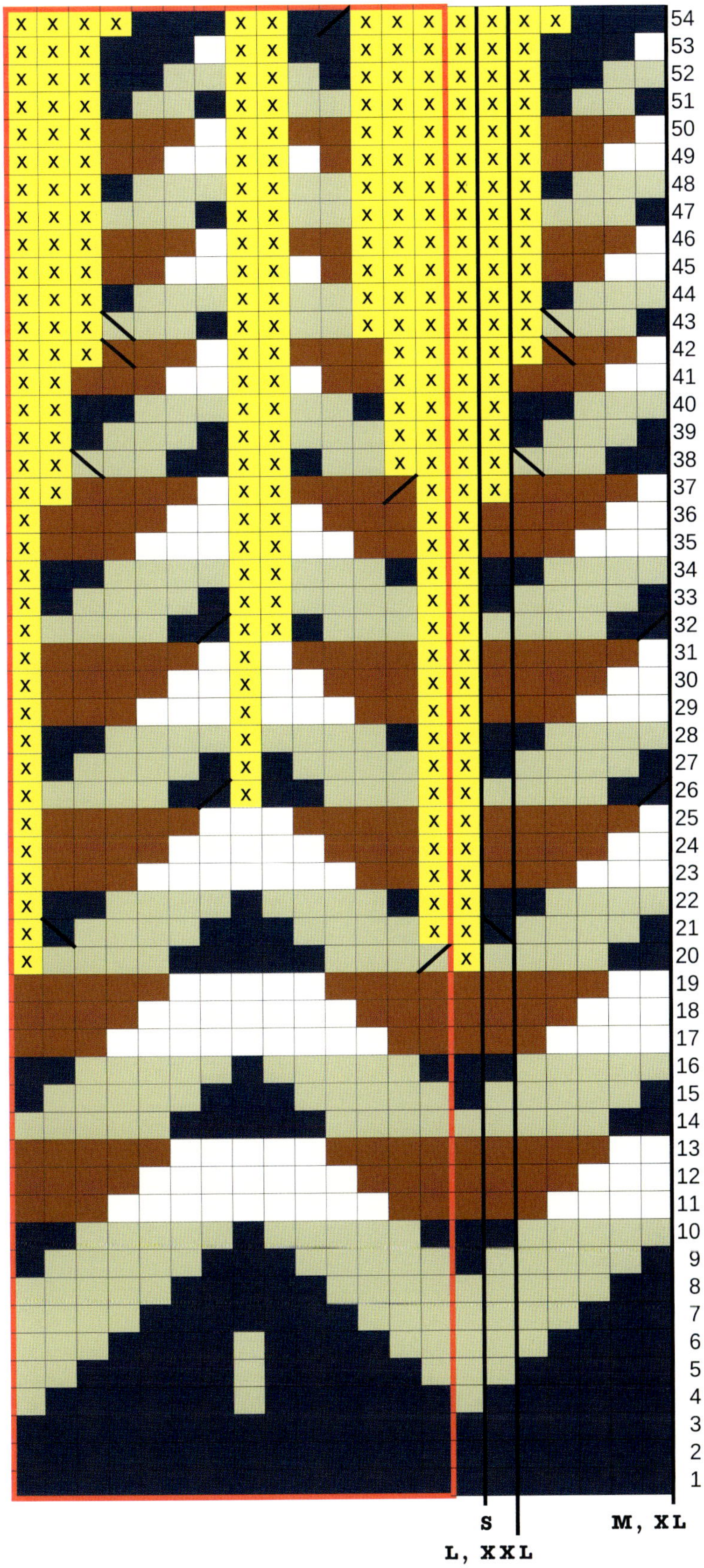

x keine M (wurde abgenommen)

/ Diese M und die M rechts daneben re zus-str.

\ Diese M und die M links daneben re abgehoben zus-str.

ERHÖHUNG DES RÜCKENTEILS

Wenn das Passenmuster komplett gestrickt wurde, kannst du auf Wunsch noch einige verkürzte Reihen stricken.

(15) 16 (18) 19 (21) M re mit Farbe A str. Den Faden vor die Arb legen, die nächste M von der linken Nadel auf die rechte Nadel heben. Den Faden wieder hinter die Arb legen. Die M zurück von der rechten Nadel auf die linke Nadel heben.

Die Arb wenden und in der Rück-R (55) 58 (65) 69 (76) M li str.

Die nächste M umwickeln und die Arb wenden wie zuvor beschrieben. (40) 42 (47) 50 (55) M re str.

Die nächste M umwickeln und die Arb wenden wie zuvor beschrieben. (25) 26 (29) 31 (34) M li str.

Die nächste M umwickeln und die Arb wenden wie zuvor beschrieben. (25) 26 (29) 31 (34) M re str.

HALSBÜNDCHEN

Wenn das Passenmuster (und ggf. die verkürzten Reihen) fertig gestrickt sind, zu einem Nadelspiel oder einer Rundstricknadel (40 cm) Nr. 3,5 wechseln. Mit Farbe A 1 Rd re M str, dabei gleichmäßig verteilt (8) 10 (17) 19 (26) M abn [= (72) 75 (78) 81 (84) M].

Achtung beim Stricken von verkürzten Reihen! Bei den Wendemaschen liegt der Faden vor der M. Die Wendemasche und den umlaufenden Faden in der nächsten Runde zus-str. Dadurch wird verhindert, dass ein Loch entsteht.

---

3 cm im 2/1-Rippenmuster (2 M re, 1 M li) str. Alle M locker abketten.

FERTIGSTELLUNG

Die Nähte unter den Ärmeln schließen (auf Seite 154–157 findest du eine bebilderte Anleitung zum Schließen dieser Nähte im Maschenstich mit einer Wollnadel oder zum Zusammenstricken mit einer dritten Stricknadel). Alle Fäden vernähen.

Den Pullover waschen und liegend trocknen lassen.

Genauere Anweisungen zur Fertigstellung findest du auf Seite 158.

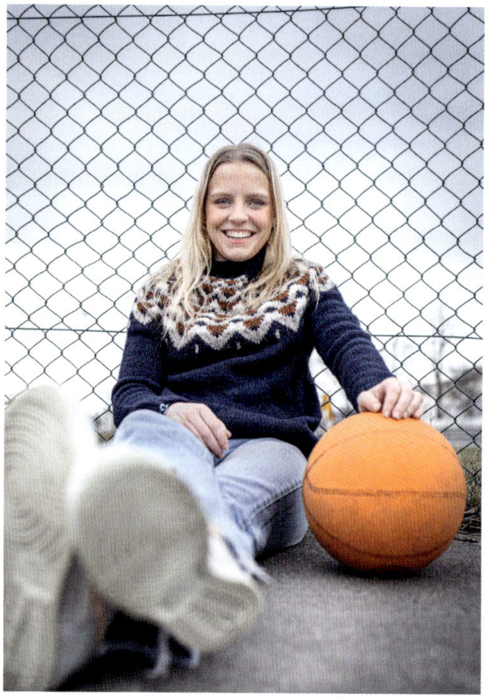

Spegilmynd steht einfach allen!

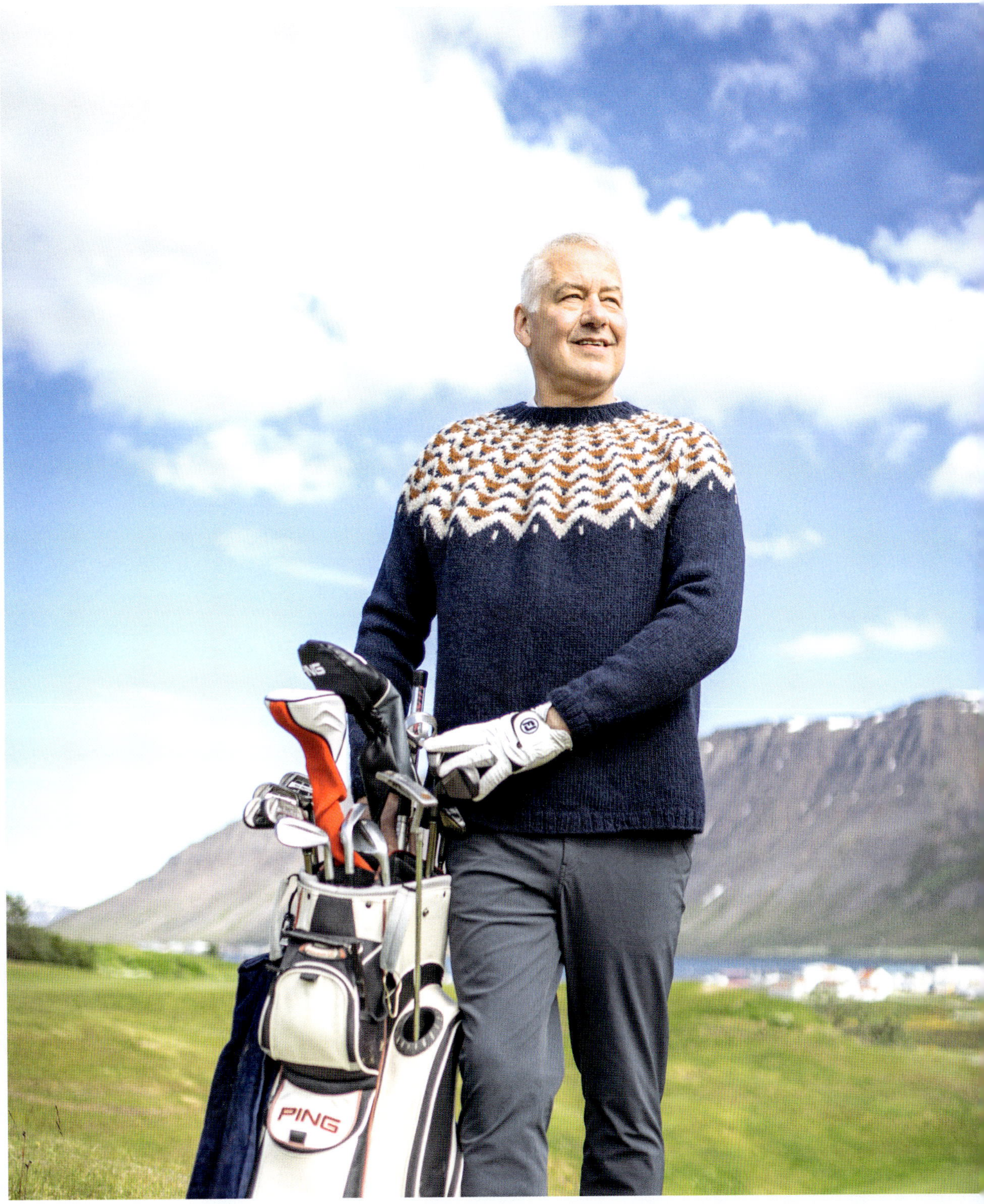

Skúli Berg arbeitet bei der Polizei von Ísafjörður. In seiner Freizeit spielt er Golf.

EIN ECHTER ISLANDPULLOVER

Mit dem Vulkanausbruch des Eyjafjallajökull im Jahr 2010 war Island durch die Topmeldung internationaler Nachrichtensendungen weltweit in aller Munde. Es begann ein Tourismusboom, und der Islandpullover wurde dabei zu einem äußerst beliebten Souvenir. Millionen von Urlaubsgästen wollten sich einen »echten« Islandpullover kaufen. Da die Nachfrage das Angebot bei Weitem überstieg, begann man im Ausland, traditionelle Islandpullover zu kopieren. Bald waren vermeintliche Islandpullover im Handel, die in sehr fernen Ländern und aus einem völlig anderen Rohstoff als isländischer Schafwolle gestrickt worden waren.

»Es ist unsere Pflicht als isländisches Volk, unser kulturelles Erbe zu schützen, das nicht zuletzt der Islandpullover repräsentiert«, forderte *Handprjónasamband Íslands*, der Isländische Handstrickverband, gemeinsam mit rund 750 isländischen Stricker*innen.

Die Stricker*innen beschlossen, für den isländischen Pullover, *íslensk lopapeysa*, eine D.O. (Designation of Origin, eine Ursprungsbezeichnung wie andernorts für Wein oder Käse) bei der isländischen Lebensmittel- und Veterinärbehörde zu beantragen. Sie wünschten sich ein Herkunftssiegel für den Islandpullover, das ihn von anderen im Handel erhältlichen Exemplaren unterscheiden würde. Das Herkunftssiegel wurde tatsächlich im Jahr 2020 eingetragen.

Um das Herkunftssiegel tragen zu dürfen, muss ein *íslensk lopapeysa* folgende Kriterien erfüllen:

- Er muss auf Island und per Hand gestrickt worden sein.
- Das Garn (Lopi) muss aus isländischer Schafwolle bestehen und auf besondere Weise gesponnen sein.
- Er muss aus neuer Wolle, nicht aus recycelter Wolle, gestrickt sein.
- Er muss in Runden gestrickt sein; die Einzelteile dürfen nicht durch Nähte verbunden sein.
- Er muss eine Passe mit (mehrfarbigem) Einstrickmuster aufweisen, das sich in der Höhe etwa vom Oberarm bis zum Halsausschnitt erstreckt.
- Er muss vom Schnitt her entweder ein Pullover oder eine vorne offene Jacke sein.

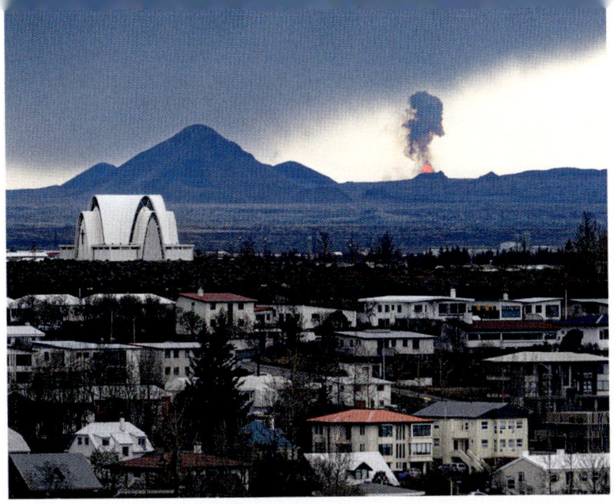

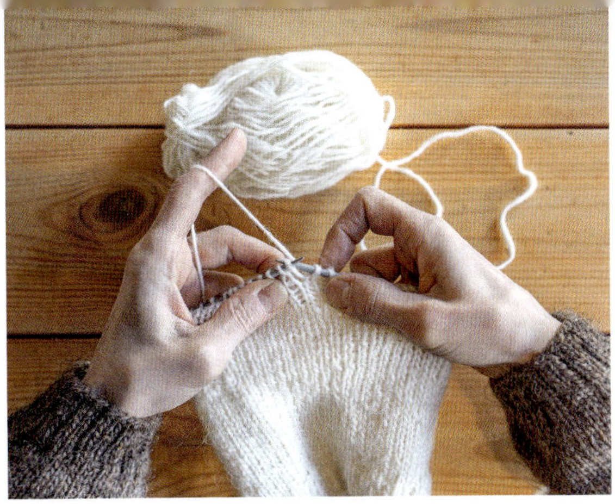

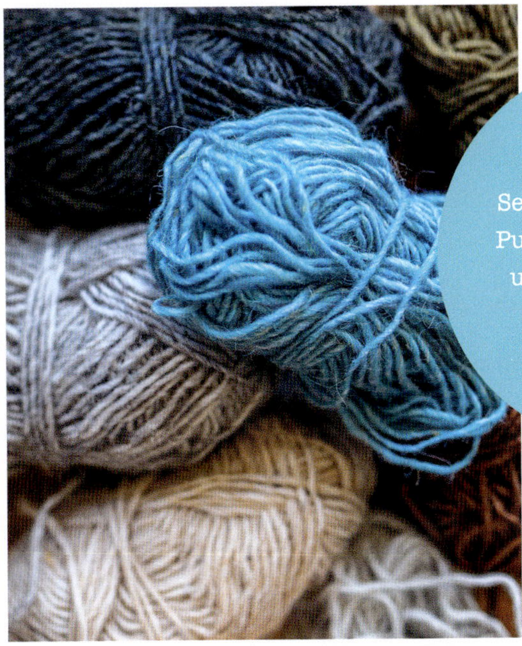

Góa (Anleitung Seite 26) ist der erste Pullover, den Satu von unten nach oben im isländischen Stil gestrickt hat.

GÓA

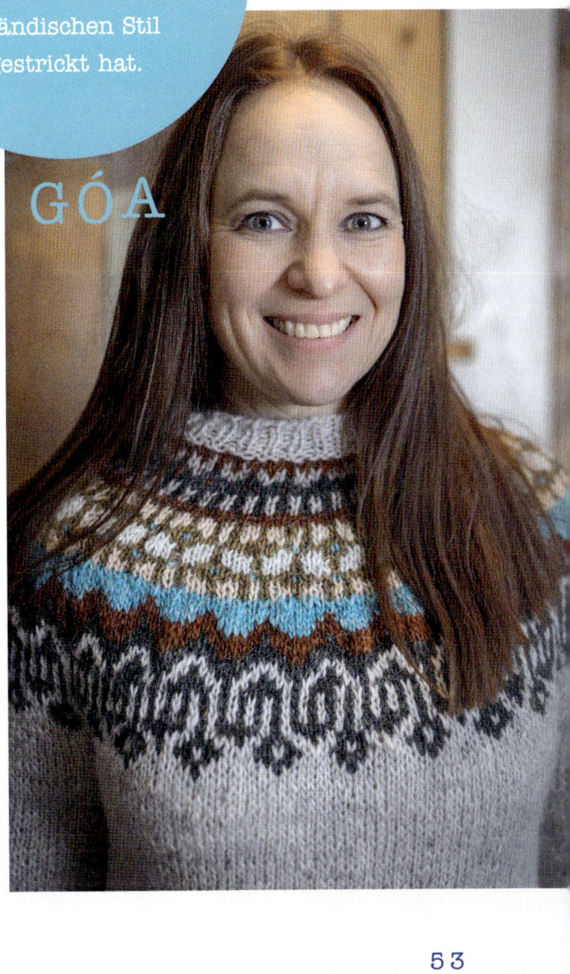

Dürfen Islandpullover auch in Deutschland oder etwa in den USA gestrickt werden? Selbstverständlich! Pullover, die außerhalb Islands gestrickt wurden, bekommen zwar kein D.O.-Herkunftszeichen, aber natürlich dürfen sie ohne Weiteres gestrickt werden. Der Zweck des D.O.-Siegels besteht nicht darin, das Stricken von Islandpullovern im Ausland zu unterbinden, sondern den Käufer*innen genaue, verbindliche Merkmale über original Islandpullover zu garantieren.

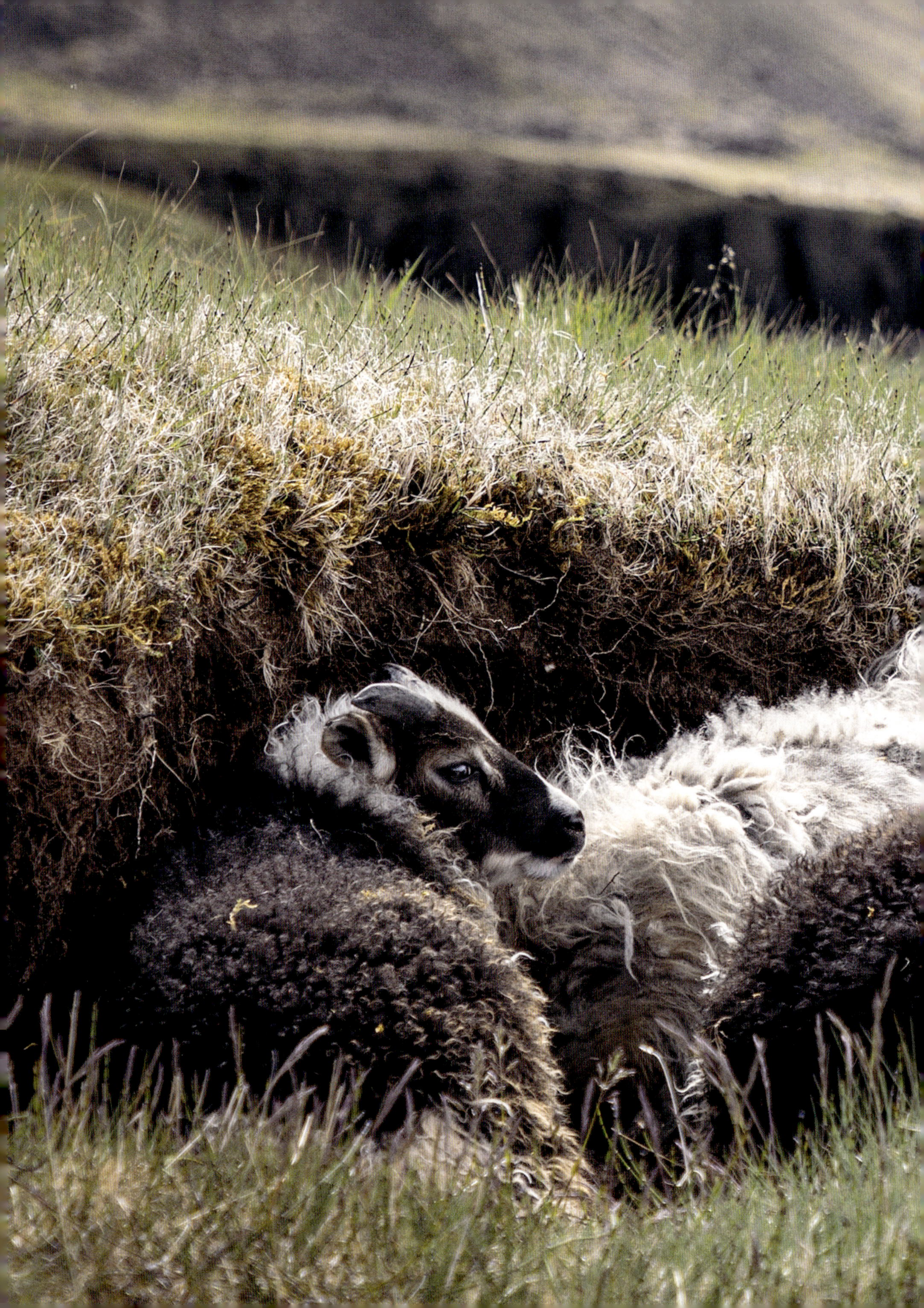

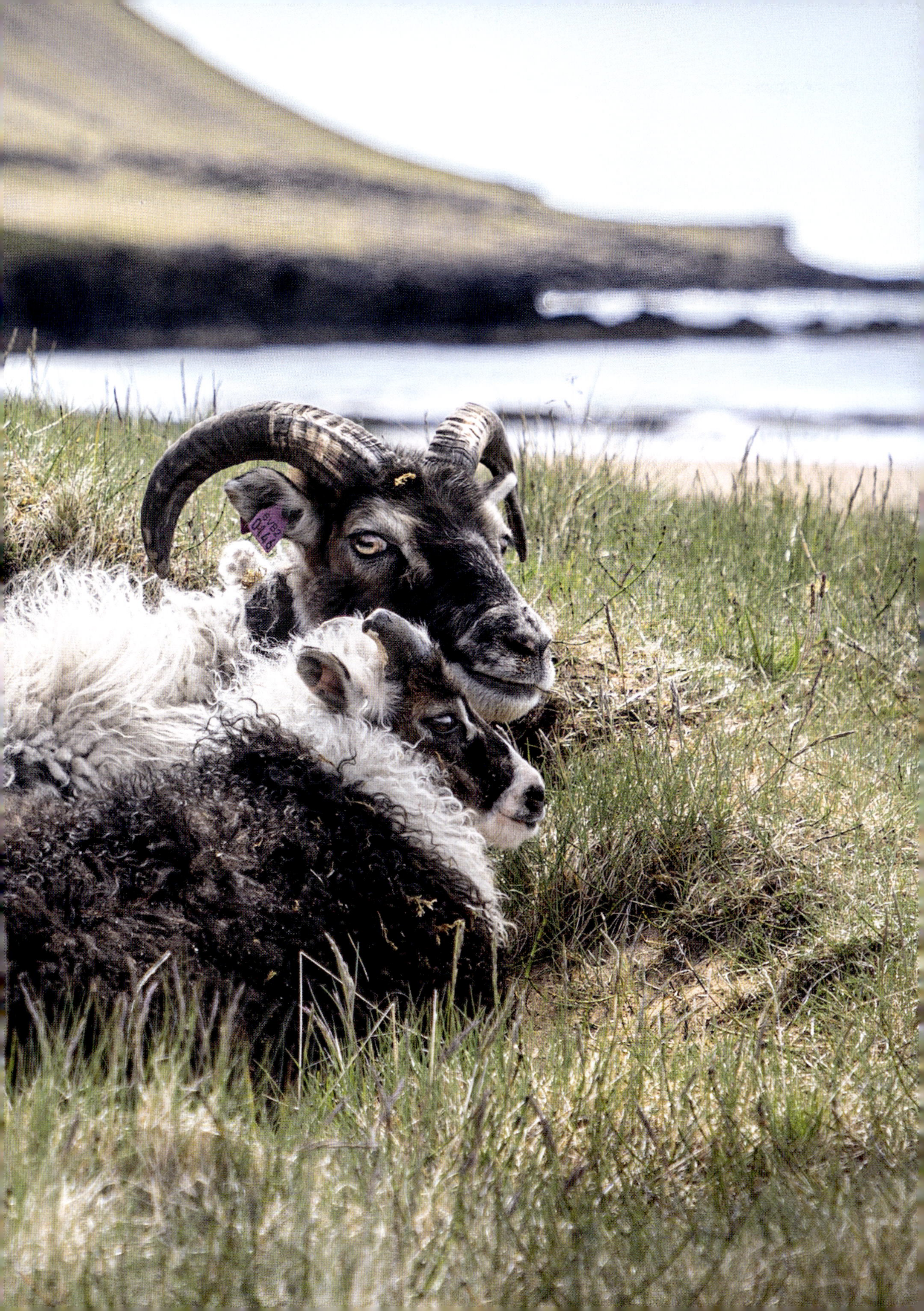

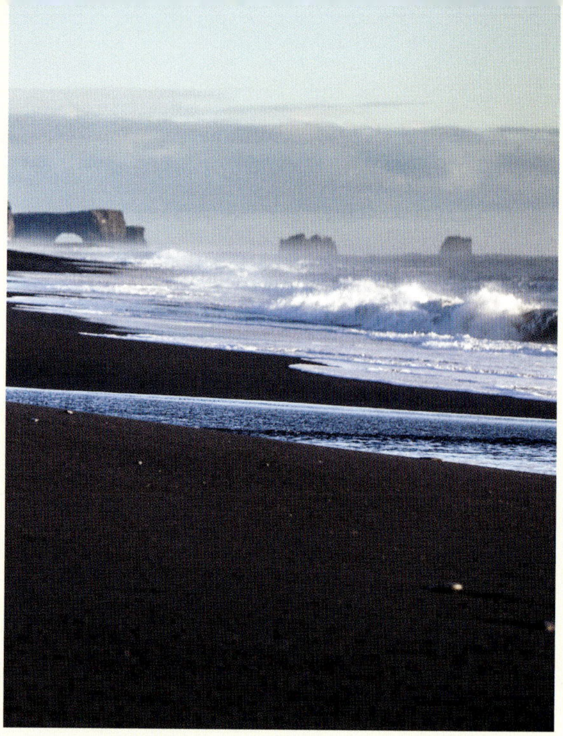

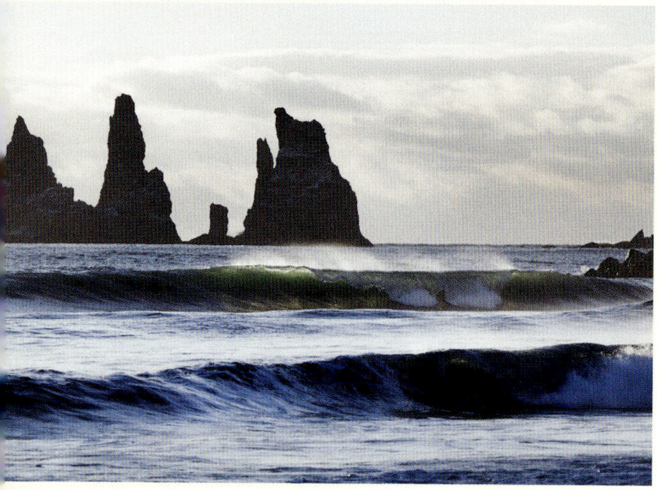

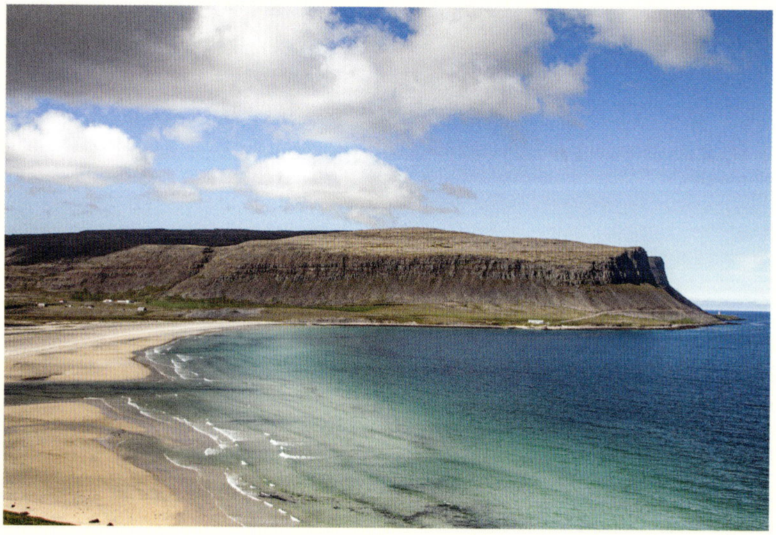

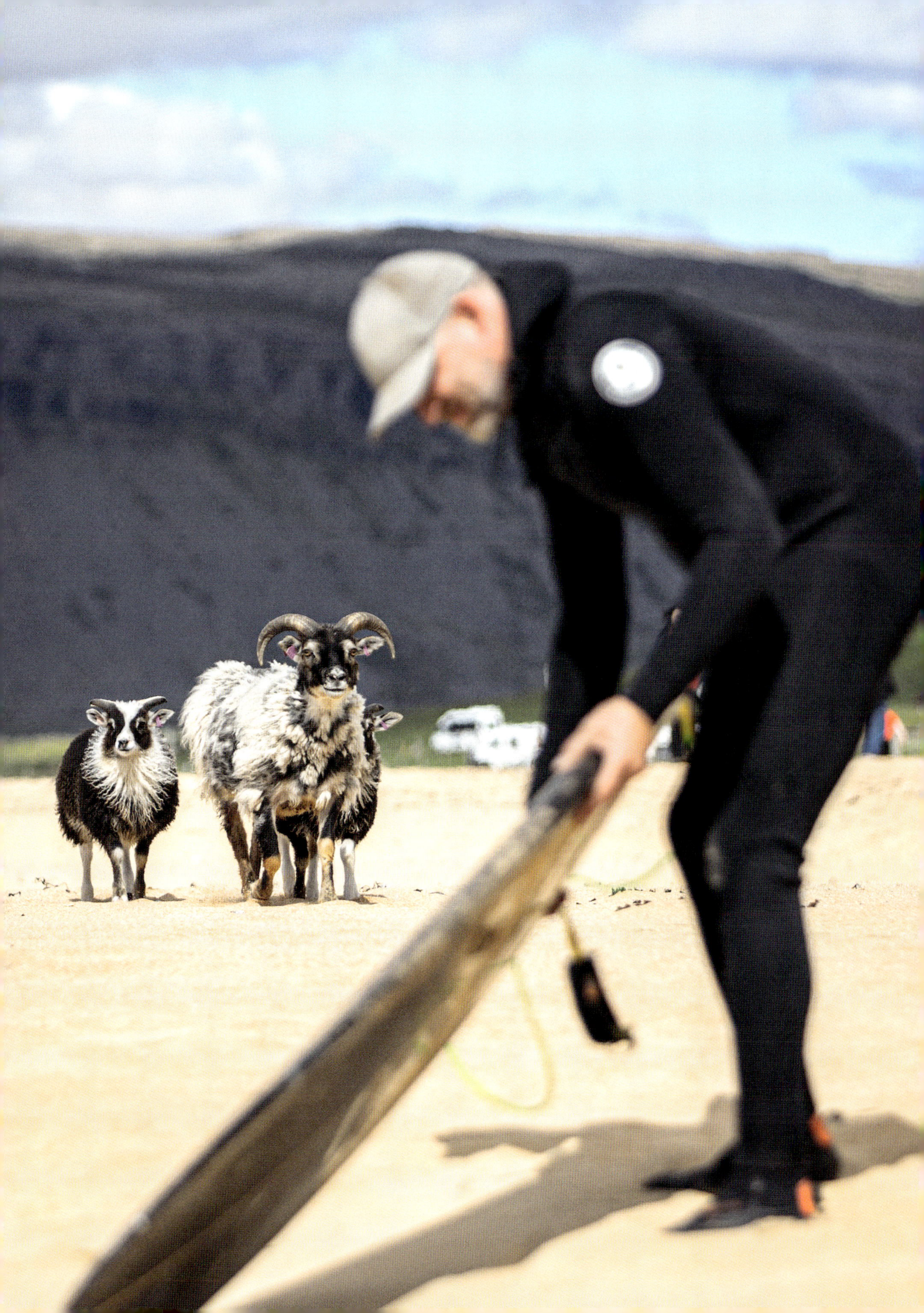

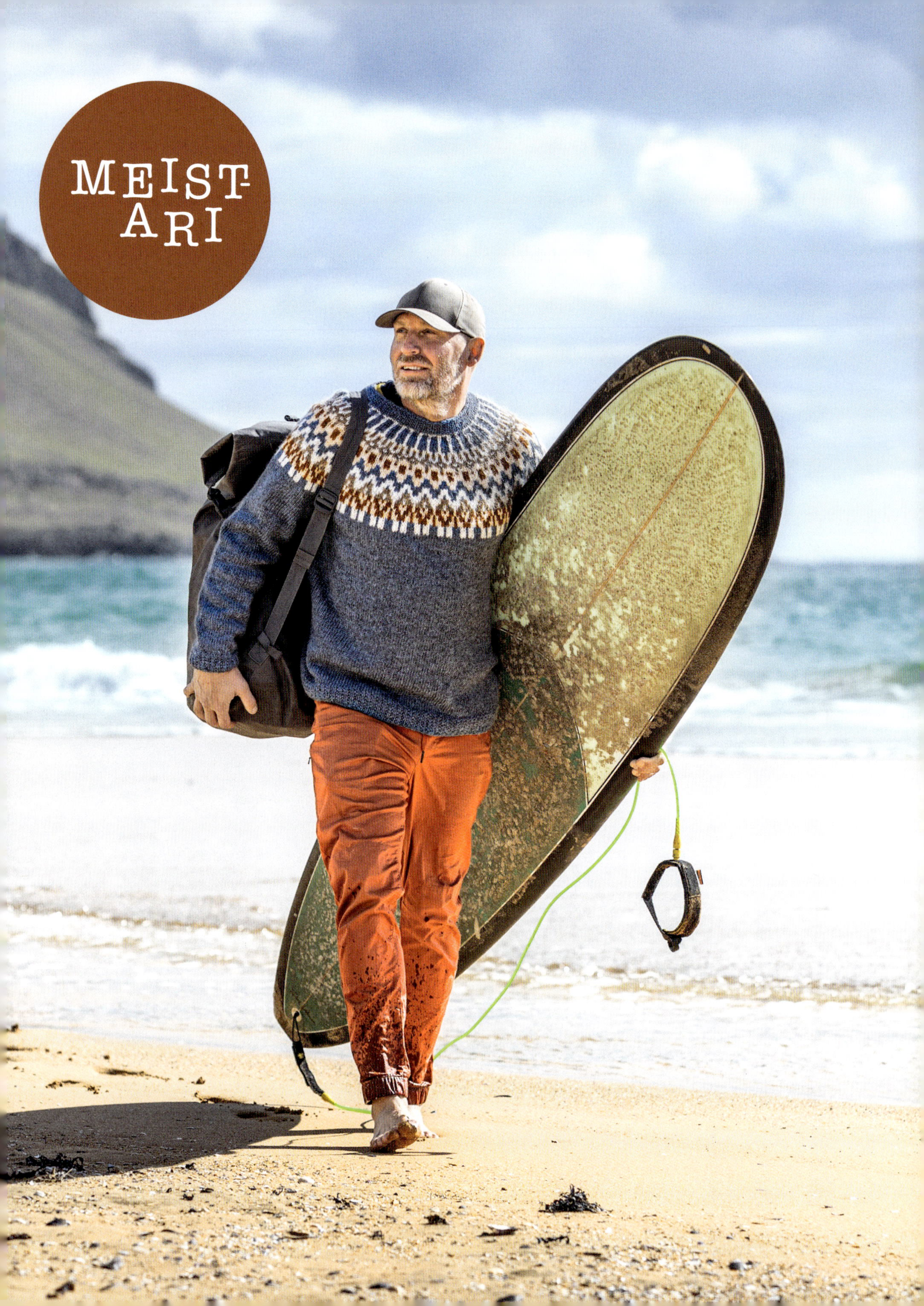
MEIST-
ARI

Meistari ist eines der wenigen isländischen Wörter, das fast identisch mit dem deutschen ist: Meister. Hier enden aber auch schon die Ähnlichkeiten.

Isländer*innen sind sehr gut darin, neue Wörter zu erfinden. Fernsehen ist auf Isländisch nicht etwa so etwas wie Television, sondern *sjónvarp*. *Sjón* bedeutet »Sehvermögen« und »varpa« ist ein Verb mit der Bedeutung »werfen«. Ein Fernseher ist also ein Gerät, das Inhalte zum Ansehen herauswirft. Logisch, oder? Das isländische Wort für dumm ist *heimskur*. Es stammt aus der Wikingerzeit, als diejenigen, die viel reisten, Held*innen waren. Das isländische Wort *heima* bedeutet Heimat und zu Hause sein. Dumm ist also nach isländischer Vorstellung derjenige, der den ganzen Tag zu Hause hockt! Wer sich dagegen mutig auf ein Abenteuer einließ, galt als weise und respektabel. In der altnordischen Sprüchesammlung *Hávamál* drückt es eine der Strophen so aus:

Der nur weiß,
der von seinem Haus und Hof
weit weg gereist ist,
wie die Gesinnung
eines Mannes ist,
der Verstand und Vernunft hat.

Óliver Hilmarsson (links) arbeitet als Lawinenexperte in den Westfjorden Islands. In seiner Freizeit surft er, fährt Mountainbike und Ski.

MEIST-ARI

Garn

Léttlopi 50 g

- **A:** 9418 Graublau (7) 8 (9) 10 (11) Knäuel
- **B:** 0054 Silbergrau (1) 1 (1) 1 (1)
- **C:** 9427 Bronze (1) 1 (1) 1 (1)
- **D:** 1418 Stroh (1) 1 (1) 1 (1)
- **E:** 1420 Schlammbraun (1) 1 (1) 1 (1)

Die Anleitung für Meistari ist einfach. Wenn du als Strickanfänger*in noch nie einen Pullover gestrickt hast, ist dies ein geeignetes Projekt. Danach wirst du ein*e Meister*in sein!

Maschenprobe

10 cm x 10 cm = 18 M und 24 Rd

Nadeln

Rundstricknadeln

Nr. 3,5 (80 cm) und Nr. 4,5 (60 cm und 80 cm)

Nadelspiele

Nr. 3,5 und Nr. 4,5

Beim Stricken von großen Größen nach Bedarf eine 100 cm lange Rundstricknadel verwenden (Nr. 4,5).

In dieser Anleitung wird das Halsbündchen mit dem Nadelspiel gestrickt. Alternativ kannst du auch eine 40 cm lange Rundstricknadel (Nr. 3,5) verwenden.

MASSE DES FERTIGEN PULLOVERS IN CM

Größe	**(S)**	**M**	**(L)**	**XL**	**(XXL)**
Brustumfang	86	96	106	116	126
Damen					
Rumpflänge Achsel bis Bund	37	39	41	43	45
Ärmellänge Achsel bis Bündchen	45	46	47	48	49
Herren					
Rumpflänge Achsel bis Bund	40	42	44	46	48
Ärmellänge Achsel bis Bündchen	49	50	51	52	53

ÄRMEL

Mit dem Bündchen beginnen. (42) 44 (48) 50 (52) M mit Farbe A und Nadelspiel Nr. 3,5 anschlagen. Für das Bündchen die 1. und 2. Rd im Wechsel str, bis eine Höhe von 5 cm erreicht ist. Mit einer 1. Rd enden.

1. Rd: (1 M re, 1 M li)

2. Rd: re M str

Zu Nadelspiel Nr. 4,5 wechseln und noch 1 Rd re M str.

In der nächsten Rd wie folgt zunehmen: Nach der 1. M und vor der letzten M je 1 M zun. Die Zunahmen in jeder (13.) 10. (9.) 7. (7.) Rd insg (7) 9 (11) 13 (14) Mal wdh [= (56) 62 (70) 76 (80) M].

Wenn du längere Ärmel strickst (z. B. für einen Herrenpullover), arbeite die Zunahmen in etwas größeren Abständen: in jeder (15.) 12. (10.) 8. (8.) Rd.

Den Ärmel danach bis zur gewünschten Länge str.

In der letzten Rd die letzten (6) 7 (8) 9 (9) M und auch die folgenden (6) 7 (8) 9 (9) M [= (12) 14 (16) 18 (18) M] auf einem Hilfsfaden oder einer Hilfsnadel stilllegen. Danach hat der Ärmel noch (44) 48 (54) 58 (62) M.

Beiseitelegen und den zweiten Ärmel genauso str.

RUMPF

(154) 172 (190) 208 (226) M mit Farbe A und der Rundstricknadel Nr. 3,5 anschlagen. Einen MM setzen, er markiert den Rd-Übergang.

Für den Bund die 1. und 2. Rd im Wechsel str, bis eine Höhe von 5 cm erreicht ist. Mit einer 1. Rd enden.

1. Rd: (1 M re, 1 M li)

2. Rd: re M str

Zu Rundstricknadel Nr. 4,5 wechseln. Re str, bis der Rumpf vom Bund bis zur Achsel die gewünschte Länge hat.

In der letzten Rd die letzten (6) 7 (8) 9 (9) M und auch die folgenden (6) 7 (8) 9 (9) M [= (12) 14 (16) 18 (18) M] auf einem Hilfsfaden oder einer Hilfsnadel stilllegen. Diese M sind für ein Armloch. Erst wenn der Pullover fertig gestrickt ist, werden die Armlöcher geschlossen.

PASSE

Die Ärmel und den Rumpf wie auf Seite 152 beschrieben zusammenfügen, zwischen Rückenteil und linkem Ärmel beginnen.

Du hast zuletzt (12) 14 (16) 18 (18) M vom Rumpfteil auf einen Hilfsfaden oder eine Hilfsnadel gelegt [= 1. Achsel]. Jetzt einen Ärmel nehmen und die von diesem auf einem Hilfsfaden stillgelegten M sowie die vom Rumpfteil stillgelegten M gegeneinanderlegen. Die (44) 48 (54) 58 (62) Ärmel-M auf die Rundstricknadel des Rumpfteils str (die M auf dem Hilfsfaden bleiben stillgelegt). Die nächsten (65) 72 (79) 86 (95) M für den Rumpf str [= Vorderseite des Pullovers]. Vom Rumpfteil die nächsten (12) 14 (16) 18 (18) M auf einen Hilfsfaden oder eine Hilfsnadel heben [= 2. Achsel].

Dann die (44) 48 (54) 58 (62) M des zweiten Ärmels auf die Rundstricknadel des Rumpfteils str und danach die (65) 72 (79) 86 (95) M für das Rückenteil des Pullovers str [= (218) 240 (266) 288 (314) M].

Rumpf und Ärmel sind nun auf einer Nadel vereint. Setze einen MM für den Rd-Übergang (zwischen Rückenteil und linkem Ärmel). Der MM wird im weiteren Verlauf immer abgehoben und mitgeführt, sodass der Rd-Beginn jederzeit sichtbar ist.

Jetzt mit dem Passenmuster gemäß Zählmuster beginnen. Zur kürzeren Rundstricknadel (60 cm) Nr. 4,5 wechseln, wenn die Maschenzahl entsprechend weniger geworden ist.

Nach dem Stricken des Zählmusters liegen (81) 90 (99) 108 (117) M auf der Nadel.

HALSBÜNDCHEN

Das Muster setzt sich bei diesem Pullover rundum bis zum Halsbündchen fort, da keine verkürzten Reihen gestrickt werden, um das Rückenteil im Nacken zu erhöhen.

Wenn das Muster fertig gestrickt ist, zu einem Nadelspiel oder einer Rundstricknadel (40 cm) Nr. 3,5 wechseln. Mit Farbe A 1 Rd re M str, dabei gleichmäßig verteilt (7) 14 (21) 28 (35) M abn [= (74) 76 (78) 80 (82) M].

Für das Halsbündchen die 1. und 2. Rd im Wechsel str, bis 3,5 cm gestrickt sind. Mit einer 1. Rd enden.

1. Rd: (1 M re, 1 M li)

2. Rd: re M str

Alle M locker abketten.

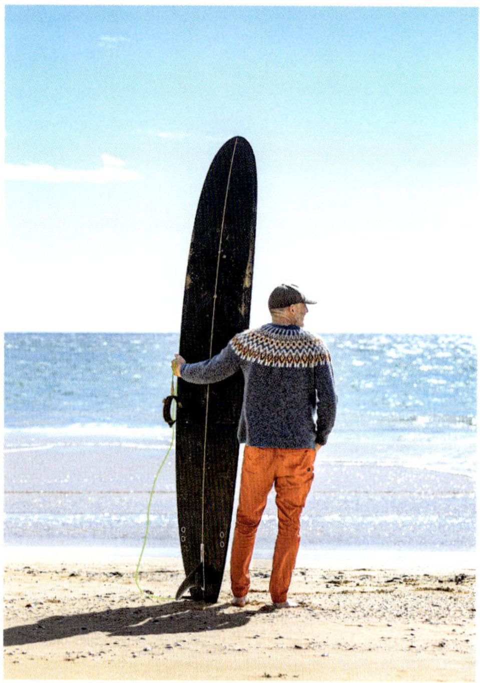

FERTIGSTELLUNG

Die Nähte unter den Ärmeln schließen (auf Seite 154–157 findest du eine bebilderte Anleitung zum Schließen dieser Nähte im Maschenstich mit einer Wollnadel oder zum Zusammenstricken mit einer dritten Stricknadel). Alle Fäden vernähen.

Den Pullover waschen und liegend trocknen lassen.

Genauere Anweisungen zur Fertigstellung findest du auf Seite 158.

ZÄHLMUSTER

Bei diesem Muster variiert der Beginn einer neuen Rd je nach Größe. Ein dicker, vertikaler Strich zeigt an, wo für die jeweilige Größe die neue Rd beginnt. Zuerst wird der Rd-Beginn gestrickt, danach wird der rot umrandete Rapport bis zum Rd-Ende wiederholt.

Die Abnahmen gemäß Zählmuster arbeiten und die daneben angegebenen, größenspezifischen Ergänzungen beachten.

Óliver, unser Model für den Meistari-Pullover, begeisterte sich während des Shootings so sehr für das Strickstück (»Perfekte Farben, perfekter Schnitt!«), dass Sigga ihm den Pullover schenkte.

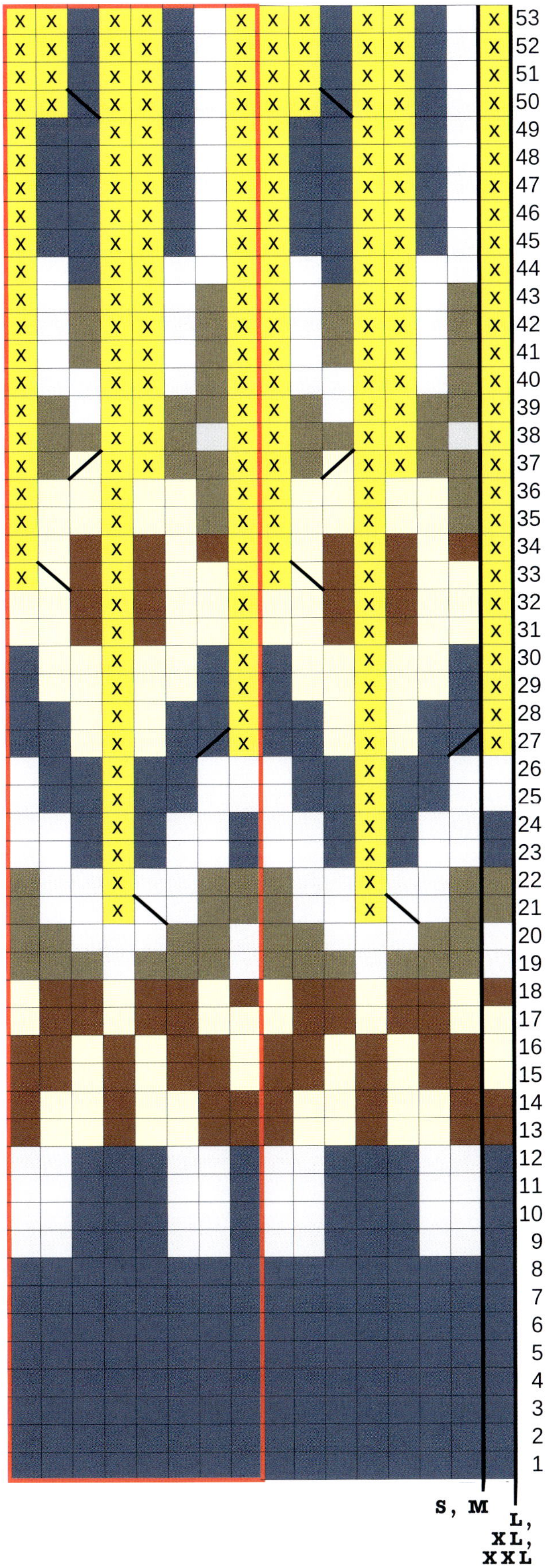

x keine M (wurde abgenommen)

/ Diese M und die M rechts daneben re zus-str.

\ Diese M und die M links daneben re abgehoben zus-str.

ERGÄNZUNGEN ZUM ZÄHLMUSTER

Rd	Anleitung
52	Für Größe S und M überspringen.
51	Für Größe S, M, L und XL überspringen.
51	Nach den Abnahmen der vorigen Rd liegen (81) 90 (99) 108 (117) M auf der Nadel.
45	Für Größe S, M und L überspringen.
43	Für Größc S überspringen.
38	Nach den Abnahmen der vorigen Rd liegen(108) 120 (132) 144 (156) M auf der Nadel.
34	Nach den Abnahmen der vorigen Rd liegen (135) 150 (165) 180 (195) M auf der Nadel.
28	Nach den Abnahmen der vorigen Rd liegen (162) 180 (198) 216 (234) M auf der Nadel.
22	Nach den Abnahmen der vorigen Rd liegen (189) 210 (231) 252 (273) M auf der Nadel.
5	Für Größe S und M überspringen.
4	Für Größe S und M überspringen.
3	Für Größe S, M und L überspringen.
2	Für Größe S, M, L und XL überspringen.
1	(2) 0 (2) 0 (2) M abnehmen [= (216) 240 (264) 288 (312) M].
1	Am Anfang liegen (218) 240 (266) 288 (314) M auf der Nadel.

Wenn das Muster fertig ist, liegen (81) 90 (99) 108 (117) M auf der Nadel.

Die Westfjorde Islands liegen im Nordwesten des Landes, mehr als sechs Autostunden von den Zerstreuungen der Hauptstadt Reykjavík entfernt.

Die abgelegenen Westfjorde bedecken ein Fünftel der Landesfläche, aber es leben hier weniger als zwei Prozent der Menschen entlang der schmalen Straßen: etwa 7000 Kinder und Erwachsene. Die Landschaft wird vom Meer, tiefen Fjorden, weiten Hochebenen und zahlreichen Bergen dominiert.

Die meisten isländischen Berge wirken auf passionierte Alpinisten niedrig und sind oben platt wie ein Åland-Pfannkuchen. Die abgeflachte Form der Berge ist auf die Gletscher zurückzuführen, unter deren enormer Masse die Berge vor Tausenden von Jahren entstanden sind.

Dieser Pullover verdankt seinen Namen einem der Berge in den Westfjorden: Sjónfríð ist etwa 920 Meter hoch. Das Wandern an seinen Hängen ist verflixt schweißtreibend, doch oben angekommen wird die Anstrengung belohnt. Sjónfríð bedeutet so viel wie »schöne Aussicht«. Auf dem Gipfel kann man ebendiese genießen. Bei wolkenlosem Himmel hat man von dort oben einen unvorstellbar herrlichen Blick auf das Meer, die Fjorde und die abgeflachten Berge.

SJÓN-FRÍÐ

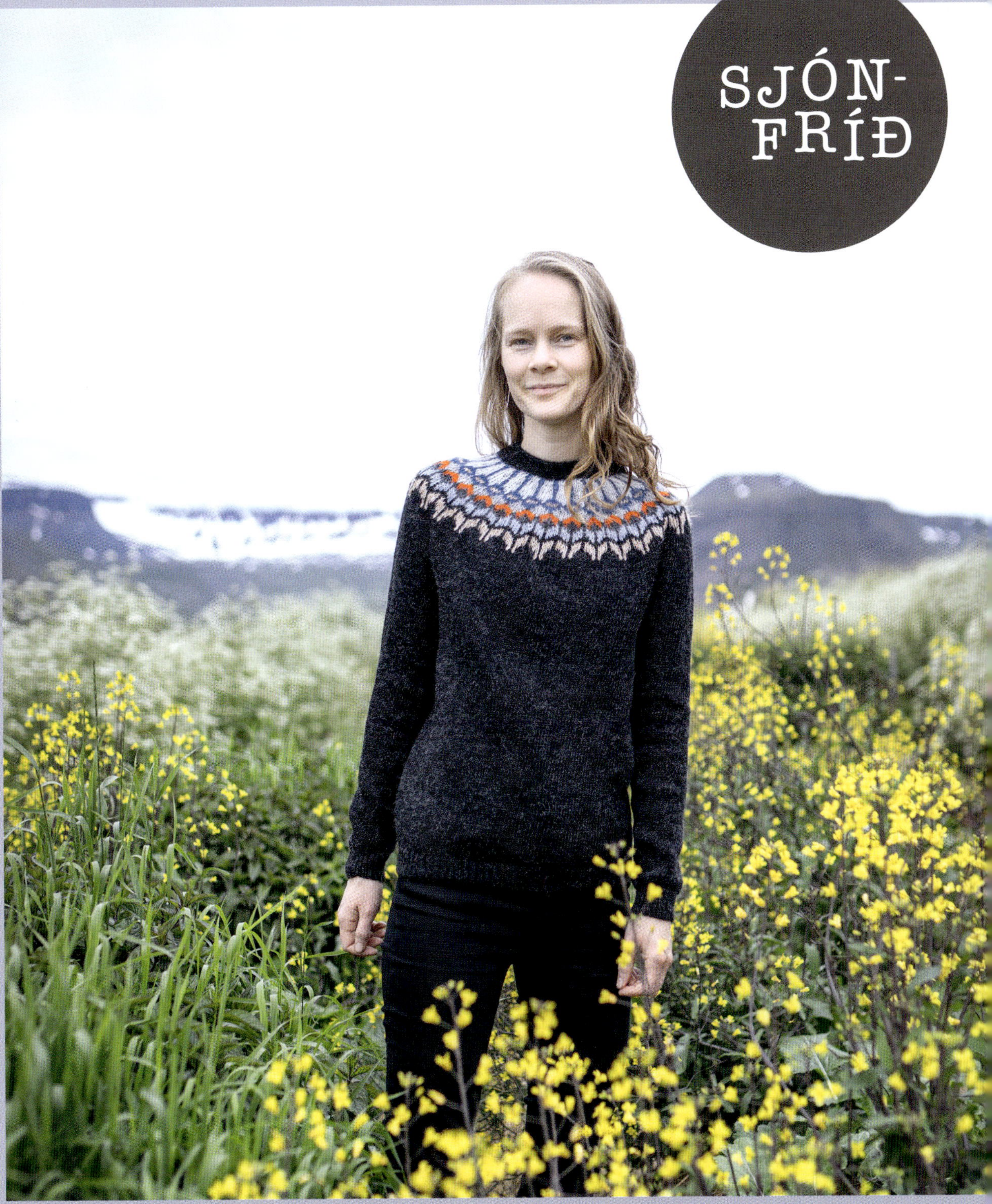

Neben ihrem Vollzeitjob betreut die Architektin Hildur Dagbjört Arnardóttir den Gemeinschaftsgarten in Ísafjörður.

SJÓN-FRÍÐ

Aus Einband-Garn gestrickte Pullover sind leicht und voluminös. Der fertige Pullover fühlt sich möglicherweise zunächst hart an, wird aber nach dem Waschen weicher.

Garn

Einband 50 g

Farbkombination 1

- **A:** 0151 Naturschwarz (4) 4 (5) 5 (6) Knäuel
- **B:** 9075 Hafer (1) 1 (1) 1 (1)
- **C:** 0008 Eisblau (1) 1 (1) 1 (1)
- **D:** 9103 Dunkelgrau (1) 1 (1) 1 (1)
- **E:** 1766 Orange (1) 1 (1) 1 (1)
- **F:** 1027 Kieselgrau (1) 1 (1) 1 (1)
- **G:** 0010 Jeansblau (1) 1 (1) 1 (1)
- **H:** 1026 Silbergrau (1) 1 (1) 1 (1)

Farbkombination 2

- **A:** 0047 Karminrot (4) 4 (5) 5 (6)
- **B:** 9990 Pfirsich (1) 1 (1) 1 (1)
- **C:** 1026 Silbergrau (1) 1 (1) 1 (1)
- **D:** 9076 Römischbraun (1) 1 (1) 1 (1)
- **E:** 1762 Türkis (1) 1 (1) 1 (1)
- **F:** 0885 Haferbeige (1) 1 (1) 1 (1)
- **G:** 1761 Petrol (1) 1 (1) 1 (1)

Maschenprobe

10 cm x 10 cm = 22 M und 33 Rd

Nadeln

Rundstricknadeln

Nr. 2,5 (80 cm) und Nr. 3 (60 cm und 80 cm)

Nadelspiele

Nr. 2,5 und Nr. 3

Beim Stricken von großen Größen nach Bedarf eine 100 cm lange Rundstricknadel verwenden (Nr. 3).

In dieser Anleitung wird das Halsbündchen mit dem Nadelspiel gestrickt. Alternativ kannst du auch eine 40 cm lange Rundstricknadel (Nr. 2,5) verwenden.

MASSE DES FERTIGEN PULLOVERS IN CM

Größe	(S)	M	(L)	XL	(XXL)
Brustumfang	82	92	102	112	122
Damen					
Rumpflänge Achsel bis Bund	38	40	42	44	46
Ärmellänge Achsel bis Bündchen	45	46	47	48	49

ÄRMEL

Mit dem Bündchen beginnen. (52) 54 (56) 58 (60) M mit Farbe A und Nadelspiel Nr. 2,5 anschlagen. 4 cm im 1/1-Rippenmuster (1 M re, 1 M li) in Rd str. Zu Nadelspiel Nr. 3 wechseln.

In der nächsten Rd wie folgt zunehmen: Nach der 1. M und vor der letzten M je 1 M zun. Die Zunahmen in jeder (16.) 12. (10.) 8. (7.) Rd insg (8) 11 (14) 17 (20) Mal wdh [= (68) 76 (84) 92 (100) M].

Den Ärmel danach bis zur gewünschten Länge str.

In der letzten Rd die letzten (7) 8 (9) 10 (11) M und auch die folgenden (7) 8 (9) 10 (11) M [= (14) 16 (18) 20 (22) M] auf einem Hilfsfaden oder einer Hilfsnadel stilllegen. Danach hat der Ärmel noch (54) 60 (66) 72 (78) M.

Beiseitelegen und den zweiten Ärmel genauso str.

RUMPF

(180) 202 (224) 246 (268) M mit Farbe A und der Rundstricknadel Nr. 2,5 anschlagen. Einen MM setzen, er markiert den Rd-Übergang.

4 cm im 1/1-Rippenmuster (1 M re, 1 M li) in Rd str. Zu Rundstricknadel Nr. 3 (80 cm) wechseln. Re M str, bis der Rumpf vom Bund bis zur Achsel die gewünschte Länge hat.

In der letzten Rd die letzten (7) 8 (9) 10 (11) M und auch die folgenden (7) 8 (9) 10 (11) M [= (14) 16 (18) 20 (22) M] auf einem Hilfsfaden oder einer Hilfsnadel stilllegen. Diese M sind für ein Armloch. Erst wenn der Pullover fertig gestrickt ist, werden die Armlöcher geschlossen.

PASSE

Die Ärmel und den Rumpf wie auf Seite 152 beschrieben zusammenfügen, zwischen Rückenteil und linkem Ärmel beginnen. Mit Farbe A fortf.

Du hast zuletzt (14) 16 (18) 20 (22) M vom Rumpfteil auf einen Hilfsfaden oder eine Hilfsnadel gelegt [= 1. Achsel]. Jetzt einen Ärmel nehmen und die von diesem auf einem Hilfsfaden stillgelegten M sowie die vom Rumpfteil stillgelegten M gegeneinanderlegen. Die (54) 60 (66) 72 (78) Ärmel-M auf die Rundstricknadel des Rumpfteils str, die M auf dem Hilfsfaden bleiben stillgelegt. Die nächsten (76) 85 (94) 103 (112) M für den Rumpf str [= Vorderseite des Pullovers].

Vom Rumpfteil (14) 16 (18) 20 (22) M auf einen Hilfsfaden oder eine Hilfsnadel heben [= 2. Achsel].

Dann die (54) 60 (66) 72 (78) M des zweiten Ärmels auf die Rundstricknadel des Rumpfteils str und danach die (76) 85 (94) 103 (112) M für das Rückenteil des Pullovers str.

Rumpf und Ärmel sind nun auf einer Nadel vereint [= (260) 290 (320) 350 (380) M]. Setze einen MM für den Rd-Übergang (zwischen Rückenteil und linkem Ärmel). Der MM wird im weiteren Verlauf immer abgehoben und mitgeführt, sodass der Rd-Beginn jederzeit sichtbar ist.

Jetzt mit dem Passenmuster gemäß Zählmuster beginnen. Zur kürzeren Rundstricknadel (60 cm) Nr. 3 wechseln, wenn die Maschenzahl entsprechend weniger geworden ist.

Nach dem Stricken des Zählmusters liegen (78) 87 (96) 105 (114) M auf der Nadel.

ERHÖHUNG DES RÜCKENTEILS

Wenn das Passenmuster komplett gestrickt wurde, kannst du auf Wunsch noch einige verkürzte Reihen stricken.

(16) 18 (20) 22 (23) M re mit Farbe A str. Den Faden vor die Arb legen, die nächste M von der linken Nadel auf die rechte Nadel heben. Den Faden wieder hinter die Arb legen. Die M zurück von der rechten Nadel auf die linke Nadel heben.

Die Arb wenden und in der Rück-R (55) 62 (68) 75 (80) M li str.

Die nächste M umwickeln und die Arb wenden wie zuvor beschrieben. (47) 53 (58) 64 (69) M re str.

Die nächste M umwickeln und die Arb wenden wie zuvor beschrieben. (39) 44 (48) 53 (58) M li str.

Die nächste M umwickeln und die Arb wenden wie zuvor beschrieben. (31) 35 (38) 42 (46) M re str.

Die nächste M umwickeln und die Arb wenden wie zuvor beschrieben. (23) 26 (28) 31 (34) M li str.

Die nächste M umwickeln und die Arb wenden wie zuvor beschrieben. (23) 26 (28) 31 (34) M re str.

HALSBÜNDCHEN

Wenn das Passenmuster (und ggf. die verkürzten Reihen) fertig gestrickt sind, zu einem Nadelspiel oder einer Rundstricknadel (40 cm) Nr. 2,5 wechseln. Mit Farbe A 1 Rd re M str, dabei gleichmäßig verteilt (0) 1 (2) 1 (4) M abn [= (78) 86 (94) 104 (110) M].

Achtung beim Stricken von verkürzten Reihen! Bei den Wendemaschen liegt der Faden vor der M. Die Wendemasche und den umlaufenden Faden in der nächsten Runde zus-str. Dadurch wird verhindert, dass ein Loch entsteht.

---

3 cm im 1/1-Rippenmuster (1 M re, 1 M li) str. Alle M locker abketten.

FERTIGSTELLUNG

Die Nähte unter den Ärmeln schließen (auf Seite 154–157 findest du eine bebilderte Anleitung zum Schließen dieser Nähte im Maschenstich mit einer Wollnadel oder zum Zusammenstricken mit einer dritten Stricknadel). Alle Fäden vernähen.

Den Pullover waschen und liegend trocknen lassen.

Genauere Anweisungen zur Fertigstellung findest du auf Seite 158.

Bei dem dünnem Einband-Garn und den dünnen Nadeln ist Geduld gefragt. Achte besonders darauf, den Faden nicht zu straff zu führen! Das Stricken dauert zwar länger als mit anderem Garn, aber am Ende wirst du mit einem atemberaubend schönen Pullover belohnt.

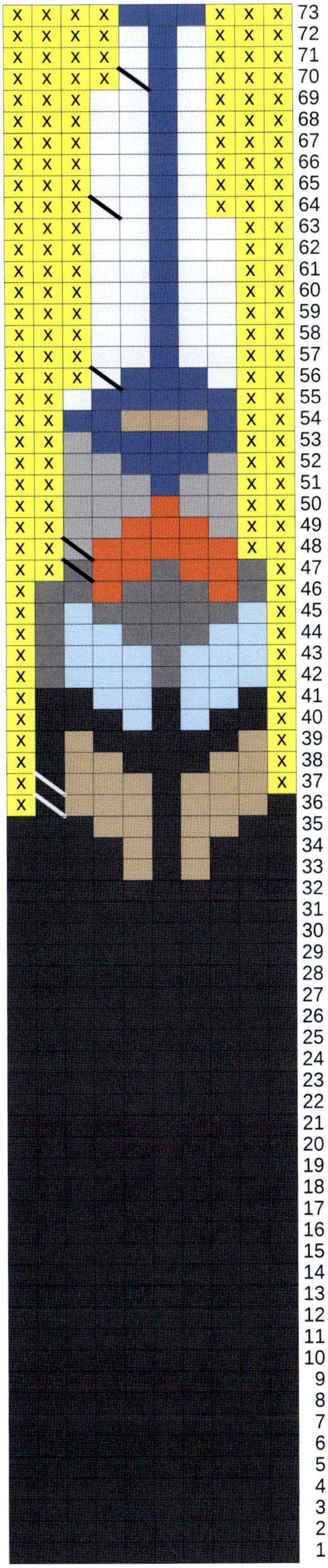

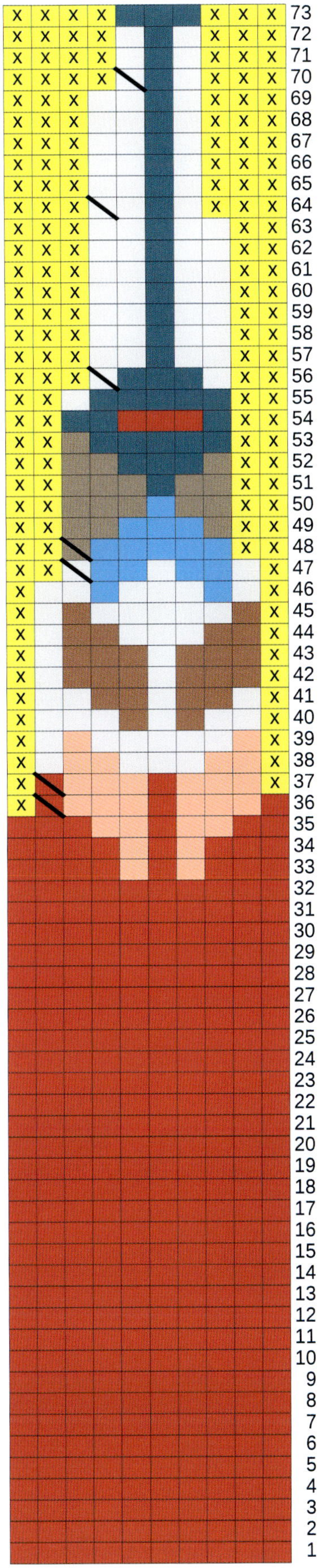

x keine M (wurde abgenommen)

\ Diese M und die M links daneben re abgehoben zus-str.

ERGÄNZUNGEN ZUM ZÄHLMUSTER

Rd	Anleitung
71	Für Größe S und M überspringen.
71	Nach den Abnahmen der vorigen Rd liegen (78) 87 (96) 105 (114) M auf der Nadel.
67	Für Größe S und M überspringen.
66	Für Größe S, M und L überspringen.
65	Nach den Abnahmen der vorigen Rd liegen (104) 116 (128) 140 (152) M auf der Nadel.
59	Für Größe S überspringen.
58	Für Größe S, M und L überspringen
57	Für Größe S, M, L und XL überspringen.
57	Nach den Abnahmen der vorigen Rd liegen (130) 145 (160) 175 (190) M auf der Nadel.
49	Nach den Abnahmen der vorigen Rd liegen (156) 174 (192) 210 (228) M auf der Nadel.
48	Nach den Abnahmen der vorigen Rd liegen (182) 203 (224) 245 (266) M auf der Nadel.
38	Nach den Abnahmen der vorigen Rd liegen (208) 232 (256) 280 (304) M auf der Nadel.
37	Nach den Abnahmen der vorigen Rd liegen (234) 261 (288) 315 (342) M auf der Nadel.
7	Für Größe S überspringen.
5–6	Für Größe S und M überspringen.
3–4	Für Größe S, M und L überspringen.
2	Für Größe S, M, L und XL überspringen.
1	Am Anfang liegen (260) 290 (320) 350 (380) M auf der Nadel.

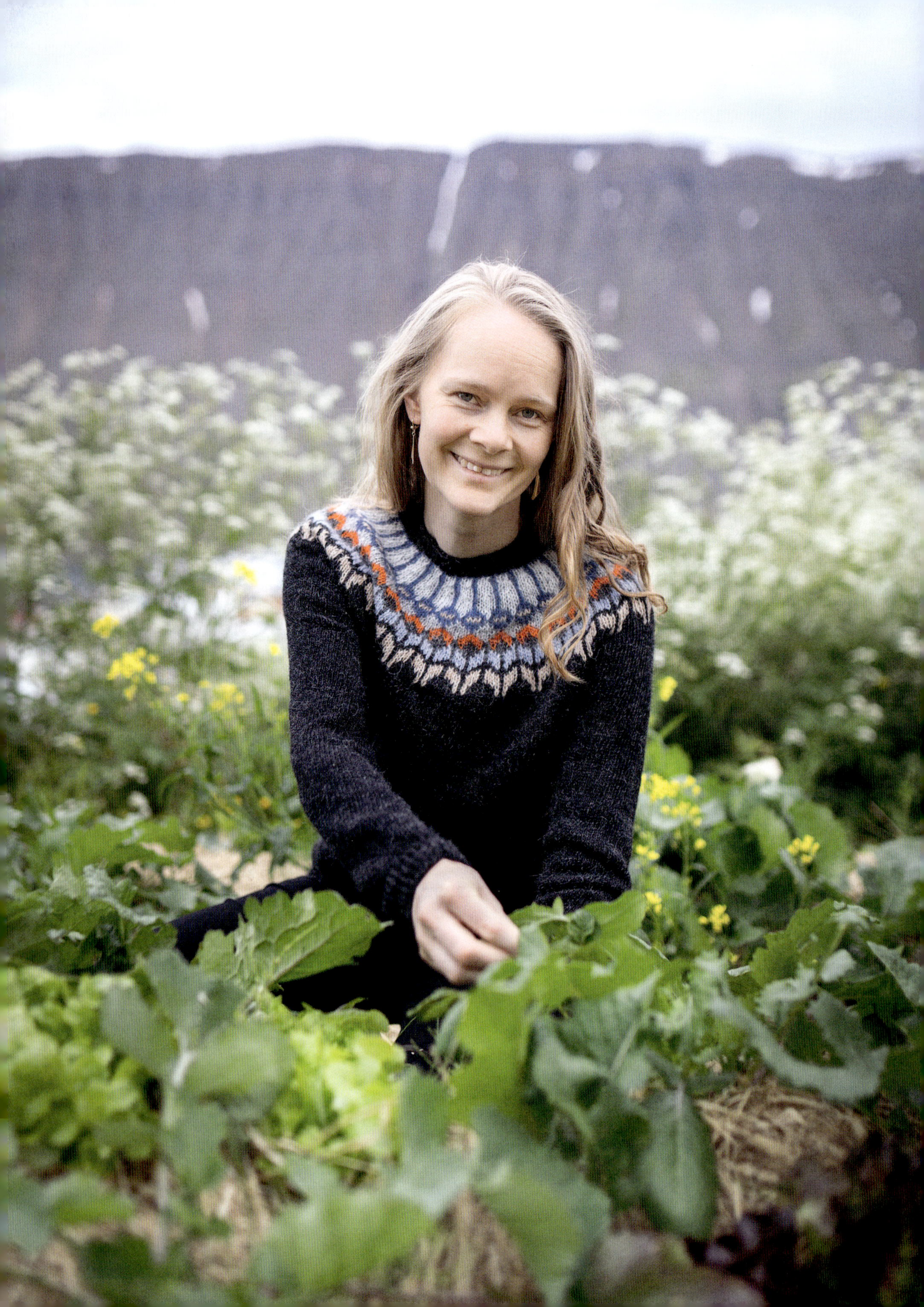

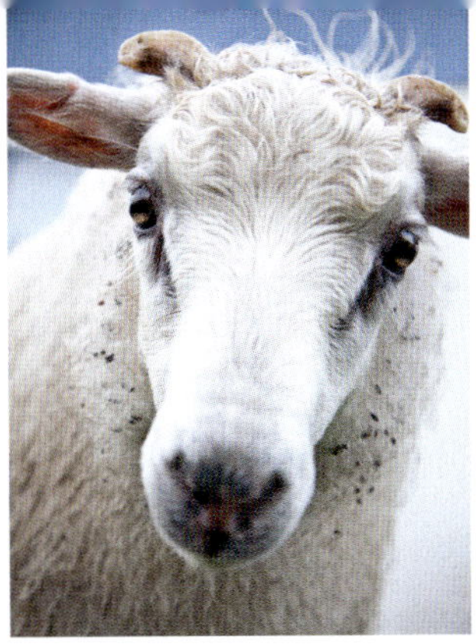

FRÜHLINGS- UND HERBSTWOLLE

Auf Island leben mehr Schafe als Menschen. Islands Bevölkerung von rund 380.000 Menschen stehen knapp eine halbe Million blökende Schafe gegenüber. Jedes Jahr neugeborene und im Herbst schon geschlachtete Lämmer sind hier gar nicht eingerechnet. Über die Insel verteilt gibt es etwa tausend Schaffarmen, und eine mittelgroße Schaffarm hat 200 bis 300 Tiere.

Die Schafe werden zweimal im Jahr geschoren: einmal im Februar / März und das zweite Mal im Herbst, wenn die Tiere aus den Bergen zurück zu den Höfen kommen. Die auf Island frei umherstreifenden Schafe produzieren jährlich etwa 800.000 Kilo Wolle für Islands größte Spinnerei Ístex, die im Besitz von Schaffarmer*innen ist.

Diese packen die geschorene Wolle nach Farbe und Qualität sortiert in Säcke. Für Wolle erster Qualität wird mehr bezahlt als für Wolle zweiter Qualität, für Herbstwolle wird mehr bezahlt als für Frühlingswolle.

Der Preis für Schafwolle variiert von Jahr zu Jahr. Der isländische Staat subventioniert die Schafwirtschaft, d.h. wenn Islands größte Spinnerei Ístex einer Schäferei für erstklassige Herbstwolle einen Preis von 3 Euro pro Kilo zahlt, legt der isländische Staat noch 5 Euro pro Kilo drauf; so war es etwa im Jahr 2021.

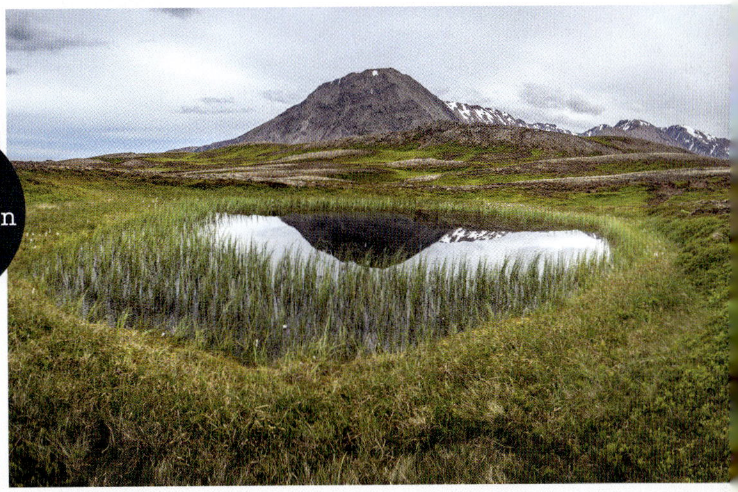

SJÓNFRÍÐ

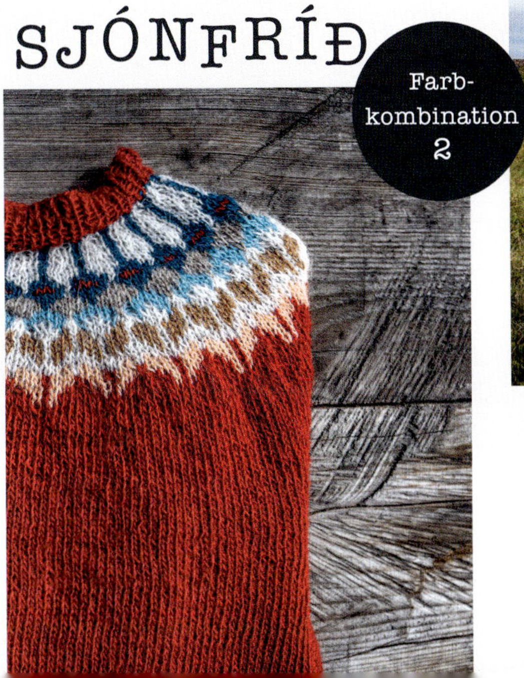

SKJÓL

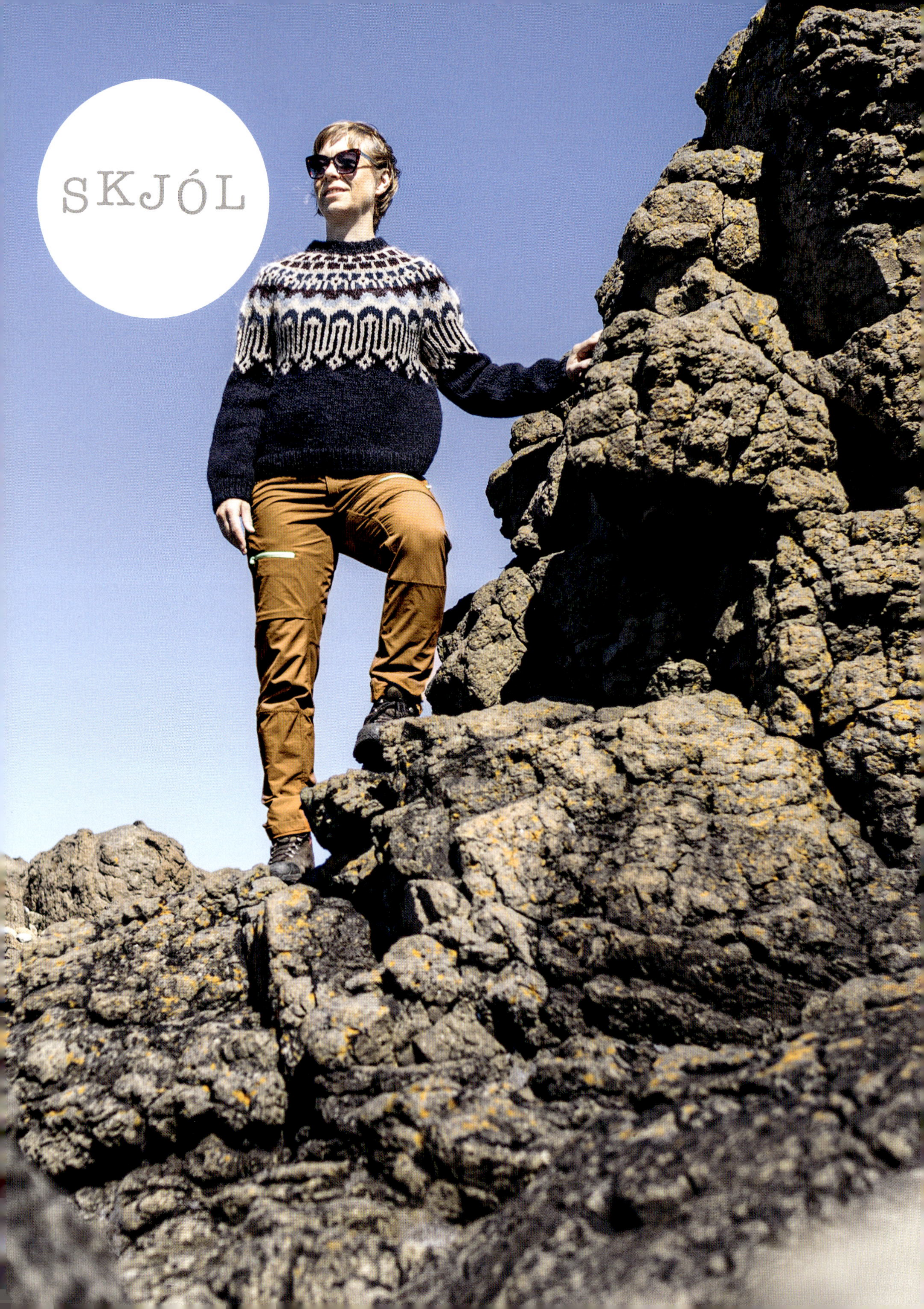

Skjól (gesprochen »skjoul«) bedeutet Schutz. Dieser dicke, aus Alafosslopi gestrickte Pullover schützt vor Feuchtigkeit und Kälte gleichermaßen und wärmt außerdem die Seele.

Reykjavík liegt etwa auf der Höhe der Stadt Oulu im Norden Finnlands und der nördliche Teil Islands erstreckt sich knapp bis unter den Polarkreis – daher sind die Sommer in Island hell und die Winter dunkel.

Es herrscht kühles Wetter vor. Die Durchschnittstemperatur übers Jahr beträgt nur 4 °C. Im Sommer liegt die Tagestemperatur bei etwa 13 °C. Steigt das Quecksilber im Hochsommer auf 20 °C, strömen die Einheimischen der Stadt sofort auf die Straßen und genießen die »Hitze«. Es ist keine Seltenheit, dass Geschäfte an warmen Tagen früher schließen, denn natürlich will jeder raus in die Sonne! An den wärmsten Sommertagen kann man auch draußen ein kurzärmeliges T-Shirt tragen, meistens aber nicht.

Im Winter fallen die Temperaturen zwar selten unter –10 °C, dafür ist es aber sehr dunkel, windig und regnerisch. An wolkenlosen Winterabenden kann man das Nordlicht sehen. Wenn der Wind zum Sturm wird und es heftig schneit, werden die Straßen zwischen den Dörfern gesperrt. Da bringt ein Wollpullover jeden Tag kuschelige Wärme zwischen einen Menschen und den Rest der Welt.

Helga Björt Möller (links) ist Gymnasiallehrerin in Ísafjörður und verbringt ihre Freizeit am liebsten mit Mountainbiken, Camping, Laufen und Wandern.

SKJÓL

Skjól hat ein doppeltes Halsbündchen, und das Muster beginnt schon auf den Ärmeln und dem Rumpf.

Garn

Álafosslopi 100 g

Farbkombination 1

- **A:** 0709 Mitternachtsblau (4) 5 (6) 7 (7) Knäuel
- **B:** 9972 Ecru (2) 2 (2) 3 (3)
- **C:** 0010 Jeansblau (1) 1 (1) 1 (1)
- **D:** 0008 Eisblau (1) 1 (1) 1 (1)
- **E:** 9961 Bordeaux (1) 1 (1) 1 (1)

Farbkombination 2

- **A:** 9973 Hafer (4) 5 (6) 7 (7)
- **B:** 0051 Weiß (2) 2 (2) 3 (3)
- **C:** 0057 Mittelgrau (1) 1 (1) 1 (1)
- **D:** 0008 Eisblau (1) 1 (1) 1 (1)
- **E:** 1235 Gelb Melange (1) 1 (1) 1 (1)

Maschenprobe

10 cm x 10 cm = 13 M und 18 Rd

Nadeln

Rundstricknadeln

Nr. 6,5 (80 cm) und Nr. 5 (60 cm und 80 cm)

Nadelspiele

Nr. 6,5 und Nr. 5

Beim Stricken von großen Größen nach Bedarf eine 100 cm lange Rundstricknadel verwenden (Nr. 6,5).

In dieser Anleitung wird das Halsbündchen mit dem Nadelspiel gestrickt. Alternativ kannst du auch eine 40 cm lange Rundstricknadel (Nr. 5) verwenden.

MASSE DES FERTIGEN PULLOVERS IN CM

Größe	(S)	M	(L)	XL	(XXL)
Brustumfang	99	111	122	129	141
Damen					
Rumpflänge Achsel bis Bund	36	38	40	42	44
Ärmellänge Achsel bis Bündchen	45	46	47	48	49

ÄRMEL

Achtung! In dieser Anleitung sind (aufgrund des Musters) die linken und rechten Ärmel in den Größen XL und XXL unterschiedlich. In XL und XXL muss also ein rechter und ein linker Ärmel gestrickt werden.

Mit dem Bündchen beginnen. (34) 42 (42) 46 (46) M mit Farbe A und Nadelspiel Nr. 5 anschlagen. 5 cm im 1/1-Rippenmuster (1 M re, 1 M li) in Rd str. Zu Nadelspiel Nr. 6,5 wechseln. Glatt rechts str, bis der Ärmel ab Bündchen 13 cm lang ist.

In der nächsten Rd wie folgt zunehmen: Nach der 1. M und vor der letzten M je 1 M zun. Die Zunahmen in jeder (13.) 13. (14.) 8. (4.) Rd insg (3) 3 (3) 5 (9) Mal wdh [=(40) 48 (48) 56 (64) M].

Den Ärmel weiterstr, bis er (35) 36 (37) 38 (39) cm lang ist.

Für Größe (S) M (L) gemäß Zählmuster (A1) A2 (A2) str. Für Größe XL den rechten Ärmel gemäß Zählmuster A3 und den linken Ärmel gemäß Zählmuster A4 str. Für Größe XXL den rechten Ärmel gemäß Zählmuster A4 und den linken Ärmel gemäß Zählmuster A3 str.

In der letzten (14.) Rd die letzten (4) 6 (6) 6 (8) M und auch die folgenden (4) 6 (6) 6 (8) M [= (8) 12 (12) 12 (16) M] auf einem Hilfsfaden oder einer Hilfsnadel stilllegen. Danach hat der Ärmel noch (32) 36 (36) 44 (48) M.

Beiseitelegen und den zweiten Ärmel str.

A1

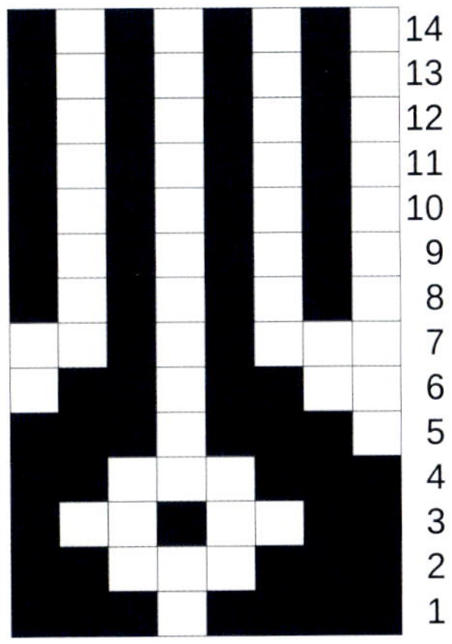

A3

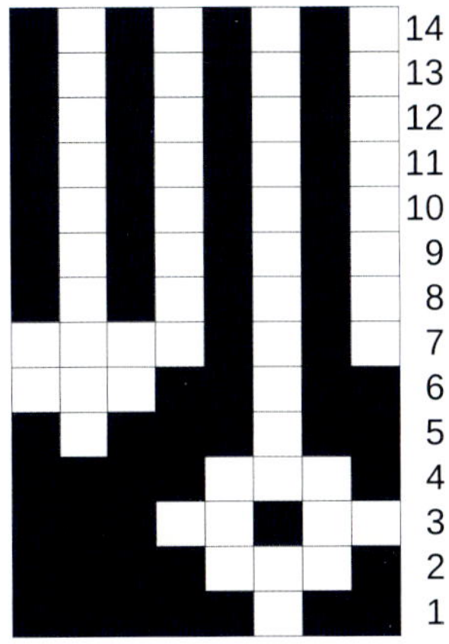

A2

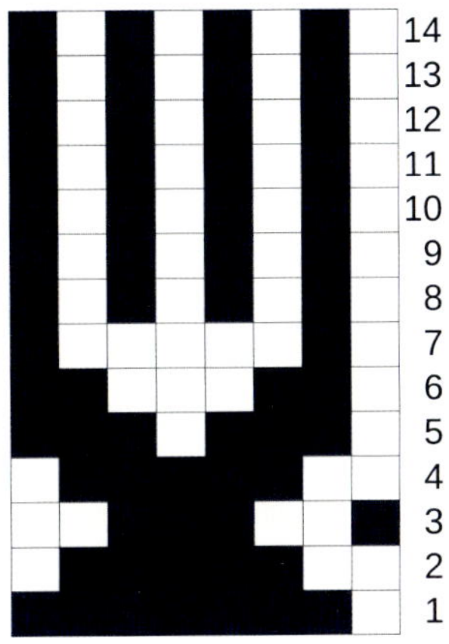

A4

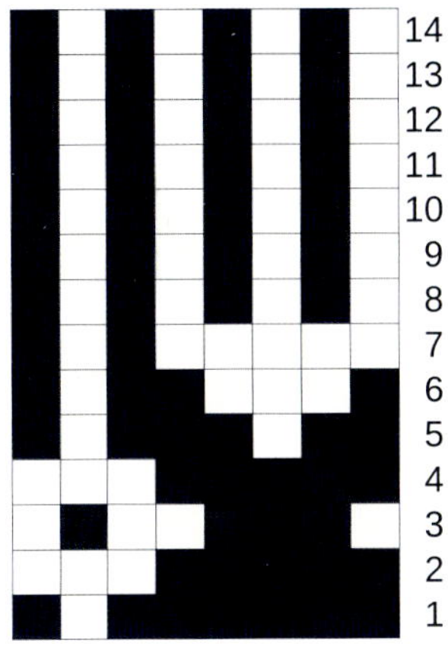

ERGÄNZUNGEN ZUM ZÄHLMUSTER

Rd	Anleitung
8–14	Diese Runden mit einer dickeren Rundstricknadel (Nr. 7) stricken und/oder darauf achten, diese Runden locker genug zu stricken.

RUMPF

(128) 144 (160) 168 (184) M mit Farbe A und der Rundstricknadel Nr. 5 anschlagen. Einen MM setzen, er markiert den Rd-Übergang.

5 cm im 1/1-Rippenmuster (1 M re, 1 M li) in Rd str. Zu Rundstricknadel Nr. 6,5 wechseln. Re M str, bis der Rumpf ab Bund (22) 24 (26) 28 (30) cm lang ist.

Das Muster gemäß Zählmuster (A1) A1 (A1) A3 (A3) str.

In der letzten Rd die letzten (4) 6 (6) 6 (8) M und auch die folgenden (4) 6 (6) 6 (8) M [= (8) 12 (12) 12 (16) M] auf einem Hilfsfaden oder einer Hilfsnadel stilllegen. Diese M sind für ein Armloch. Erst wenn der Pullover fertig gestrickt ist, werden die Armlöcher geschlossen.

PASSE

Die Ärmel und den Rumpf wie auf Seite 152 beschrieben zusammenfügen, zwischen Rückenteil und linkem Ärmel beginnen.

Du hast zuletzt (8) 12 (12) 12 (16) M vom Rumpfteil auf einen Hilfsfaden oder eine Hilfsnadel gelegt [= 1. Achsel]. Jetzt einen Ärmel (für Größe XL und XXL den linken Ärmel) nehmen und die von diesem auf einem Hilfsfaden stillgelegten M sowie die vom Rumpfteil stillgelegten M gegeneinanderlegen.

Sofort das Muster gemäß Zählmuster (B1) B2 (B2) B1 (B2) (Seite 77) str und die (32) 36 (36) 44 (48) M des linken Ärmels auf die Rundstricknadel des Rumpfes str (die M auf dem Hilfsfaden bleiben stillgelegt).

Die nächsten (56) 60 (68) 72 (76) M für den Rumpf str [= Vorderseite des Pullovers]. Vom Rumpfteil (8) 12 (12) 12 (16) M auf einen Hilfsfaden oder eine Hilfsnadel heben [= 2. Achsel].

Dann die (32) 36 (36) 44 (48) M des zweiten (rechten) Ärmels auf die Rundstricknadel des Rumpfteils str und danach die (56) 60 76 (68) 72 (76) M für das Rückenteil str.

Rumpf und Ärmel sind nun auf einer Nadel vereint [= (176) 192 (208) 232 (248) M]. Setze einen MM für den Rd-Übergang (zwischen Rückenteil und linkem Ärmel). Der MM wird im weiteren Verlauf immer abgehoben und mitgeführt, sodass der Rd-Beginn jederzeit sichtbar ist.

Das Muster gemäß Zählmuster (B1) B2 (B2) B1 (B2) zu Ende str. Zur kürzeren Rundstricknadel (60 cm) Nr. 6,5 wechseln, wenn die Maschenzahl entsprechend weniger geworden ist.

Nach dem Stricken des Zählmusters liegen (50) 58 (60) 70 (74) M auf der Nadel.

ERHÖHUNG DES RÜCKENTEILS

Wenn das Passenmuster komplett gestrickt wurde, kannst du auf Wunsch noch einige verkürzte Reihen stricken.

(9) 11 (11) 13 (14) M re mit Farbe B str. Den Faden vor die Arb legen, die nächste M von der linken Nadel auf die rechte Nadel heben. Den Faden wieder hinter die Arb legen. Die M zurück von der rechten Nadel auf die linke Nadel heben.

Die Arb wenden und in der Rück-R (34) 40 (42) 48 (51) M li str.

Die nächste M umwickeln und die Arb wenden wie zuvor beschrieben. (25) 29 (31) 35 (37) M re str.

Die nächste M umwickeln und die Arb wenden wie zuvor beschrieben. (16) 18 (20) 22 (23) M li str.

Die nächste M umwickeln und die Arb wenden wie zuvor beschrieben. (16) 18 (20) 22 (23) M re str.

B 1

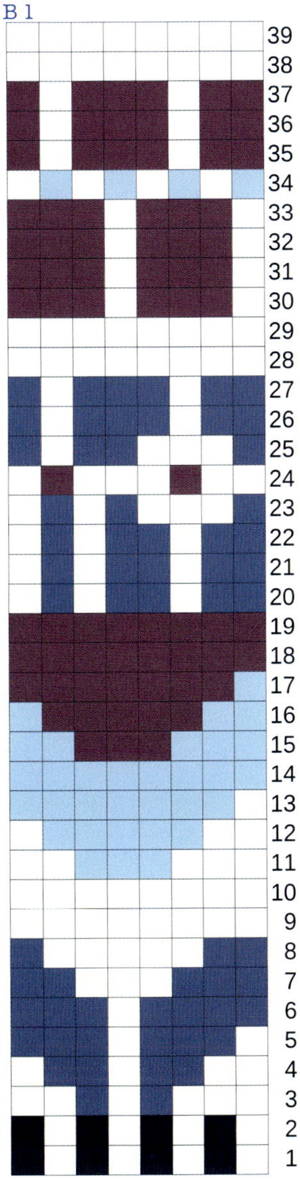

B 2

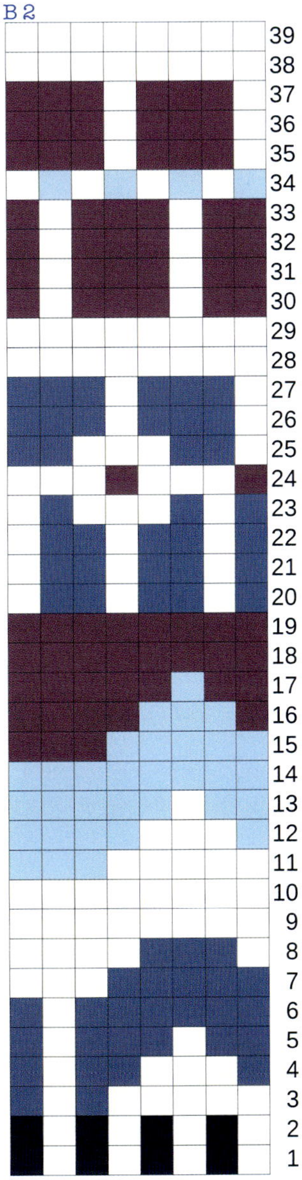

ERGÄNZUNGEN ZUM ZÄHLMUSTER

Rd	Anleitung
40	Nach den Abnahmen der vorigen Rd liegen noch (50) 58 (60) 70 (74) M auf der Nadel.
39	In der Rd gleichmäßig verteilt (34) 38 (40) 46 (50) M abnehmen.
31	Für Größe S, M, L und XL überspringen.
30	Nach den Abnahmen der vorigen Rd liegen noch (84) 96 (100) 116 (124) M auf der Nadel.
29	In der Rd gleichmäßig verteilt (44) 48 (52) 60 (60) M abnehmen.
22	Für Größe S, M, L und XL überspringen.
20	Nach den Abnahmen der vorigen Rd liegen noch (128) 144 (152) 176 (184) M auf der Nadel.
19	In der Rd gleichmäßig verteilt (48) 48 (56) 56 (64) M abnehmen.
14	Für Größe S und M abnehmen.
9	Für Größe S und M abnehmen.
2	Für Größe S abnehmen.
1	Für Größe S, M und L abnehmen.
1–2	Diese Runden mit einer dickeren Rundstricknadel (Nr. 7) stricken und/oder darauf achten, diese Runden locker genug zu stricken.
1	Am Anfang liegen (176) 192 (208) 232 (248) M auf der Nadel.

HALSBÜNDCHEN

Wenn das Passenmuster (und ggf. die verkürzten Reihen) fertig gestrickt sind, zu einem Nadelspiel oder einer Rundstricknadel (40 cm) Nr. 5 wechseln. Mit Farbe A 1 Rd re M str, dabei gleichmäßig verteilt (2) 8 (8) 16 (18) M abn [= (48) 50 (52) 54 (56) M].

Achtung beim Stricken von verkürzten Reihen! Bei den Wendemaschen liegt der Faden vor der M. Die Wendemasche und den umlaufenden Faden in der nächsten Runde zus-str. Dadurch wird verhindert, dass ein Loch entsteht.

---

7 cm im 1/1-Rippenmuster (1 M re, 1 M li) str. Der Pullover hat ein 3,5 cm hohes doppeltes Halsbündchen. Dieses kannst du auf zwei verschiedene Arten arbeiten.

1) Abketten und annähen.

Wenn 7 cm im Rippenmuster gestrickt sind, die M locker abketten. Die Abkettkante nach innen legen und mit einer Wollnadel am Halsbündchenansatz annähen.

2) Stricken und abketten.

Wenn 7 cm im Rippenmuster gestrickt sind, den Pullover auf links drehen und die obere Kante Richtung Halsbündchenansatz umlegen. Die letzte Reihe des Halsbündchens wird nun mit der Anschlagreihe zusammengestrickt, aber nur mit den linken M. Die rechten M werden für sich gestrickt:

1. Die re M (ganz normal) re str.

2. Die li M mit der gegenüberliegenden li M in der Anschlagsrunde zus-str. Es liegen 2 M auf der rechten Nadel. Die rechts liegende M über die links liegende ziehen (= abketten).

3. Die nächste M re str. Es liegen 2 M auf der rechten Nadel. Die rechts liegende M über die links liegende ziehen (= abketten).

4. Die Schritte 2 und 3 wdh, bis die letzte Halsbündchenrunde angestrickt und abgekettet ist.

FERTIGSTELLUNG

Die Nähte unter den Ärmeln schließen (auf Seite 154–157 findest du eine bebilderte Anleitung zum Schließen dieser Nähte im Maschenstich mit einer Wollnadel oder zum Zusammenstricken mit einer dritten Stricknadel). Alle Fäden vernähen.

Den Pullover waschen und liegend trocknen lassen.

Genauere Anweisungen zur Fertigstellung findest du auf Seite 158.

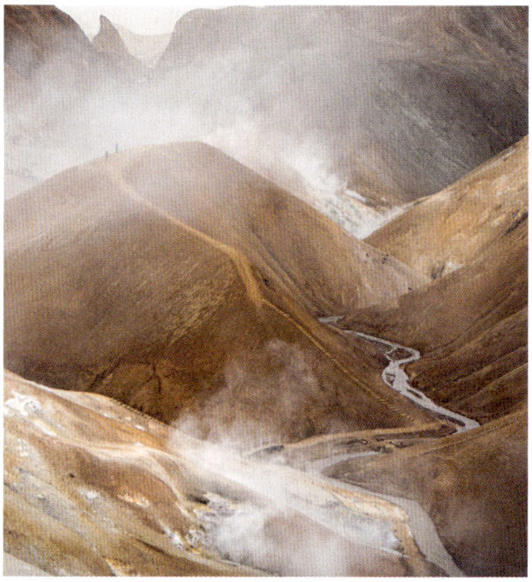

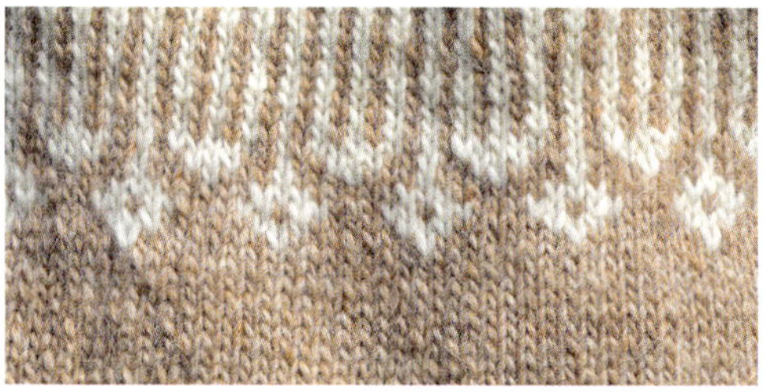

Farbkombination 2 hat ein wunderschönes Karamell als Grundfarbe.

A 1

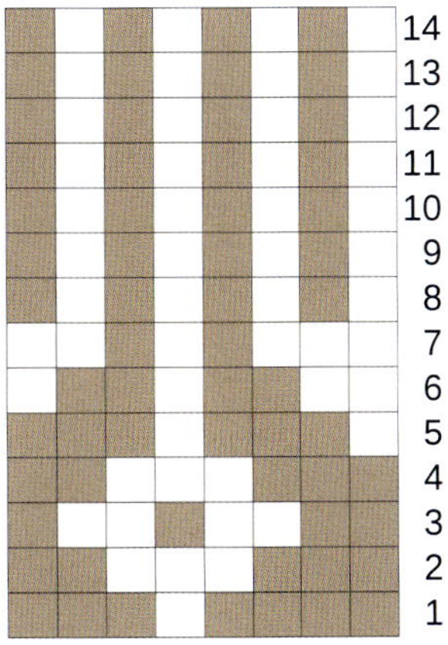

Farb-kombination 2

Achtung! Bitte beachte zusätzlich die größenspezifischen Ergänzungen auf Seite 77, wenn du nach diesem Zählmuster arbeitest.

A 2

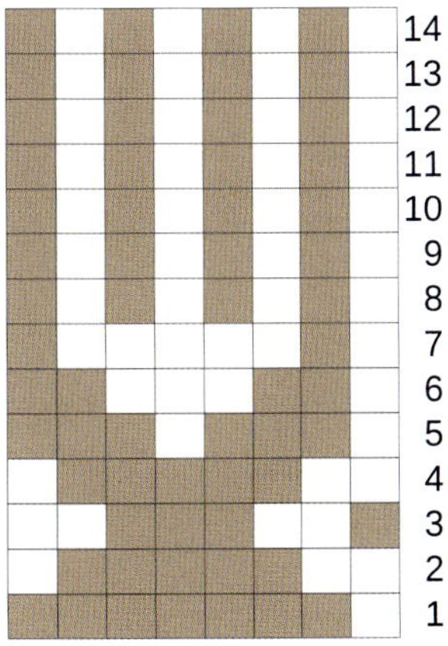

A 3

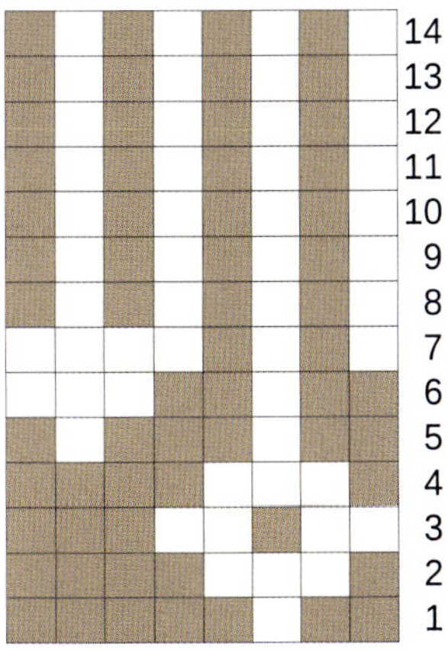

A 4

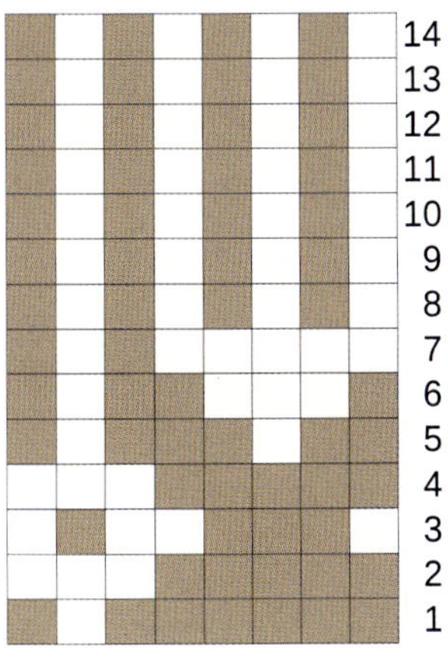

B 1

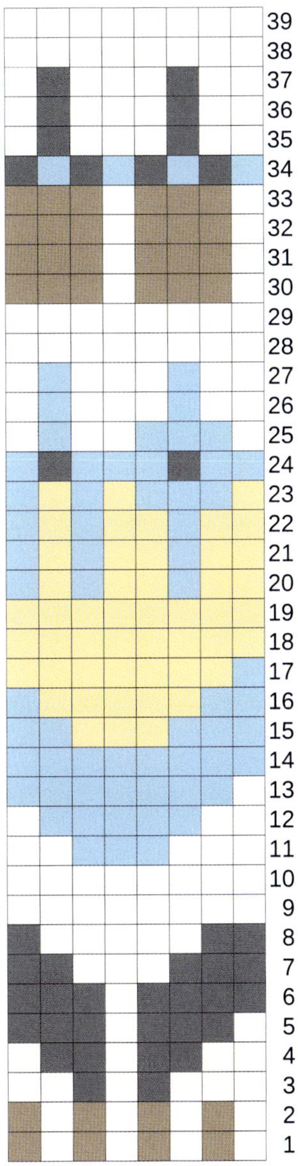

B 2

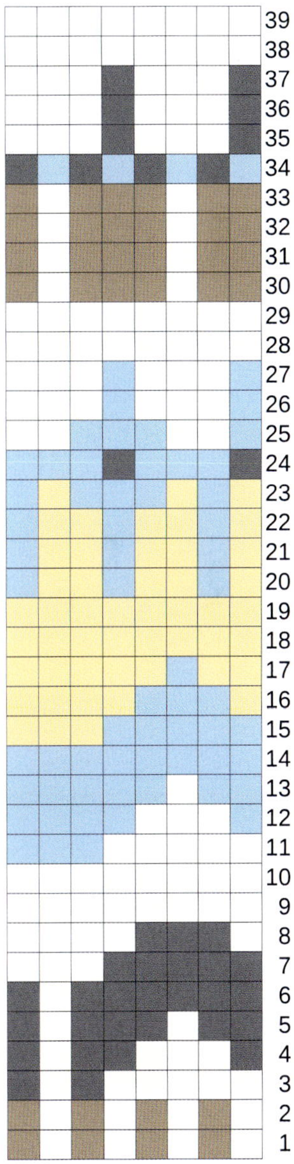

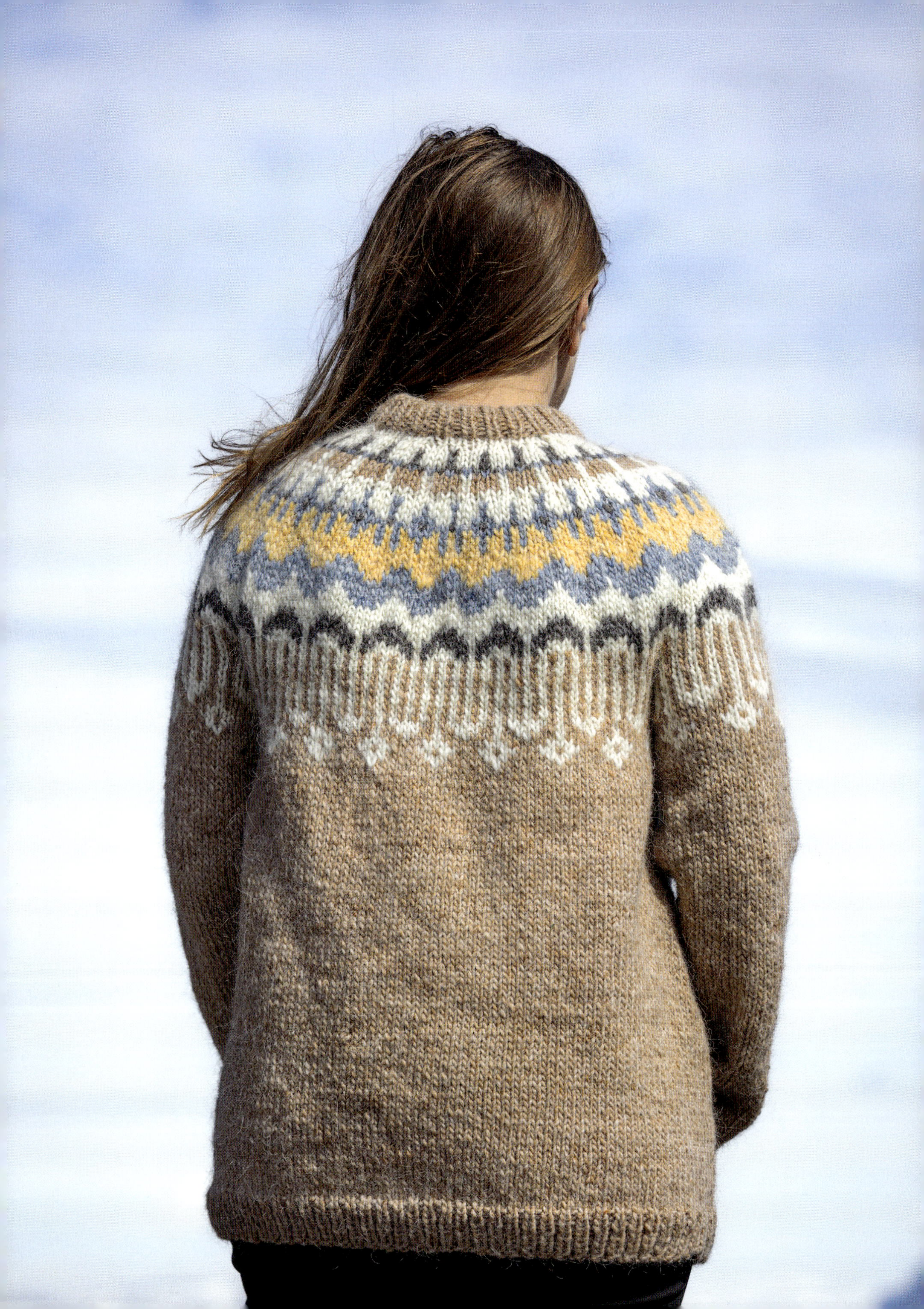

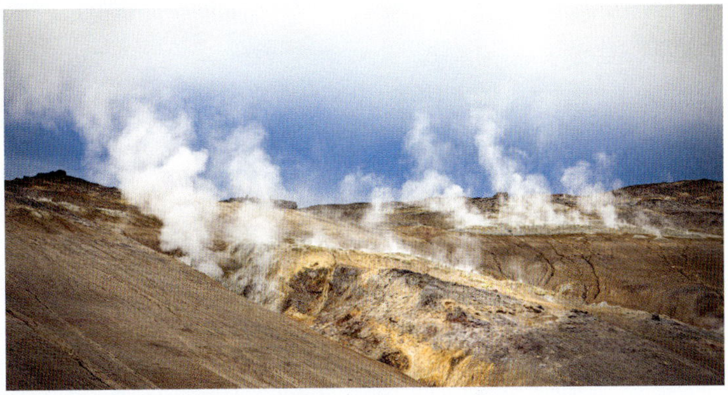

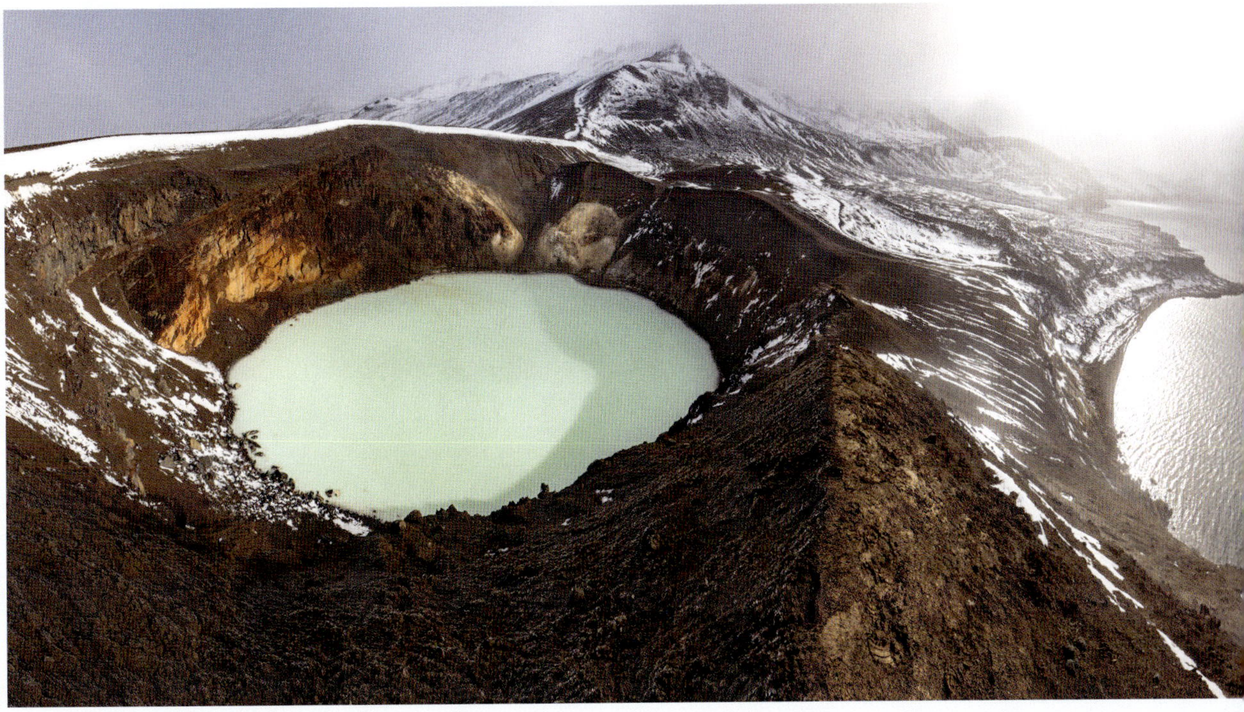

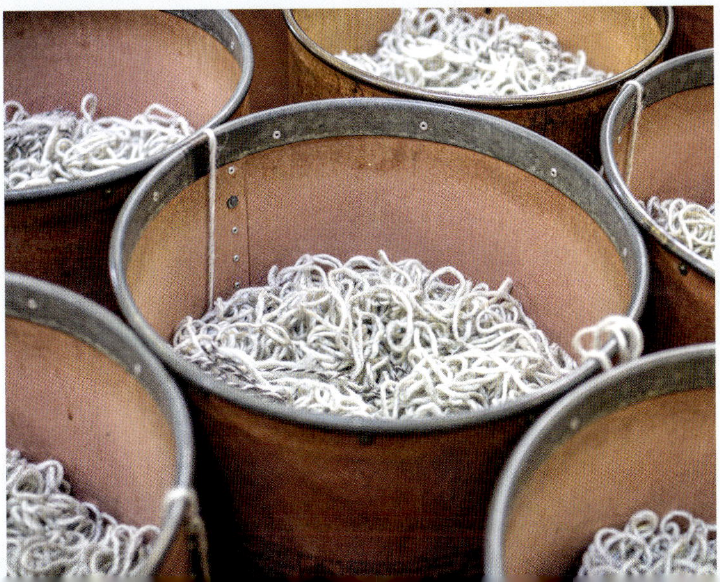

Þvílík veisla! Was für ein tolles Fest! Isländer*innen können hervorragend feiern. Zusätzlich zu Ostern, dem 1. Mai, dem Neujahrstag, dem Nationalfeiertag und den Weihnachtsfeiertagen wird auch der Frauentag, der Männertag, der erste Sommertag, die Kulturnacht, der Tag des Handels, alle möglichen Events rund um den Eurovision Song Contest und natürlich das Sonnenfest, also der Tag, an dem zum ersten Mal nach dem Winter wieder die Sonne über den Bergen aufgeht, gefeiert.

VEISLA

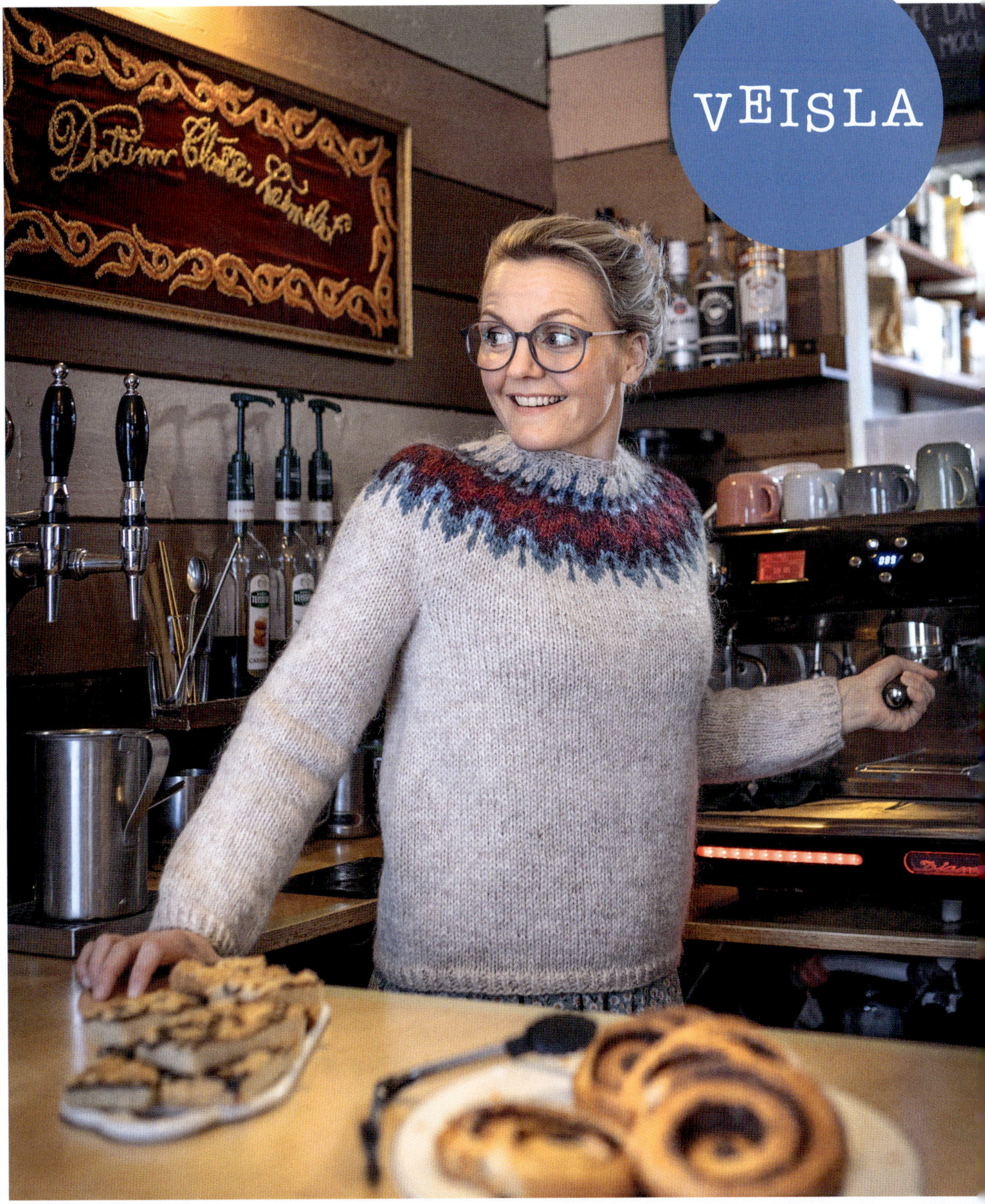

Lísbet Harðar Ólafardóttir führt das Café Heimabyggð in Ísafjörður.

Veisla ist ein wunderbar leichter und weicher Pullover aus doppelfädiger Plötulopi. Damit wird jeder Tag zu einem Fest.

VEISLA

Garn

Plötulopi 100 g

Farbkombination 1

- **A:** 1038 Ecru/Creme (3) 4 (4) 5 (5) Platten
- **B:** 2025 Aquamarin (1) 1 (1) 1 (1)
- **C:** 2027 Bordeaux (1) 1 (1) 1 (1)
- **D:** 1428 Pflaume (1) 1 (1) 1 (1)

Farbkombination 2

- **A:** 2021 Tarngrün (3) 4 (4) 5 (5)
- **B:** 0005 Naturschwarz (1) 1 (1) 1 (1)
- **C:** 1423 Moos (1) 1 (1) 1 (1)

Dieser Pullover wird aus doppelfädiger Plötulopi gestrickt. Wenn du nur eine Platte einer bestimmten Farbe hast, zupf einen Faden aus der Mitte und nimm den von der Außenseite gleichzeitig.

Maschenprobe

10 cm x 10 cm = 14 M und 20 Rd

Nadeln

Rundstricknadeln

Nr. 4 (80 cm) und Nr. 5 (60 cm und 80 cm)

Nadelspiele

Nr. 4 und Nr. 5

Beim Stricken von großen Größen nach Bedarf eine 100 cm lange Rundstricknadel verwenden (Nr. 5).

In dieser Anleitung wird das Halsbündchen mit dem Nadelspiel gestrickt. Alternativ kannst du auch eine 40 cm lange Rundstricknadel (Nr. 4) verwenden.

MASSE DES FERTIGEN PULLOVERS IN CM

Größe	**(S)**	**M**	**(L)**	**XL**	**(XXL)**
Brustumfang	89	99	109	119	129
Damen					
Rumpflänge Achsel bis Bund	38	40	42	44	46
Ärmellänge Achsel bis Bündchen	45	46	47	48	49
Herren					
Rumpflänge Achsel bis Bund	41	43	45	47	49
Ärmellänge Achsel bis Bündchen	49	50	51	52	53

ÄRMEL

Mit dem Bündchen beginnen. (38) 40 (42) 44 (46) M mit doppeltem Faden in Farbe A auf Nadelspiel Nr. 4 anschlagen. 4 Rd im 1/1-Rippenmuster (1 M re verschr*, 1 M li) str. Zu Nadelspiel Nr. 5 wechseln und 1 Rd re M str.

In der nächsten Rd wie folgt zunehmen: Nach der 1. M und vor der letzten M je 1 M zun. Die Zunahmen in jeder (28.) 20. (17.) 13. (10.) Rd insg (3) 4 (5) 7 (9) Mal wdh [= (44) 48 (52) 58 (64) M].

Wenn du längere Ärmel strickst (z. B. für einen Herrenpullover), arbeite die Zunahmen in etwas größeren Abständen: in jeder (30.) 23. (19.) 14. (11.) Rd.

Den Ärmel danach bis zur gewünschten Länge str.

In der letzten Rd die letzten (5) 6 (6) 7 (8) M und auch die folgenden (6) 6 (6) 7 (8) M [= (11) 12 (12) 14 (16) M] auf einem Hilfsfaden oder einer Hilfsnadel stilllegen. Danach hat der Ärmel noch (33) 36 (40) 44 (48) M.

Beiseitelegen und den zweiten Ärmel genauso str.

RUMPF

(124) 138 (152) 166 (180) M mit doppeltem Faden in Farbe A und der Rundstricknadel Nr. 4 anschlagen. Einen MM setzen, er markiert den Rd-Übergang.

4 Rd im 1/1-Rippenmuster (1 M re verschr*, 1 M li) str.

Zu Nadelspiel Nr. 5 wechseln.

Re M str, bis der Rumpf vom Bund bis zur Achsel die gewünschte Länge hat.

In der letzten Rd die letzten (5) 6 (6) 7 (9) M und auch die folgenden (6) 6 (6) 7 (8) M [= (11) 12 (12) 14 (16) M] auf einem Hilfsfaden oder einer Hilfsnadel stilllegen. Diese M sind für ein Armloch. Erst ganz am Ende werden die Armlöcher geschlossen.

PASSE

Die Ärmel und den Rumpf wie auf Seite 152 beschrieben zusammenfügen, zwischen Rückenteil und linkem Ärmel beginnen. Mit Farbe A fortf.

Du hast zuletzt (11) 12 (12) 14 (16) M vom Rumpfteil auf einen Hilfsfaden oder eine Hilfsnadel gelegt [= 1. Achsel]. Jetzt einen Ärmel nehmen und die von diesem auf einem Hilfsfaden stillgelegten M sowie die vom Rumpfteil stillgelegten M gegeneinanderlegen. Die (33) 36 (40) 44 (48) Ärmel-M auf die Rundstricknadel des Rumpfteils str, die M auf dem Hilfsfaden bleiben stillgelegt. Die nächsten (51) 57 (64) 69 (74) M für den Rumpf str [= Vorderseite des Pullovers]. Vom Rumpfteil (11) 12 (12) 14 (16) M auf einen Hilfsfaden oder eine Hilfsnadel heben [= 2. Achsel].

Dann die (33) 36 (40) 44 (48) M des zweiten Ärmels auf die Rundstricknadel des Rumpfteils str und danach die (51) 57 (64) 69 (74) M für das Rückenteil des Pullovers str.

Rumpf und Ärmel sind nun auf einer Nadel vereint [= (168) 186 (208) 226 (244) M]. Setze einen MM für den Rd-Übergang (zwischen Rückenteil und linkem Ärmel). Der MM wird im weiteren Verlauf immer abgehoben und mitgeführt, sodass der Rd-Beginn jederzeit sichtbar ist.

---

*Bei diesem Pullover werden die re M für die Bündchen rechts verschränkt gestrickt, d. h. es wird von hinten in die M eingestochen (normalerweise wird bei re M ins vordere Maschenglied eingestochen) und der Faden durchgeholt. Beim Rest des Pullovers werden die M ganz normal gestrickt. Wenn die re M verschränkt gestrickt werden, wird das Bündchen stabiler.

In der nächsten Rd mit Farbe A fortf und gleichmäßig verteilt (0) 2 (0) 2 (4) M abn [= (168) 184 (208) 224 (240) M].

Jetzt mit dem Passenmuster gemäß Zählmuster beginnen. Zur kürzeren Rundstricknadel (60 cm) Nr. 5 wechseln, wenn die Maschenzahl entsprechend weniger geworden ist.

Nach dem Stricken des Zählmusters liegen (63) 69 (78) 84 (90) M auf der Nadel.

ERHÖHUNG DES RÜCKENTEILS

Wenn das Passenmuster komplett gestrickt wurde, kannst du auf Wunsch noch einige verkürzte Reihen stricken.

Mit Farbe A fortf.

(12) 13 (15) 16 (18) M re str.

Den Faden vor die Arb legen, die nächste M von der linken Nadel auf die rechte Nadel heben. Den Faden wieder hinter die Arb legen. Die M zurück von der rechten Nadel auf die linke Nadel heben.

Die Arb wenden und in der Rück-R (43) 47 (54) 58 (64) M li str.

Die nächste M umwickeln und die Arb wenden wie zuvor beschrieben. (31) 34 (39) 42 (46) M re str.

Die nächste M umwickeln und die Arb wenden wie zuvor beschrieben. (19) 21 (24) 26 (28) M li str.

Die nächste M umwickeln und die Arb wenden wie zuvor beschrieben. (19) 21 (24) 26 (28) M re str.

HALSBÜNDCHEN

Wenn das Passenmuster (und ggf. die verkürzten Reihen) fertig gestrickt sind, zu einem Nadelspiel oder einer Rundstricknadel (40 cm) Nr. 4 wechseln. Mit Farbe A 1 Rd re M str, dabei gleichmäßig verteilt (7) 11 (18) 22 (26) M abn [= (56) 58 (60) 62 (64) M].

Achtung beim Stricken von verkürzten Reihen! Bei den Wendemaschen liegt der Faden vor der M. Die Wendemasche und den umlaufenden Faden in der nächsten Runde zus-str. Dadurch wird verhindert, dass ein Loch entsteht.

---

4 Rd im 1/1-Rippenmuster (1 M re verschr*, 1 M li) str. Alle M locker abketten.

FERTIGSTELLUNG

Die Nähte unter den Ärmeln schließen (auf Seite 154–157 findest du eine bebilderte Anleitung zum Schließen dieser Nähte im Maschenstich mit einer Wollnadel oder zum Zusammenstricken mit einer dritten Stricknadel). Alle Fäden vernähen.

Die Bündchen leicht dämpfen, falls sie sich einrollen.

Den Pullover waschen und liegend trocknen lassen.

Genauere Anweisungen zur Fertigstellung findest du auf Seite 158.

---

*Bei diesem Pullover werden die re M für die Bündchen rechts verschränkt gestrickt, d. h. es wird von hinten in die M eingestochen (normalerweise wird bei re M ins vordere Maschenglied eingestochen) und der Faden durchgeholt. Beim Rest des Pullovers werden die M ganz normal gestrickt. Wenn die re M verschränkt gestrickt werden, wird das Bündchen stabiler.

Farb-kombination 2

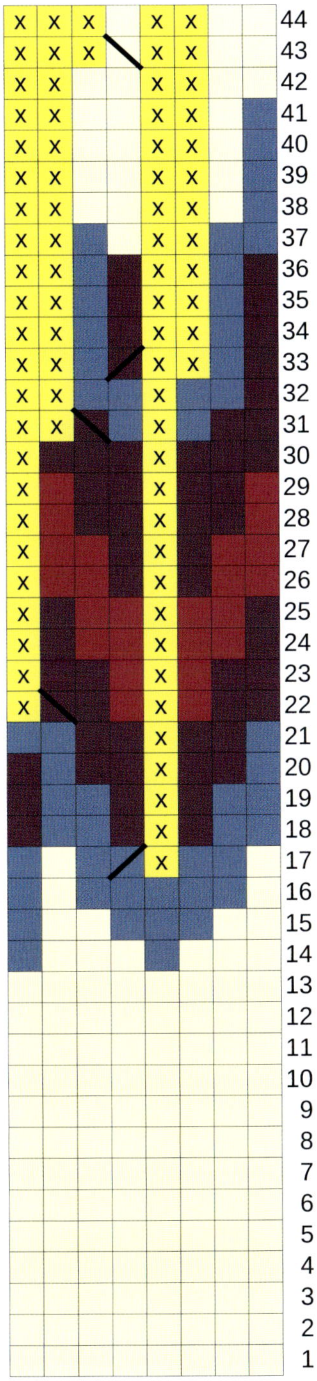

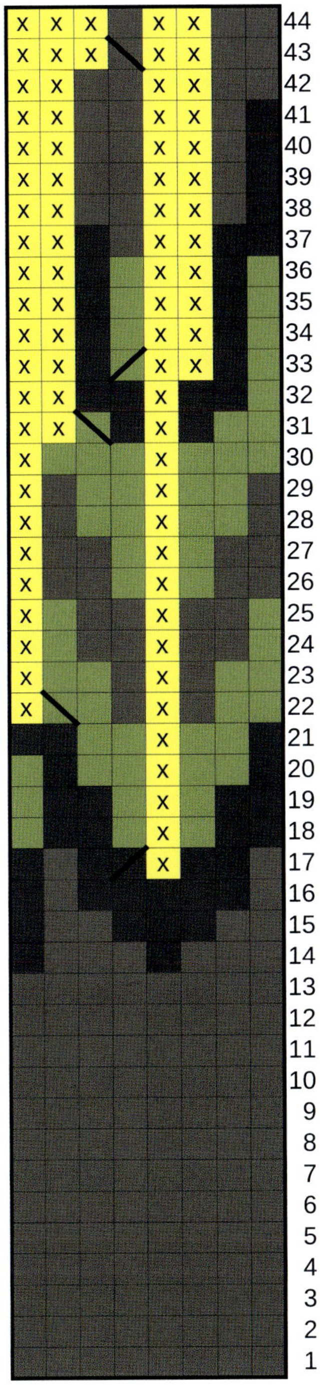

x keine M (wurde abgenommen)

/ Diese M und die M rechts daneben re zus-str.

\ Diese M und die M links daneben re abgehoben zus-str.

ERGÄNZUNGEN ZUM ZÄHLMUSTER

Rd	Anleitung
44	Für Größe S überspringen.
44	Nach den Abnahmen der vorigen Rd liegen (63) 69 (78) 84 (90) M auf der Nadel.
42	Für Größe S und M überspringen.
38	Für Größe S, M und L überspringen.
35	Für Größe S, M und L überspringen.
34	Nach den Abnahmen der vorigen Rd liegen (84) 92 (104) 112 (120) M auf der Nadel.
32	Nach den Abnahmen der vorigen Rd liegen (105) 115 (130) 140 (150) M auf der Nadel.
29	Für Größe S, M, L und XL überspringen.
23	Nach den Abnahmen der vorigen Rd liegen (126) 138 (156) 168 (180) M auf der Nadel.
18	Nach den Abnahmen der vorigen Rd liegen (147) 161 (182) 196 (210) M auf der Nadel.
4	Für Größe S überspringen.
3	Für Größe S und M überspringen.
2	Für Größe S, M, L und XL überspringen.
1	Am Anfang liegen (168) 184 (208) 224 (240) M auf der Nadel.

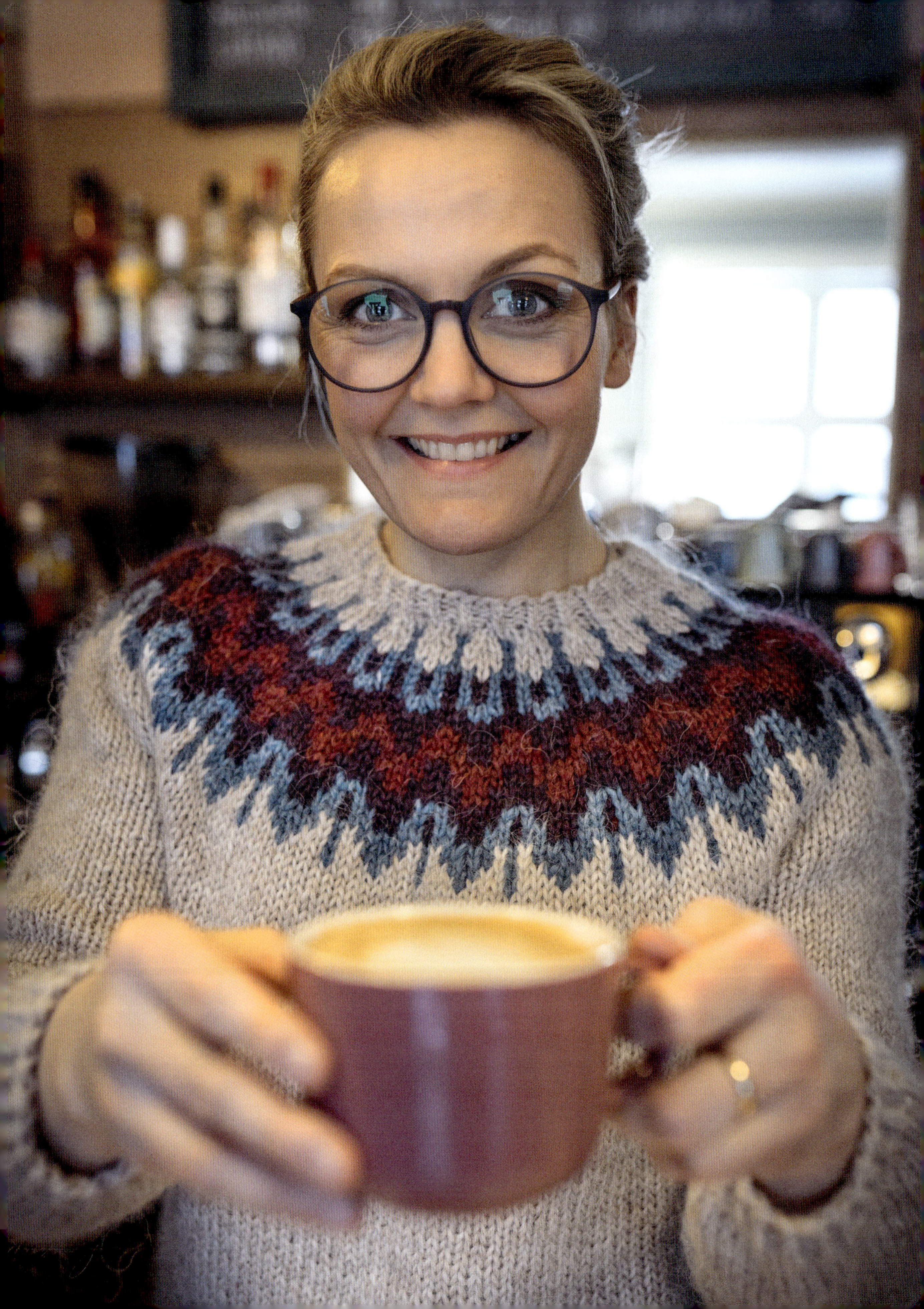

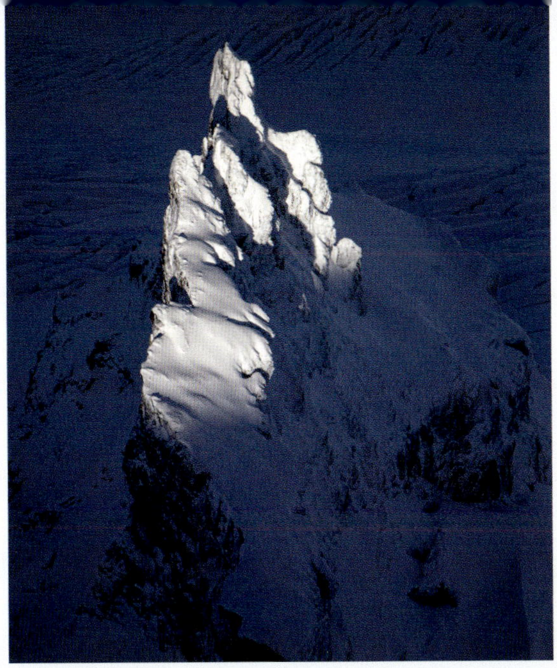

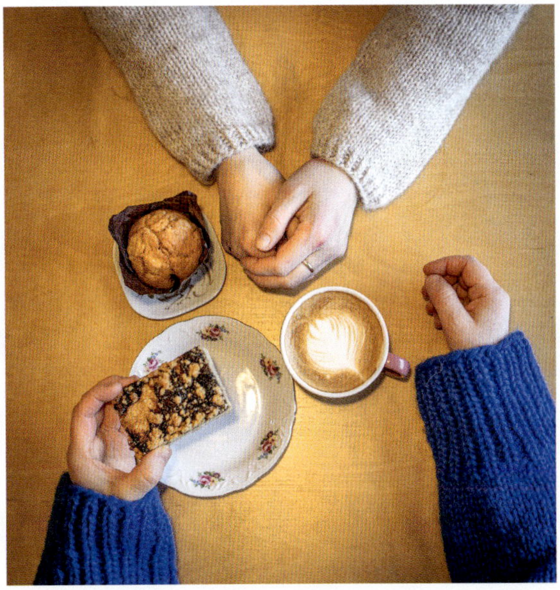

Wenn während deines Aufenthalts in Island jemand eine Party feiert, solltest du unbedingt teilnehmen! Auf isländischen Festen herrscht eine entspannte Atmosphäre. Beim Betreten eines Raums werden die Schuhe ausgezogen, und neu eingetroffene Personen werden mit Handschlag begrüßt. Die Unterhaltung ist lebhaft, und die Leute sind lustig. Hier gibt es keine Hierarchien, keine Sie-Form und noch nicht einmal Nachnamen! Der Nachname von Isländer*innen verrät lediglich, wessen Sohn oder wessen Tochter man ist. Alle werden mit dem Vornamen angesprochen. Abends wird gesungen, und es gibt immer jemanden, der Gitarre spielen kann. Wenn man anstoßen möchte, sagt man *skál* (skaul)!

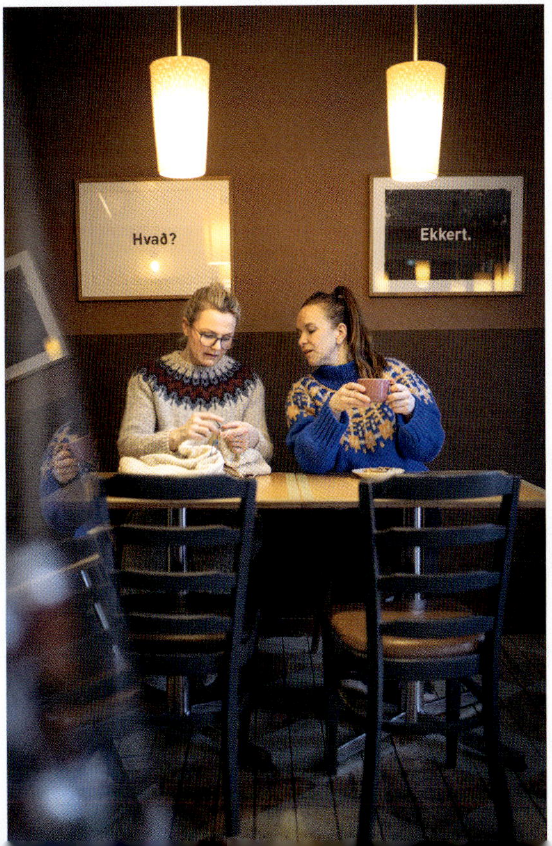

In der Farbkombi 2 von Veisla dominieren Grüntöne.

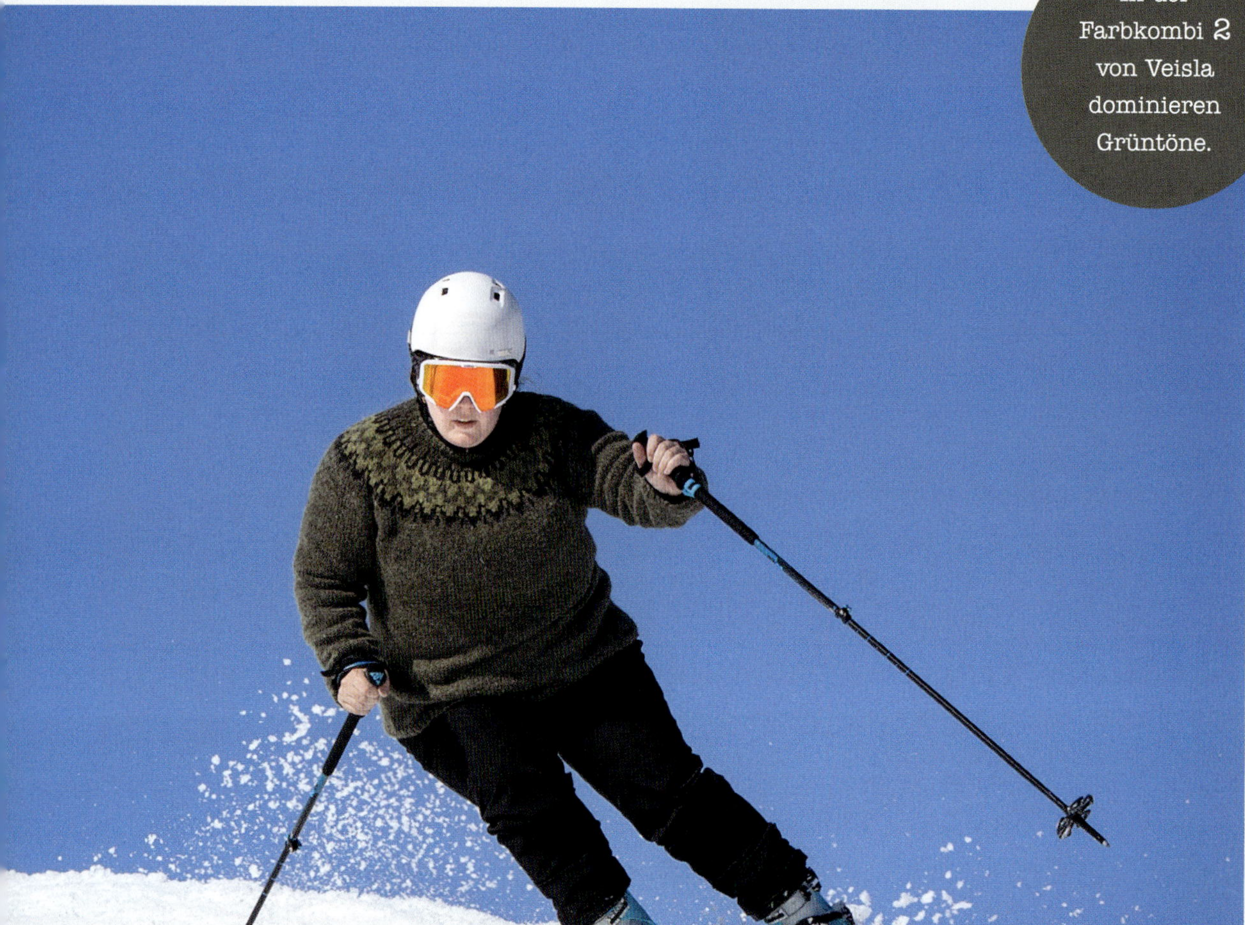

Für Regína Sif Rúnarsdóttir sind die verschneiten Berge eine wahre Freude. Sie arbeitet in einem Reisebüro für Abenteuertouren und als Skilehrerin für Kinder und Jugendliche.

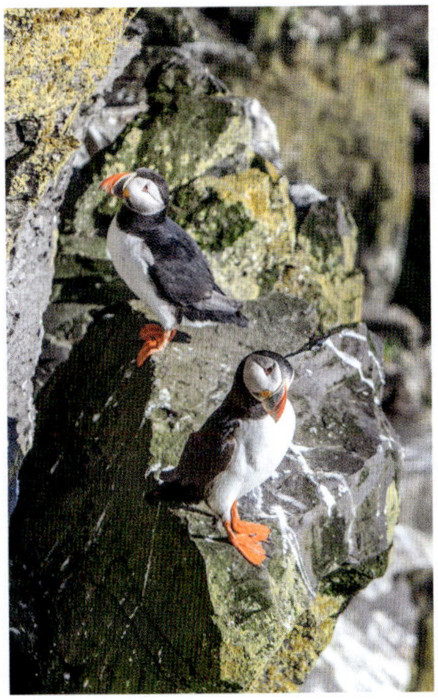

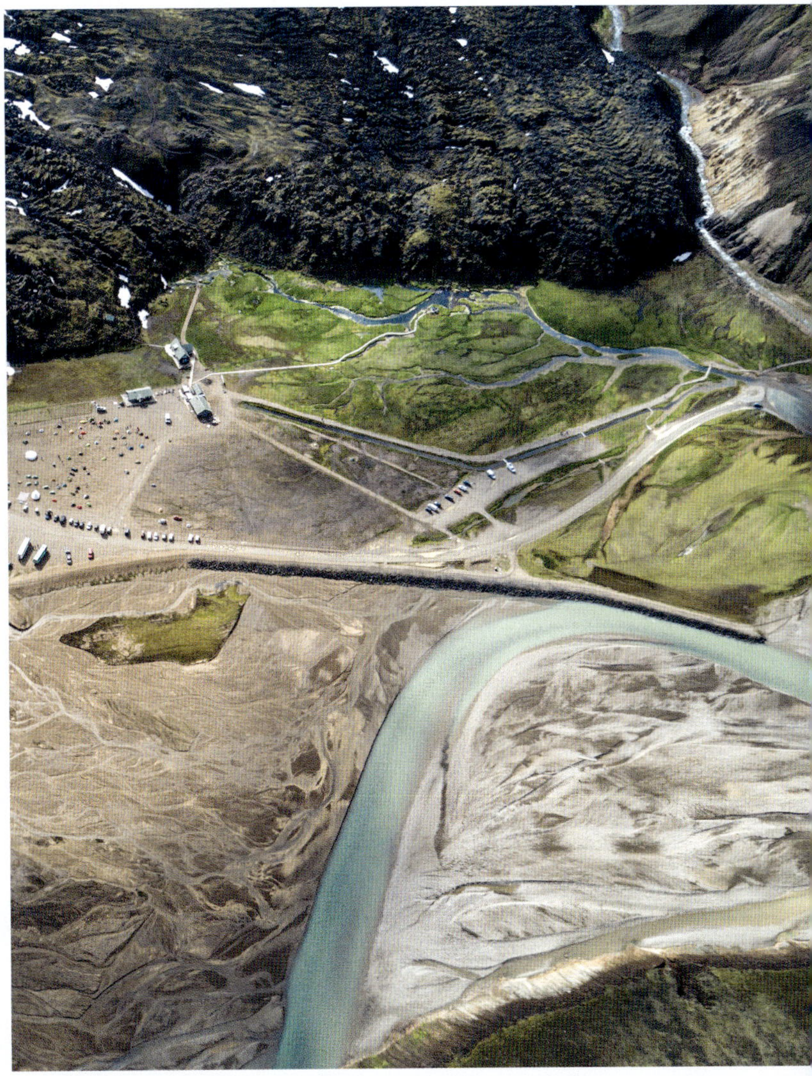

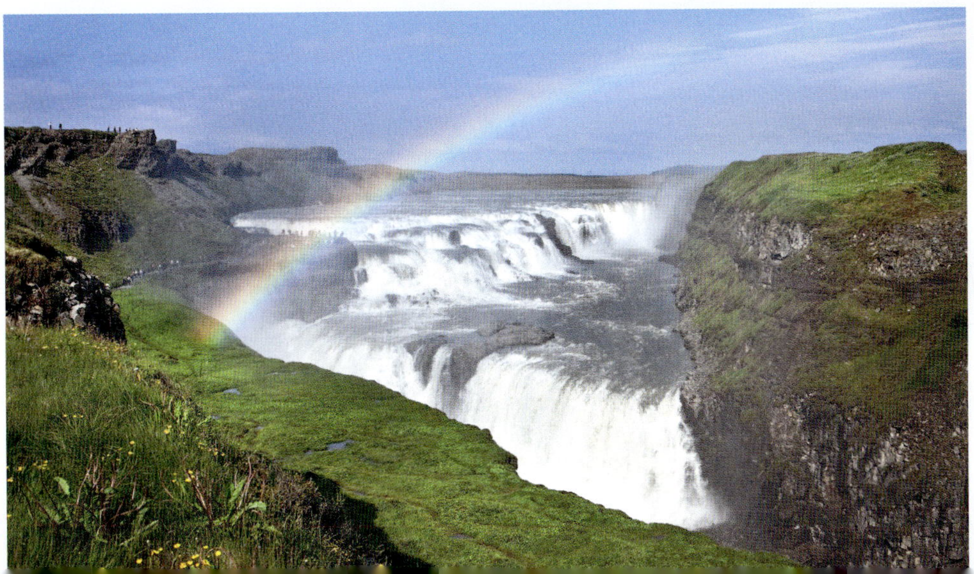

EINE KURZE GESCHICHTE DES ISLANDPULLOVERS

16. JAHRHUNDERT

Das Strickhandwerk kommt mit holländischen, englischen und deutschen Händlern nach Island. Das älteste in Island gefundene Strickstück ist ein Fausthandschuh. Stricken sichert vielen Familien ein zusätzliches Einkommen. Strickwaren – etwa Pullover – werden als Tauschmittel genutzt. Stricken wird in isländischen Schriften erstmals in den 1580er-Jahren erwähnt. In einem Schuldschein wurde vereinbart, dass die Zahlung für ein Stück Land mit gestrickten Socken beglichen werden soll.

Bevor das Strickhandwerk nach Island kam, wurden Textilien aus Webstoffen gefertigt. Das Stricken wird immer beliebter, da dafür keine großen, teuren Gerätschaften erforderlich sind.

17. JAHRHUNDERT

Dänemark ist im 17. und 18. Jahrhundert Islands bedeutendster Handelspartner. 1624 wurden etwa 72.230 Paar Wollsocken und 12.232 Paar Fäustlinge aus Island nach Kopenhagen verkauft.

18. JAHRHUNDERT

Wollpullover werden 1743 erstmals in Exportlisten erwähnt: 1211 Pullover werden nach Dänemark verkauft. Die älteste schriftlich überlieferte Anleitung zum Stricken eines Wollpullovers stammt aus diesem Jahrhundert.

19. JAHRHUNDERT

Europa wird industrialisiert und der Export von isländischen Strickwaren nimmt ab, dafür steigt die Nachfrage nach dem Rohstoff, also Schafwolle und Garn. Im Jahr 1800 weiden in Island 300.000 Schafe, Ende des 19. Jahrhunderts sind es bereits 800.000 Schafe.

Ebenfalls Ende des 19. Jahrhunderts entstehen in Island Spinnereien, deren Gerätschaften durch Wasserkraft angetrieben werden. Eine der ersten Spinnereien ist Álafoss (heute Ístex), gegründet 1896. Das maschinelle Spinnen der Wolle ermöglicht es, die weiche Unterwolle (*þel*) und das grobe Deckhaar (*tog*) der isländischen Schafe in einem Garn zu kombinieren. Das Lopi-Garn, das Material des Islandpullovers, ist geboren.

DIE 1920ER-JAHRE

Die Isländer verkaufen Wolle an die Färöer, die sie zu Pullovern für Matrosen, Fischer und andere Seeleute verarbeiten, mehrere 100.000 Stück pro Jahr. In den 1920er-Jahren beginnt man auch in Island mit der Herstellung von Matrosenpullovern. Diese sind aus grobem Schafdeckhaar gestrickt, nur für das Halsbündchen wird weichere Unterwolle verwendet.

Bei einfarbigen Matrosenpullovern ist der Rumpfteil rund gestrickt, die Ärmel werden jedoch angenäht. Der

Matrosenpullover ist somit der »Vorfahre« des Islandpullovers.

Strickmaschinen setzen sich immer mehr durch. Ende der 1920er-Jahre gibt es im Land bereits mehr als 1000 Stück.

»Wir lehren den Umgang mit handelsüblichen Strickmaschinen und Sockenstrickmaschinen sowie die Herstellung modernster Strickwaren. Jeder Schüler erhält 100 Stunden Unterricht«, wirbt 1927 die isländische Strickerei Malin.

Die ersten Rundstricknadeln werden 1928 in Island verkauft.

DIE 1930ER-JAHRE

Auf den Pullovern tauchen zunehmend dekorative Muster auf. Eines der beliebtesten ersten Muster sind durchgängig dunkle Tupfen auf einer hellen Hauptfarbe.

Im Jahr 1939 organisieren die Ehefrauen ausländischer Diplomaten, die in Island leben, eine Strickgruppe, um isländische Pullover für finnische Soldaten im Winterkrieg zu stricken.

DIE 1940ER-JAHRE

Mit der Rezession steigt der Verbrauch heimischer Wollgarne, da diese ohne Bezugsschein in der Krisenzeit gekauft werden können.

Das erste isländische Büchlein mit Strickanleitungen, *Mynsturbók*, erscheint im Jahr 1944, es beschreibt gemusterter Fausthandschuhe und Pullover.

Auður Laxness (1918–2012) ist eine der ersten isländischen Strickerinnen, die einen Wollpullover in Runden von unten nach oben strickt. Bei dieser Technik werden die Pullover an den Schultern schön locker, was sehr wichtig ist, denn der Pullover ist ein Oberbekleidungsstück für draußen, und die Arme müssen Bewegungsspielraum haben.

Auður ist die Frau des isländischen Literatur-Nobelpreisträgers Halldór Laxness (1902–1998). Das Paar hat Freunde und Bekannte auf der ganzen Welt, denen Auður Wollpullover schickt, die sie selbst gestrickt hat, wodurch der Islandpullover eine große Bekanntheit erlangt.

DIE 1950ER-JAHRE

In Island experimentiert man immer häufiger mit internationalen Strickmustern und Islandpullover werden zunehmend ins Ausland exportiert.

DIE 1960ER-JAHRE

Die Spinnerei Álafoss bringt die neue Hespulopi (heute Álafosslopi) auf den Markt. Das Garn ist in erster Linie für den Export bestimmt. Nach und nach wird Hespulopi auch in Island immer beliebter.

Island nimmt 1969 zum ersten Mal an den Kopenhagener Modewochen teil. Die Islandpullover erregen hier die meiste Aufmerksamkeit.

ENDUR-KAST

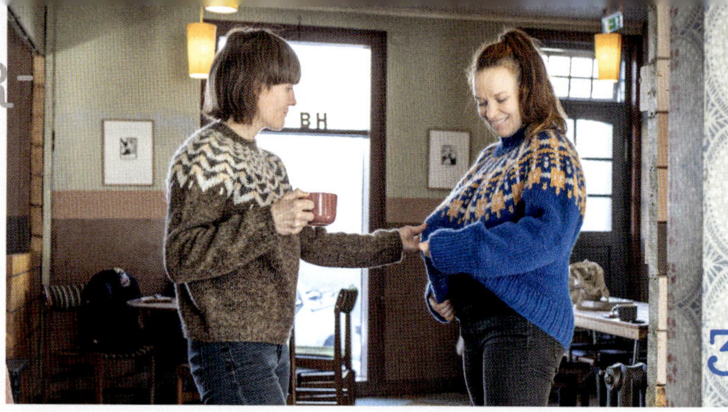

3X

DIE 1970ER-JAHRE

Island tritt 1970 der Europäischen Freihandelszone EFTA bei. Es eröffnen sich auch für Wollprodukte neue Exportmöglichkeiten.

Während der Ölkrise in Europa in den Jahren 1973 und 1974 verkaufen sich isländische Wollprodukte aus Naturmaterialien noch besser. Die Wollproduktion wird Islands drittgrößter Wirtschaftszweig. Wollprodukte sind Islands viertwichtigstes Exportprodukt.

Der Verband isländischer Strickerinnen und Stricker, *Handprjónasamband Íslands*, wird 1977 gegründet.

DIE 1980ER-JAHRE

Strickbücher erleben einen Boom. In den Schulen wird das Stricken mit Wolle kaum gelehrt. Die Isländer stricken zu Hause selbst und erlernen mithilfe von Anleitungen aus Büchern neue Muster.

DIE 1990ER-JAHRE

Der Zusammenbruch der Sowjetunion ist eine schwierige Zeit für die isländische Wollindustrie. Die Spinnerei Álafoss macht Konkurs, Ístex wird gegründet und beginnt mit der Herstellung von Lite Lopi (heute Léttlopi).

DIE 2000ER-JAHRE

Mit der isländischen Bankenkrise und dem Zusammenbruch der Währung wächst die Nachfrage nach einheimischen Produkten. Handarbeit wird immer populärer.

Der Vulkanausbruch des Eyjafjallajökull im Jahr 2010 löst in Island einen enormen Tourismusboom aus. Die Nachfrage nach Islandpullovern wächst rasant.
Die Coronapandemie ab dem Jahr 2020 zwingt die Menschen auf der ganzen Welt in ihre Häuser, viele beschäftigen sich mit Handarbeiten. Die rasch steigende Nachfrage nach isländischem Wollgarn führt dazu, dass die Lagerbestände der isländischen Garnproduzenten schnell aufgebraucht sind.

Im Jahr 2020 erhält der Islandpullover das D.O.-Herkunftssiegel.

Quellen:
Ístex: www.istex.fi
Archiv alter Zeitungsartikel: www.timarit.is
Ásdís Jónsdóttir: *Íslenska lopapeysan – uppruni, saga og hönnun.* Háskólaútgáfan. 2017. Reykjavík. (Der Titel bedeutet: Der isländische Wollpullover – Herkunft, Geschichte und Design)

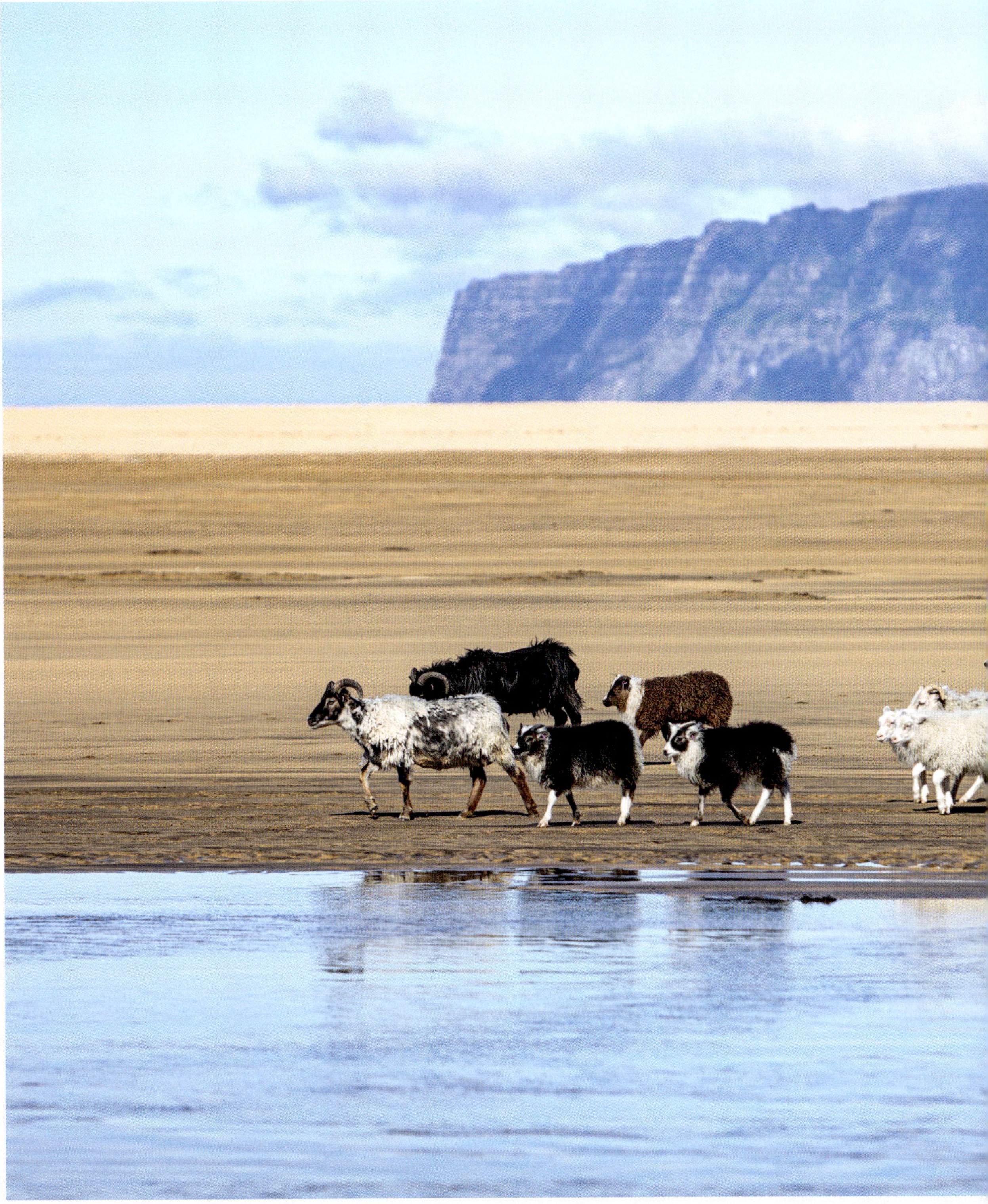

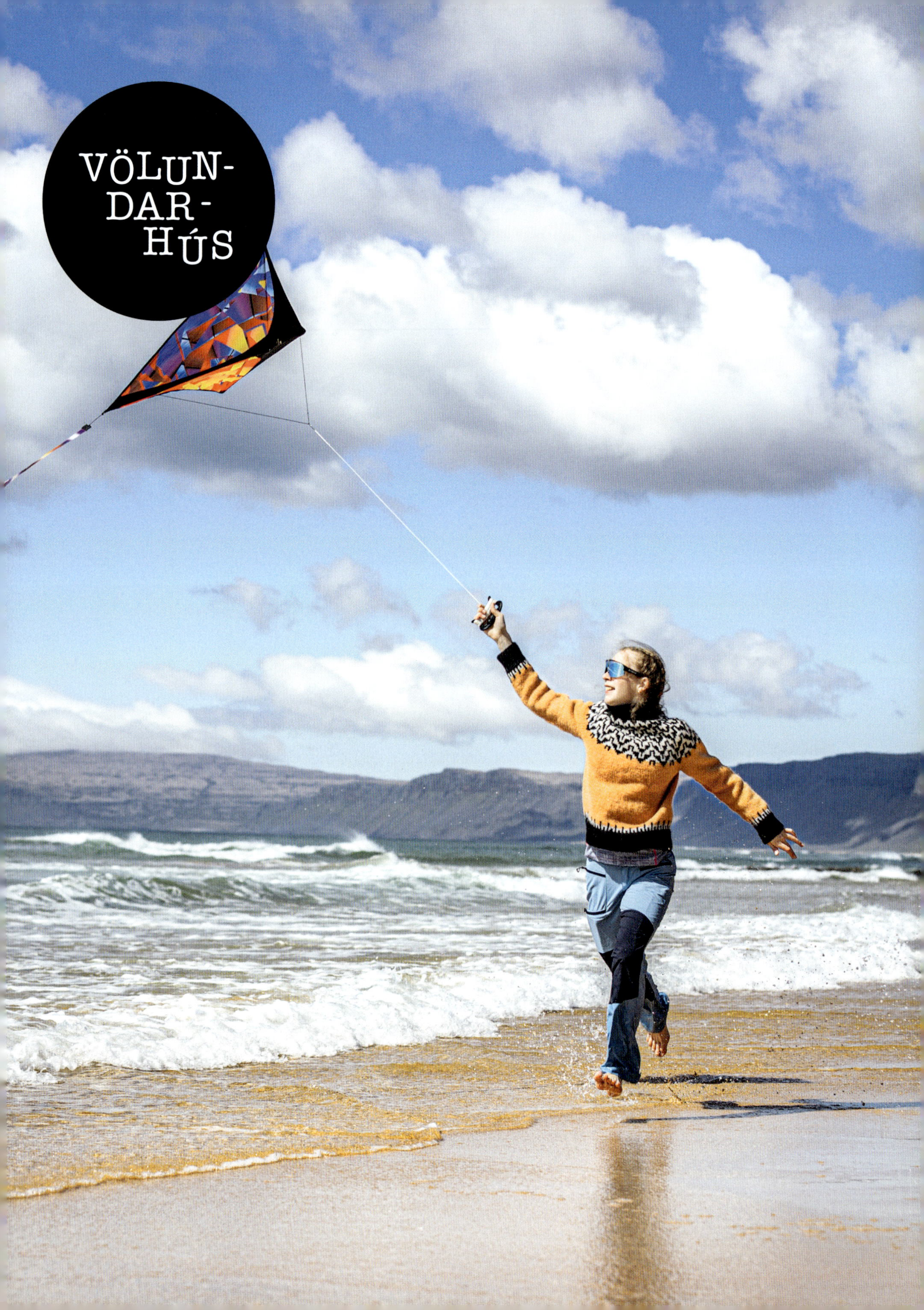
VÖLUN-
DAR-
HÚS

Völundarhús bedeutet Labyrinth, und wenn man das Passenmuster genau anschaut, weiß man auch, warum.

Die isländischen Sprecher*innen übernehmen neue Begriffe – beispielsweise aus dem Englischen – nicht als Lehnwörter, sondern finden ein eigenes, isländisches Äquivalent. Die Wurzeln des Wortes Völundarhús reichen bis in die Wikingerzeit zurück und verweisen auf eine ziemlich düstere Geschichte.

Die mittelalterlichen Edda-Gedichte erzählen von einem Mann namens Völundur, der außergewöhnlich stark und klug war. König Níðuður von Schweden brauchte einen guten und klugen Arbeiter, also nahm er Völundur als Sklaven. Völundur beschloss, sich am König zu rächen, indem er seine beiden Söhne tötete. Er überzog die Schädel der Knaben mit Silber und schickte diese als Schalen dem König. Die Edelsteine, die er aus den Augen der Jungen machte, ließ er der schwedischen Königin schicken. Aus den Zähnen der Brüder fertigte er eine Brosche an und schenkte sie der Prinzessin, der Schwester der Brüder.

Nach diesem schrecklichen Ereignis nannte man geschickte Männer Völundur und geschickt gebaute Gebäude Völundur-Konstruktionen. Somit ist Völundarhús, also Labyrinth, ein außergewöhnlich geschickt gebautes Haus.

So viel zur Geschichte.

Urður Óliversdóttir (links) ist Schülerin. In ihrer Freizeit fertigt sie gern Schmuck an, komponiert Lieder, surft und unternimmt etwas mit ihren Freund*innen.

VÖLUNDAR-HÚS

Garn

Plötulopi 100 g

- **A:** 2028 Hellorange (3) 3 (4) 4 (5) Platten
- **B:** 0001 Naturweiß (1) 1 (1) 1 (1)
- **C:** 0059 Schwarz (2) 2 (2) 2 (2)

Völundarhús ist ein recht kurzes Modell. Stricke den Rumpf etwa 4 cm länger, wenn der Pullover traditioneller werden soll.

Dieser Pullover wird aus doppelfädiger Plötulopi gestrickt. Wenn du nur eine Platte einer bestimmten Farbe hast, zupf einen Faden aus der Mitte und nimm den von der Außenseite gleichzeitig.

Maschenprobe

10 cm x 10 cm = 14 M und 20 Rd

Nadeln

Rundstricknadeln

Nr. 4 (80 cm) und Nr. 5 (60 cm und 80 cm)

Nadelspiele

Nr. 4 und Nr. 5

Beim Stricken von großen Größen nach Bedarf eine 100 cm lange Rundstricknadel verwenden (Nr. 5).

In dieser Anleitung wird das Halsbündchen mit dem Nadelspiel gestrickt. Alternativ kannst du auch eine 40 cm lange Rundstricknadel (Nr. 4) verwenden.

MASSE DES FERTIGEN PULLOVERS IN CM

Größe	(S)	M	(L)	XL	(XXL)
Brustumfang	91	103	111	123	131
Damen					
Rumpflänge Achsel bis Bund	32	34	36	38	40
Ärmellänge Achsel bis Bündchen	45	46	47	48	49

ÄRMEL

Mit dem Bündchen beginnen. (34) 36 (38) 40 (42) M mit doppeltem Faden in Farbe C auf Nadelspiel Nr. 4 anschlagen. 7 cm im 1/1-Rippenmuster (1 M re, 1 M li) in Rd str. Zu Nadelspiel Nr. 5 wechseln und 1 Rd re M str, dabei gleichmäßig verteilt (2) 4 (2) 4 (2) M zunehmen [= (36) 40 (40) 44 (44) M]. Gemäß Zählmuster A str.

Mit Farbe A fortf und 1 Rd re M str.

In der nächsten Rd wie folgt zunehmen: Nach der 1. M und vor der letzten M je 1 M zun.

Die Zunahmen in jeder (13.) 11. (9.) 8. (7.) Rd insg (5) 6 (8) 9 (11) Mal wdh [= (46) 52 (56) 62 (66) M].

Den Ärmel danach bis zur gewünschten Länge str.

In der letzten Rd die letzten (5) 6 (6) 7 (8) M und auch die folgenden (5) 7 (7) 7 (8) M [= (10) 13 (13) 14 (16) M] auf einem Hilfsfaden oder einer Hilfsnadel stilllegen. Danach hat der Ärmel noch (36) 39 (43) 48 (50) M.

Beiseitelegen und den zweiten Ärmel genauso str.

RUMPF

(128) 144 (156) 172 (184) M mit doppeltem Faden in Farbe C und der Rundstricknadel Nr. 4 anschlagen. Einen MM setzen, er markiert den Rd-Übergang.

7 cm im 1/1-Rippenmuster (1 M re, 1 M li) in Rd str. Zu Rundstricknadel (80 cm) Nr. 5 wechseln und 1 Rd re M str.

Gemäß Zählmuster A (siehe unten) arbeiten.

Mit Farbe A fortf und str, bis der Rumpf vom Bund bis zur Achsel die gewünschte Länge hat. Dieses Modell ist recht kurz. Stricke den Rumpf etwa 4 cm länger, wenn der Pullover traditioneller geschnitten sein soll.

In der letzten Rd die letzten (5) 6 (6) 7 (8) M und auch die folgenden (5) 7 (7) 7 (8) M [= (10) 13 (13) 14 (16) M] auf einem Hilfsfaden oder einer Hilfsnadel stilllegen. Diese M sind für ein Armloch. Erst ganz am Ende werden die Armlöcher geschlossen.

PASSE

Die Ärmel und den Rumpf wie auf Seite 152 beschrieben zusammenfügen, zwischen Rückenteil und linkem Ärmel beginnen. Mit Farbe A fortf.

Du hast zuletzt (10) 13 (13) 14 (16) M vom Rumpfteil auf einen Hilfsfaden oder eine Hilfsnadel gelegt [= 1. Achsel]. Jetzt einen Ärmel nehmen und die von diesem auf einem Hilfsfaden stillgelegten M sowie die vom Rumpfteil stillgelegten M gegeneinanderlegen. Die (36) 39 (43) 48 (50) Ärmel-M auf die Rundstricknadel des Rumpfteils str, die M auf dem Hilfsfaden bleiben stillgelegt. Die nächsten (54) 59 (65) 72 (76) M für den Rumpf str [= Vorderseite des Pullovers].

Vom Rumpfteil (10) 13 (13) 14 (16) M auf einen Hilfsfaden oder eine Hilfsnadel heben [= 2. Achsel].

Dann die (36) 40 (43) 48 (50) M des zweiten Ärmels auf die Rundstricknadel des Rumpfteils str und danach die (54) 59 (65) 72 (76) M für das Rückenteil des Pullovers str.

Rumpf und Ärmel sind nun auf einer Nadel vereint [= (180) 196 (216) 240 (252) M]. Setze einen MM für den Rd-Übergang (zwischen Rückenteil und linkem Ärmel). Der MM wird

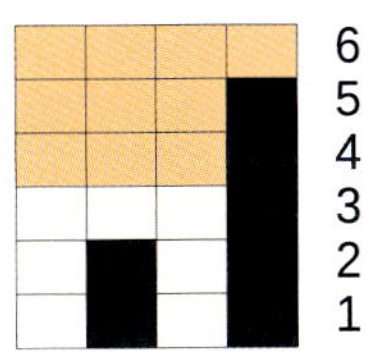

ZÄHLMUSTER A, MUSTER ÜBER ÄRMELBÜNDCHEN UND BUND

im weiteren Verlauf immer abgehoben und mitgeführt, sodass der Rd-Beginn jederzeit sichtbar ist.

Jetzt mit dem Muster gemäß Zählmuster B beginnen, dabei zur kürzeren Rundstricknadel (60 cm) Nr. 5 wechseln, wenn die Maschenzahl entsprechend weniger geworden ist.

Nach dem Stricken des Zählmusters liegen (60) 64 (72) 80 (84) M auf der Nadel.

ZÄHLMUSTER

Bei Muster B variiert der Beginn einer neuen Rd je nach Größe. Ein dicker, vertikaler Strich zeigt an, wo für die jeweilige Größe die neue Rd beginnt. Zuerst wird der Rd-Beginn gestrickt, danach wird der rot umrandete Rapport bis zum Rd-Ende wiederholt.

Die Abnahmen gemäß Zählmuster B arbeiten und die rechts angegebenen, größenspezifischen Ergänzungen beachten.

ERGÄNZUNGEN ZUM ZÄHLMUSTER

Rd	Anleitung
44	Nach den Abnahmen der vorigen Rd liegen (75) 80 (90) 100 (105) M auf der Nadel.
43	**Nur Größe S und L:** Die letzte M der 42. Rd mit der 1. M der 43. Rd zus-str. Diese M wird die 1. M der 43. Rd.
36	Nach den Abnahmen der vorigen Rd liegen (90) 96 (108) 120 (126) M auf der Nadel.
35	**Nur Größe M:** Vor dem Stricken gemäß Zählmuster den MM vom Ende der 34. Rd entfernen, die 1. M der 35. Rd mit Farbe B (Weiß) str, den MM wieder setzen. Dann die 35. Rd gemäß Zählmuster beginnen. **Nur Größe S und L:** Die letzte M der 34. Rd mit der 1. M der 35. Rd zus-str. Diese M wird die 1. M der 35. Rd.
33	Für Größe S und M überspringen.
28	Nach den Abnahmen der vorigen Rd liegen (120) 128 (144) 160 (168) M auf der Nadel.
27	**Nur Größe XL:** Die letzte M der 26. Rd mit der 1. M der 27. Rd zus-str. Diese M wird die 1. M der 27. Rd.
27	Nach den Abnahmen der vorigen Rd liegen (135) 144 (162) 180 (189) M auf der Nadel.
24	Nach den Abnahmen der vorigen Rd liegen (150) 160 (180) 200 (210) M auf der Nadel.
23	Nach den Abnahmen der vorigen Rd liegen (165) 176 (198) 220 (231) M auf der Nadel.
22	**Nur Größe XXL:** Vor dem Stricken gemäß Zählmuster den MM vom Ende der 21. Rd entfernen, die 1. M der 22. Rd mit Farbe B (Weiß) str, den MM wieder setzen. Dann die 22. Rd gemäß Zählmuster beginnen.
8–9	Für Größe S überspringen.
6–7	Für Größe S und M überspringen.
4–5	Für Größe S, M und L überspringen.
2–3	Für Größe S, M, L und XL überspringen.
2	Auf der Nadel liegen (180) 192 (216) 240 (252) M.
1	**Nur Größe M:** 4 M in der Rd abnehmen.
1	Am Anfang liegen (180) 196 (216) 240 (252) M auf der Nadel.

Nach der 44. Rd liegen (60) 64 (72) 80 (84) M auf der Nadel.

ZÄHLMUSTER B, PASSE

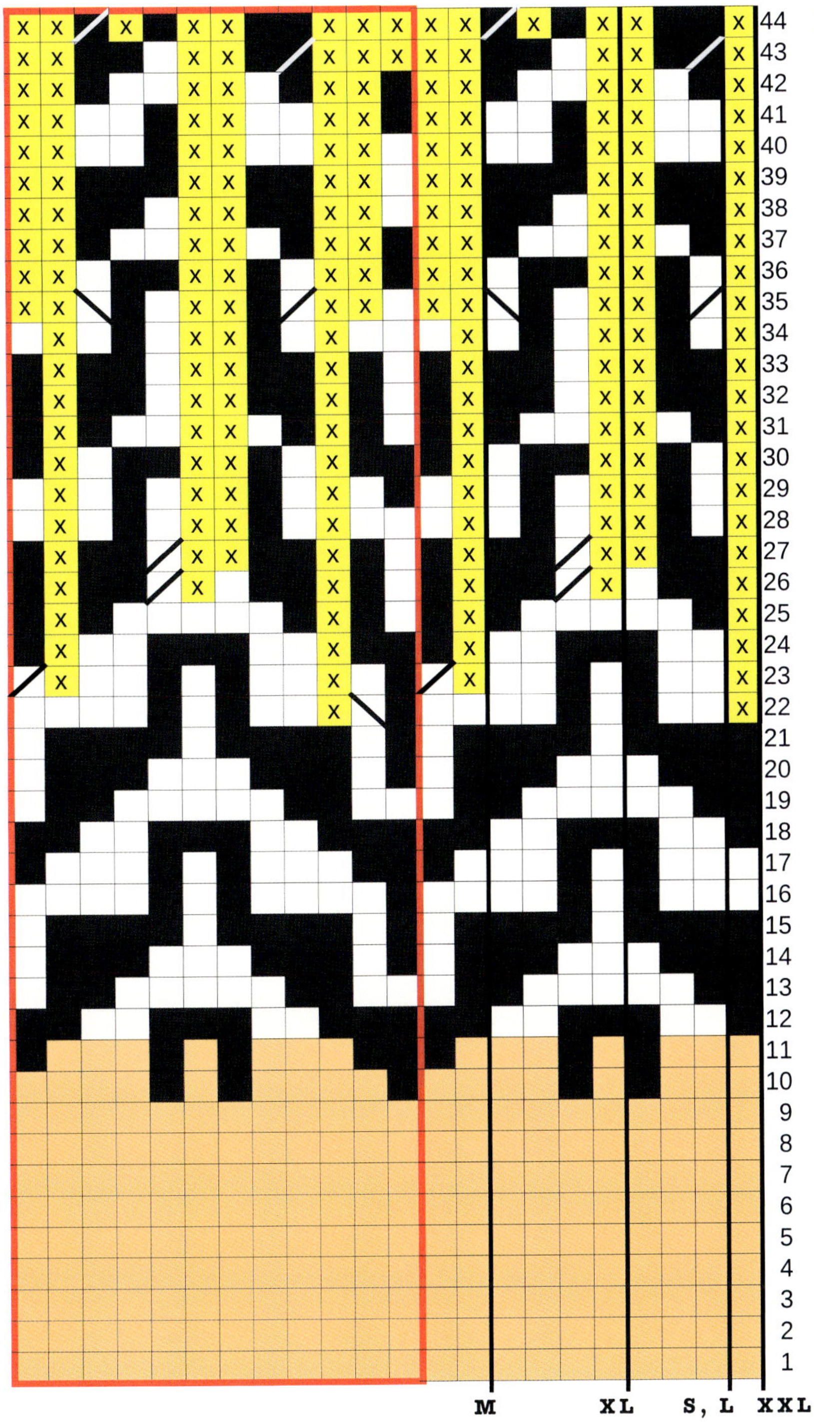

x keine M (wurde abgenommen)

/ Diese M und die M rechts daneben re zus-str.

\ Diese M und die M links daneben re abgehoben zus-str.

ERHÖHUNG DES RÜCKENTEILS

Wenn das Passenmuster komplett gestrickt wurde, kannst du auf Wunsch noch einige verkürzte Reihen stricken.

(12) 13 (14) 16 (17) M re mit Farbe A str. Den Faden vor die Arb legen, die nächste M von der linken Nadel auf die rechte Nadel heben. Den Faden wieder hinter die Arb legen. Die M zurück von der rechten Nadel auf die linke Nadel heben.

Die Arb wenden und in der Rück-R (42) 46 (50) 56 (59) M li str.

Die nächste M umwickeln und die Arb wenden wie zuvor beschrieben. (30) 33 (36) 40 (42) M re str.

Die nächste M umwickeln und die Arb wenden wie zuvor beschrieben. (18) 20 (22) 24 (25) M li str.

Die nächste M umwickeln und die Arb wenden wie zuvor beschrieben. (18) 20 (22) 24 (25) M re str.

ROLLKRAGEN

Wenn das Passenmuster (und ggf. die verkürzten Reihen) fertig gestrickt sind, zu einem Nadelspiel oder einer Rundstricknadel (40 cm) Nr. 4 wechseln. Mit Farbe A 1 Rd re M str, dabei gleichmäßig verteilt (4) 6 (12) 18 (20) M abn [= (56) 58 (60) 62 (64) M].

Achtung beim Stricken von verkürzten Reihen! Bei den Wendemaschen liegt der Faden vor der M. Die Wendemasche und den umlaufenden Faden in der nächsten Runde zus-str. Dadurch wird verhindert, dass ein Loch entsteht.

Nach der re gestrickten Rd wird ein hoher Rollkragen gestrickt. 14 cm im 1/1-Rippenmuster (1 M re, 1 M li) str. Alle M locker abketten. Wenn du keinen Rollkragen, sondern lieber ein traditionelleres kurzes Halsbündchen möchtest, stricke nur 7 cm im Rippenmuster, falte die obere Kante nach innen und stricke oder nähe sie fest (genaue Anleitung beim Pullover Skjól auf Seite 72).

FERTIGSTELLUNG

Die Nähte unter den Ärmeln schließen (auf Seite 154–157 findest du eine bebilderte Anleitung zum Schließen dieser Nähte im Maschenstich mit einer Wollnadel oder zum Zusammenstricken mit einer dritten Stricknadel). Alle Fäden vernähen.

Den Pullover waschen und liegend trocknen lassen.

Genauere Anweisungen zur Fertigstellung findest du auf Seite 158.

Der Sand des berühmten Roten Strandes (Rauðisandur) in den Westfjorden hat eine ähnliche Farbe wie Plötulopi Nummer 2028.

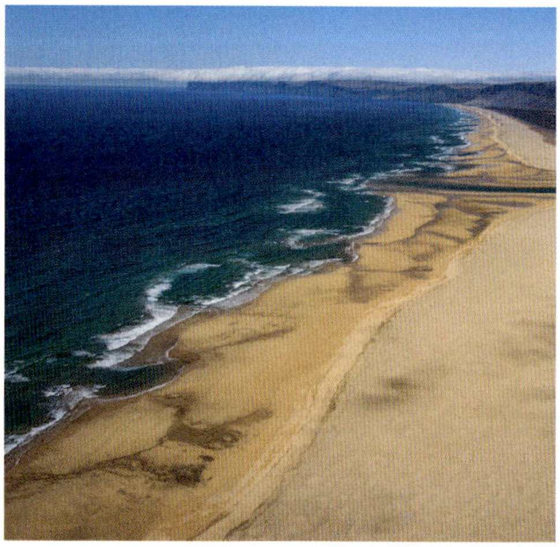

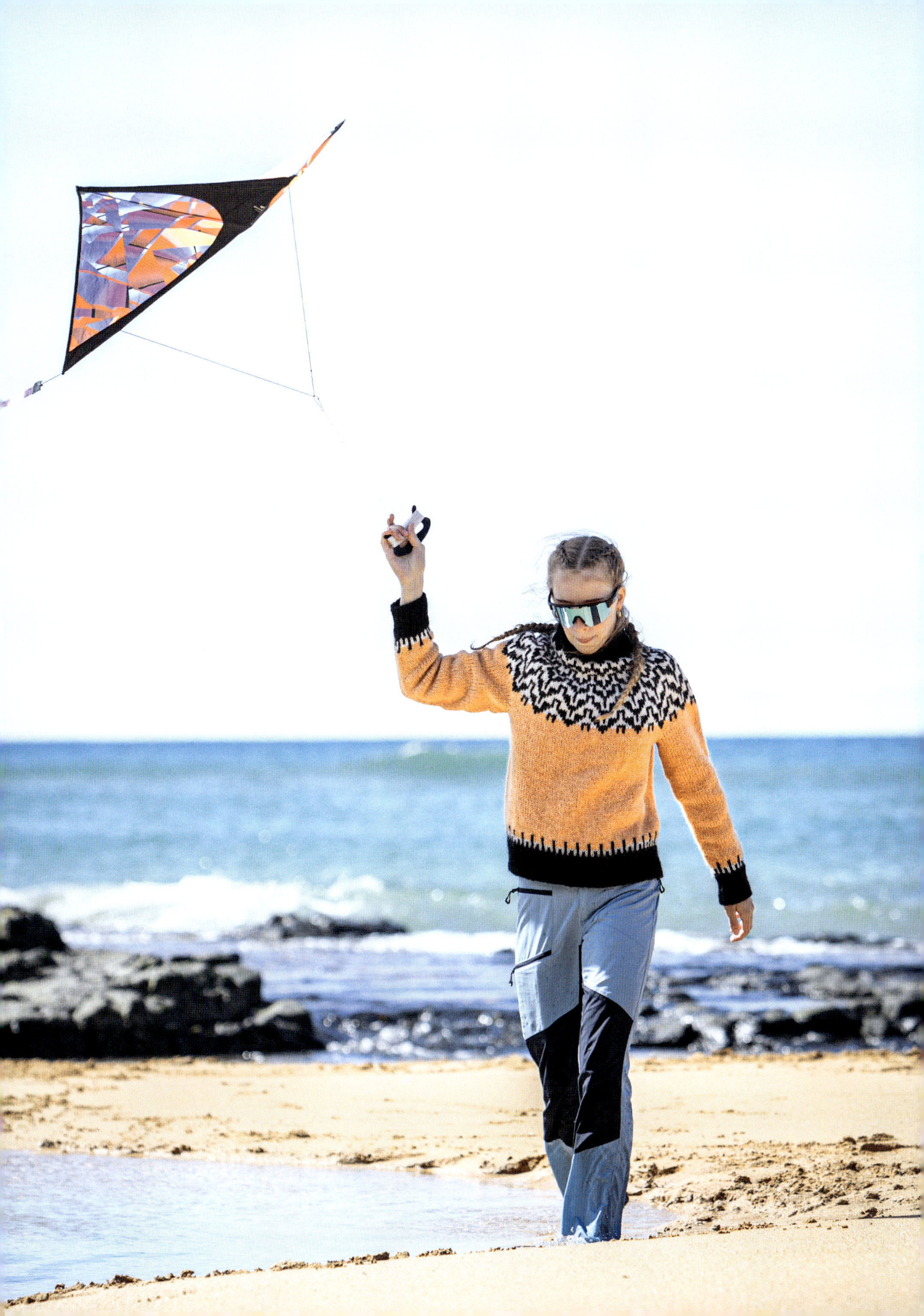

PÚKA-PEYSAN

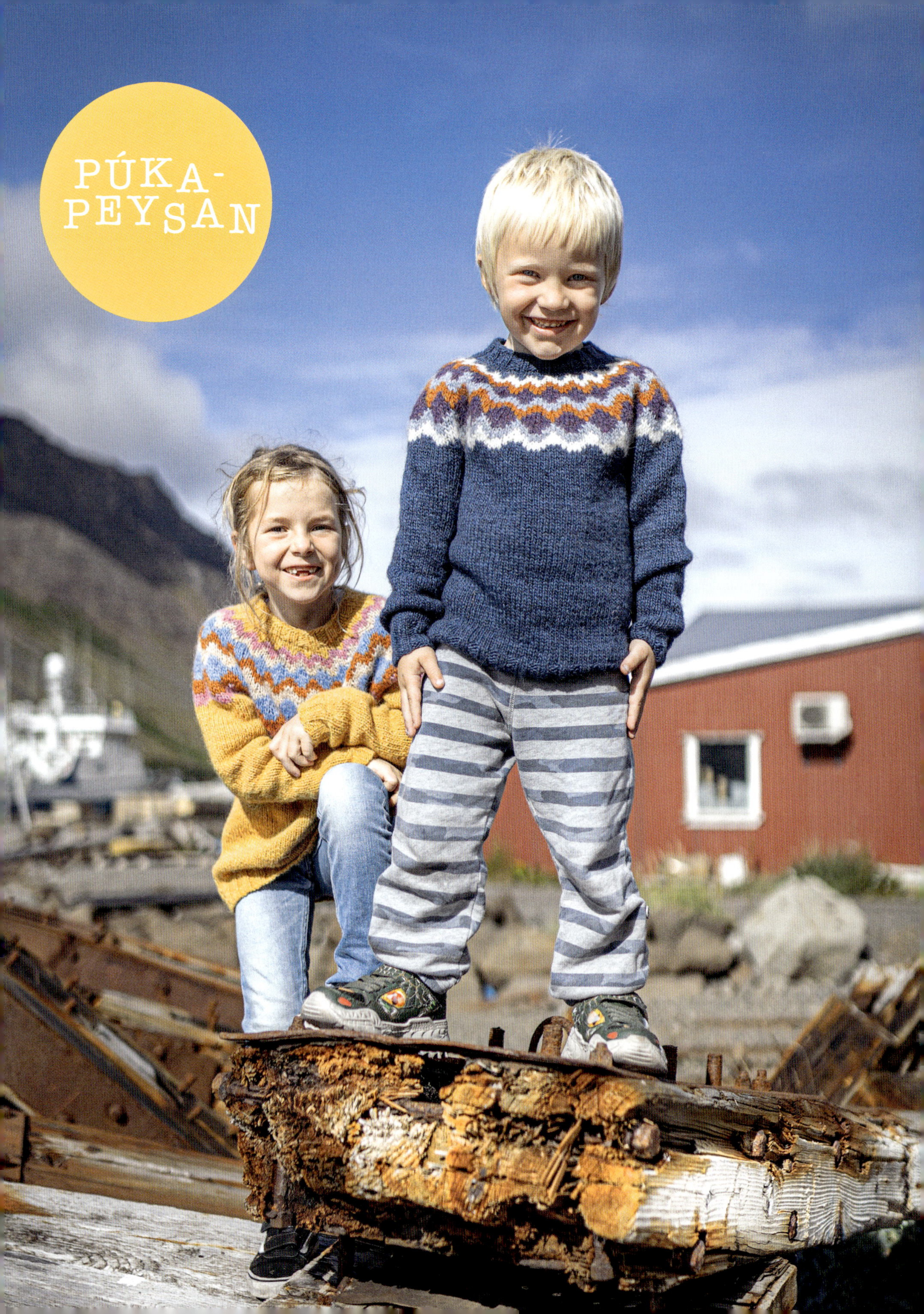

Im Isländischen gibt es kaum Dialekte, in den verschiedenen Teilen des Landes spricht man fast gleich. Da Ausnahmen die Regel bestätigen, werden in einigen Regionen und einzelnen Dörfern doch Wörter verwendet, die im Rest des Landes nicht gebräuchlich sind.

Normalerweise wird für ein Kind das Wort *barn* oder *krakki* (Gör) verwendet. In unserer Heimatgemeinde Ísafjörður ist ein anderes Wort für Kind üblich: *púki*. Also nannten wir diesen Pullover einfach Kinderpullover: Púkapeysan.

Ýmir geht in den Kindergarten und ist der Sohn von Sigga und ihrem Ehemann Viðar. In der isländischen Mythologie gilt der Riese Ýmir als erstes Lebewesen der Welt. Sæla geht in die zweite Klasse und ist das Nesthäkchen von Satu und Björgvin. Sælas Name bedeutet »euphorisches Glück«.

PÚKA-PEYSAN

Garn

Léttlopi 50 g

Farbkombination 1

- **A:** 9419 Indigo (3) 4 (5) 6 (7) Knäuel
- **B:** 0051 Weiß (1) 1 (1) 1 (1)
- **C:** 1700 Eisblau (1) 1 (1) 1 (1)
- **D:** 1414 Lila (1) 1 (1) 1 (1)
- **E:** 1704 Kupferorange (1) 1 (1) 1 (1)

Farbkombination 2

- **A:** 1703 Honigmelone (3) 4 (5) 6 (7)
- **B:** 1412 Rosa (1) 1 (1) 1 (1)
- **C:** 1704 Kupferorange (1) 1 (1) 1 (1)
- **D:** 1402 Himmelblau (1) 1 (1) 1 (1)
- **E:** 1418 Stroh (1) 1 (1) 1 (1)

Maschenprobe

10 cm x 10 cm = 18 M und 24 Rd

Nadeln

Rundstricknadeln

Nr. 3,5 (60 cm und 40 cm) und Nr. 4,5 (60 cm und 40 cm)

Nadelspiele

Nr. 3,5 und Nr. 4,5

Für Púkapeysan wird relativ wenig Garn benötigt. Wir haben ihn in zwei verschiedenen Farbkombinationen gestrickt, du kannst vor allem in der Passe alle Léttlopi-Farben deines Wollvorrats kombinieren.

MASSE DES FERTIGEN PULLOVERS IN CM

Größe (Jahre)	(2–4)	4–6	(6–8)	8–10	(10–12)
Brustumfang	69	73	76	80	86
Rumpflänge Achsel bis Bund	25	27	30	33	36
Ärmellänge Achsel bis Bündchen	26	30	34	38	42

ÄRMEL

Mit dem Bündchen beginnen. (32) 32 (32) 36 (36) M mit Farbe A und Nadelspiel Nr. 3,5 anschlagen. 4 cm im 2/1-Rippenmuster (2 M re, 2 M li) in Rd str. Zu Nadelspiel Nr. 4,5 wechseln und 1 Rd re M str, dabei (0) 2 (4) 0 (2) M zun [= (32) 34 (36) 36 (38) M].

In der nächsten Rd wie folgt zunehmen: Nach der 1. M und vor der letzten M je 1 M zun. Die Zunahmen in jeder (8.) 10. (11.) 10. (10.) Rd insg (5) 5 (5) 7 (8) Mal wdh [= (42) 44 (46) 50 (54) M].

Den Ärmel danach bis zur gewünschten Länge str.

In der letzten Rd die letzten (4) 5 (5) 5 (5) M und auch die folgenden (4) 4 (4) 4 (5) M [= (8) 9 (9) 9 (10) M] auf einem Hilfsfaden oder einer Hilfsnadel stilllegen. Danach hat der Ärmel noch (34) 35 (37) 41 (44) M.

Beiseitelegen und den zweiten Ärmel genauso str.

RUMPF

(124) 132 (136) 144 (156) M mit Farbe A und der Rundstricknadel Nr. 3,5 anschlagen. Einen MM setzen, er markiert den Rd-Übergang.

4 cm im 2/1-Rippenmuster (2 M re, 2 M li) in Rd str. Zu Rundstricknadel Nr. 4,5 wechseln. Re M str, bis der Rumpf vom Bund bis zur Achsel die gewünschte Länge hat.

In der letzten Rd die letzten (4) 5 (5) 5 (5) M und auch die folgenden (4) 4 (4) 4 (5) M [= (8) 9 (9) 9 (10) M] auf einem Hilfsfaden oder einer Hilfsnadel stilllegen. Diese M sind für ein Armloch. Erst wenn der Pullover fertig gestrickt ist, werden die Armlöcher geschlossen.

PASSE

Die Ärmel und den Rumpf wie auf Seite 152 beschrieben zusammenfügen, zwischen Rückenteil und linkem Ärmel beginnen.

Du hast zuletzt (8) 9 (9) 9 (10) M vom Rumpfteil auf einen Hilfsfaden oder eine Hilfsnadel gelegt [= 1. Achsel]. Jetzt einen Ärmel nehmen und die von diesem auf einem Hilfsfaden stillgelegten M sowie die vom Rumpfteil stillgelegten M gegeneinanderlegen. Die (34) 35 (37) 41 (44) Ärmel-M auf die Rundstricknadel des Rumpfteils str, die M auf dem Hilfsfaden bleiben stillgelegt. Die nächsten (54) 57 (59) 63 (68) M für den Rumpf str [= Vorderseite des Pullovers]. Vom Rumpfteil die nächsten (8) 9 (9) 9 (10) M auf einen Hilfsfaden oder eine Hilfsnadel heben [= 2. Achsel].

Dann die (34) 35 (37) 41 (44) M des zweiten Ärmels auf die Rundstricknadel des Rumpfteils str und danach die (54) 57 (59) 63 (68) M für das Rückenteil des Pullovers str.

Rumpf und Ärmel sind nun auf einer Nadel vereint [= (176) 184 (192) 208 (224) M]. Setze einen MM für den Rd-Übergang (zwischen Rückenteil und linkem Ärmel). Der MM wird im weiteren Verlauf immer abgehoben und mitgeführt, sodass der Rd-Beginn jederzeit sichtbar ist.

Jetzt mit dem Passenmuster gemäß Zählmuster beginnen. Dabei zur kürzeren Rundstricknadel (40 cm) Nr. 4,5 wechseln, wenn die Maschenzahl entsprechend weniger geworden ist.

Nach dem Stricken des Zählmusters liegen (66) 69 (72) 78 (84) M auf der Nadel.

ZÄHLMUSTER

Bei diesem Muster variiert der Beginn einer neuen Rd je nach Größe. Ein dicker, vertikaler Strich zeigt an, wo für die jeweilige Größe die neue Rd beginnt. Zuerst wird der Rd-Beginn gestrickt, danach wird der rot umrandete Rapport bis zum Rd-Ende wiederholt.

Die Abnahmen gemäß Zählmuster arbeiten und die daneben angegebenen, größenspezifischen Ergänzungen beachten.

ERHÖHUNG DES RÜCKENTEILS

Wenn das Passenmuster komplett gestrickt wurde, kannst du auf Wunsch noch einige verkürzte Reihen stricken.

(13) 13 (14) 16 (16) M re mit Farbe A str. Den Faden vor die Arb legen, die nächste M von der linken Nadel auf die rechte Nadel heben. Den Faden wieder hinter die Arb legen. Die M zurück von der rechten Nadel auf die linke Nadel heben.

Die Arb wenden und in der Rück-R (46) 47 (50) 55 (58) M li str.

Die nächste M umwickeln und die Arb wenden wie zuvor beschrieben. (33) 34 (36) 39 (42) M re str.

Die nächste M umwickeln und die Arb wenden wie zuvor beschrieben. (20) 21 (22) 23 (26) M li str.

Die nächste M umwickeln und die Arb wenden wie zuvor beschrieben. (20) 21 (22) 23 (26) M re str.

HALSBÜNDCHEN

Wenn das Passenmuster (und ggf. die verkürzten Reihen) fertig gestrickt sind, zu einem Nadelspiel oder einer Rundstricknadel Nr. 3,5 wechseln. Mit Farbe A 1 Rd re M str, dabei gleichmäßig verteilt (6) 5 (11) 10 (12) M abn [= (60) 64 (64) 68 (72) M].

Achtung beim Stricken von verkürzten Reihen! Bei den Wendemaschen liegt der Faden vor der M. Die Wendemasche und den umlaufenden Faden in der nächsten Runde zus-str. Dadurch wird verhindert, dass ein Loch entsteht.

---

2 cm im 2/2-Rippenmuster (2 M re, 2 M li) str. Alle M locker abketten.

FERTIGSTELLUNG

Die Nähte unter den Ärmeln schließen (auf Seite 154–157 findest du eine bebilderte Anleitung zum Schließen dieser Nähte im Maschenstich mit einer Wollnadel oder zum Zusammenstricken mit einer dritten Stricknadel). Alle Fäden vernähen.

Den Pullover waschen und liegend trocknen lassen.

Genauere Anweisungen zur Fertigstellung findest du auf Seite 158.

Isländische Schafwolle ist grob und kann zarte Kinderhaut reizen, darum sollten Kinderpullover als Outdoor-Kleidung gestrickt werden. Wähle eine ausreichende Größe, damit noch ein langärmeliger Pullover oder eine dünne Jacke darunterpasst.

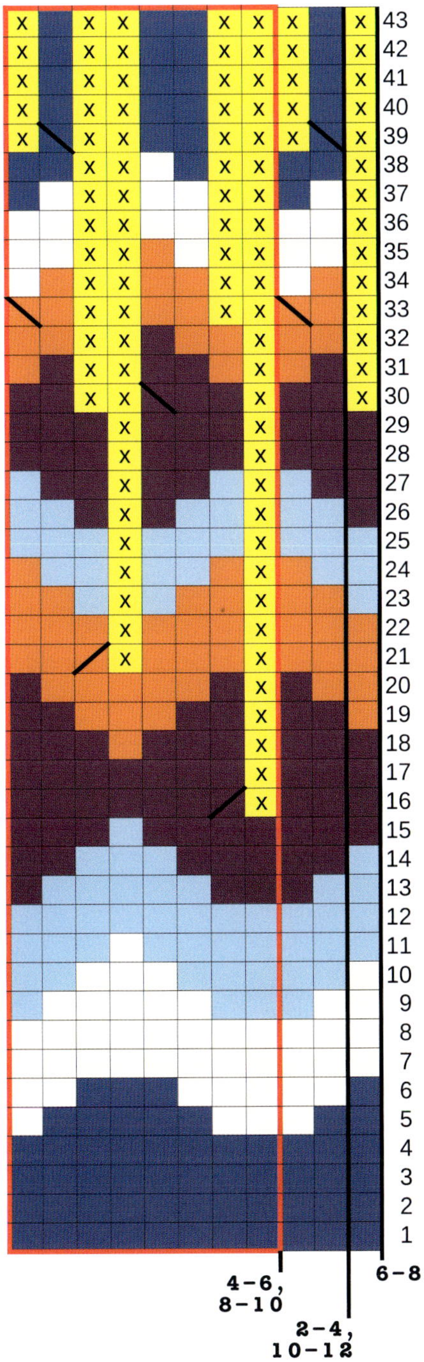

x keine M (wurde abgenommen)

/ Diese M und die M rechts daneben re zus-str.

\ Diese M und die M links daneben re abgehoben zus-str.

ERGÄNZUNGEN ZUM ZÄHLMUSTER

Rd	Anleitung
43	Für Größe (2–4) überspringen.
42	Für Größe (2–4) 4–6 (6–8) überspringen.
41	Für Größe (2–4) 4–6 (6–8) 8–10 überspringen.
40	Nach den Abnahmen der vorigen Rd liegen (66) 69 (72) 78 (84) M auf der Nadel.
34	Nach den Abnahmen der vorigen Rd liegen (88) 92 (96) 104 (112) M auf der Nadel.
31	Nach den Abnahmen der vorigen Rd liegen (110) 115 (120) 130 (140) M auf der Nadel.
29	Für Größe (2–4) 4–6 (6–8) 8–10 überspringen.
28	Für Größe (2–4) überspringen.
22	Für Größe (2–4) 4–6 überspringen.
22	Nach den Abnahmen der vorigen Rd liegen (132) 138 (144) 156 (168) M auf der Nadel.
17	Für Größe (2–4) 4–6 (6–8) 8–10 überspringen.
17	Nach den Abnahmen der vorigen Rd liegen (154) 161 (168) 182 (196) M auf der Nadel.
12	Für Größe (2–4) 4–6 überspringen.
8	Für Größe (2–4) 4–6 überspringen.
3–4	Für Größe (2–4) 4–6 (6–8) 8–10 überspringen.
2	Für Größe (2–4) 4–6 (6–8) überspringen.
1	Für Größe (2–4) überspringen.
1	Am Anfang liegen (176) 184 (192) 208 (224) M auf der Nadel.

Wenn das Muster fertig ist, liegen noch (66) 69 (72) 78 (84) M auf der Nadel.

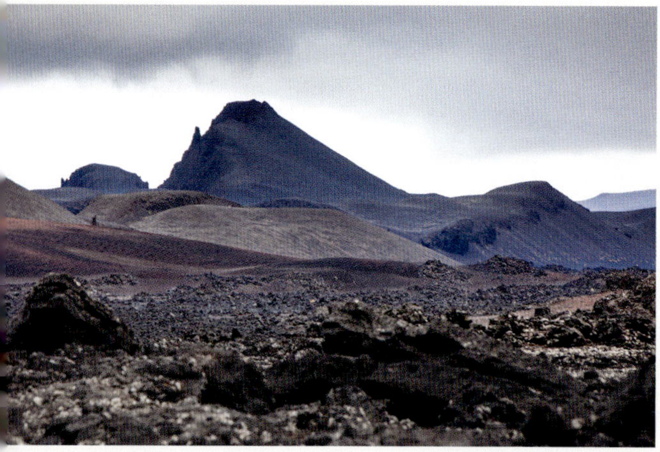

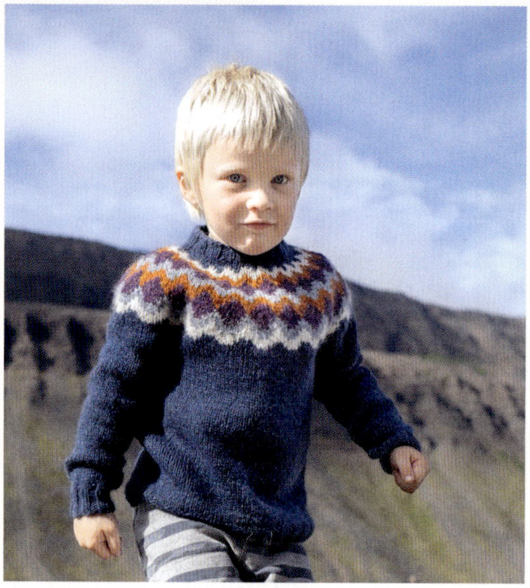

Die Farbkombination 2 (unten) von Púkapeysan erinnert an Sommerblumen.

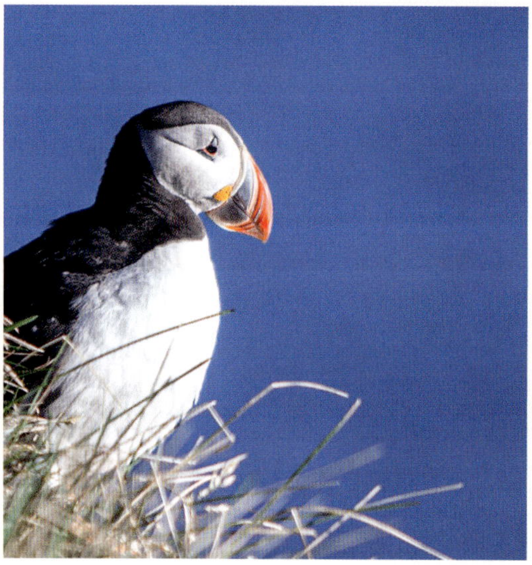

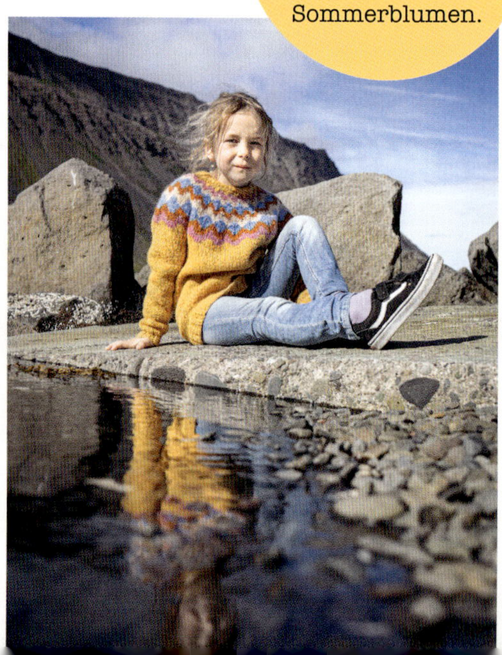

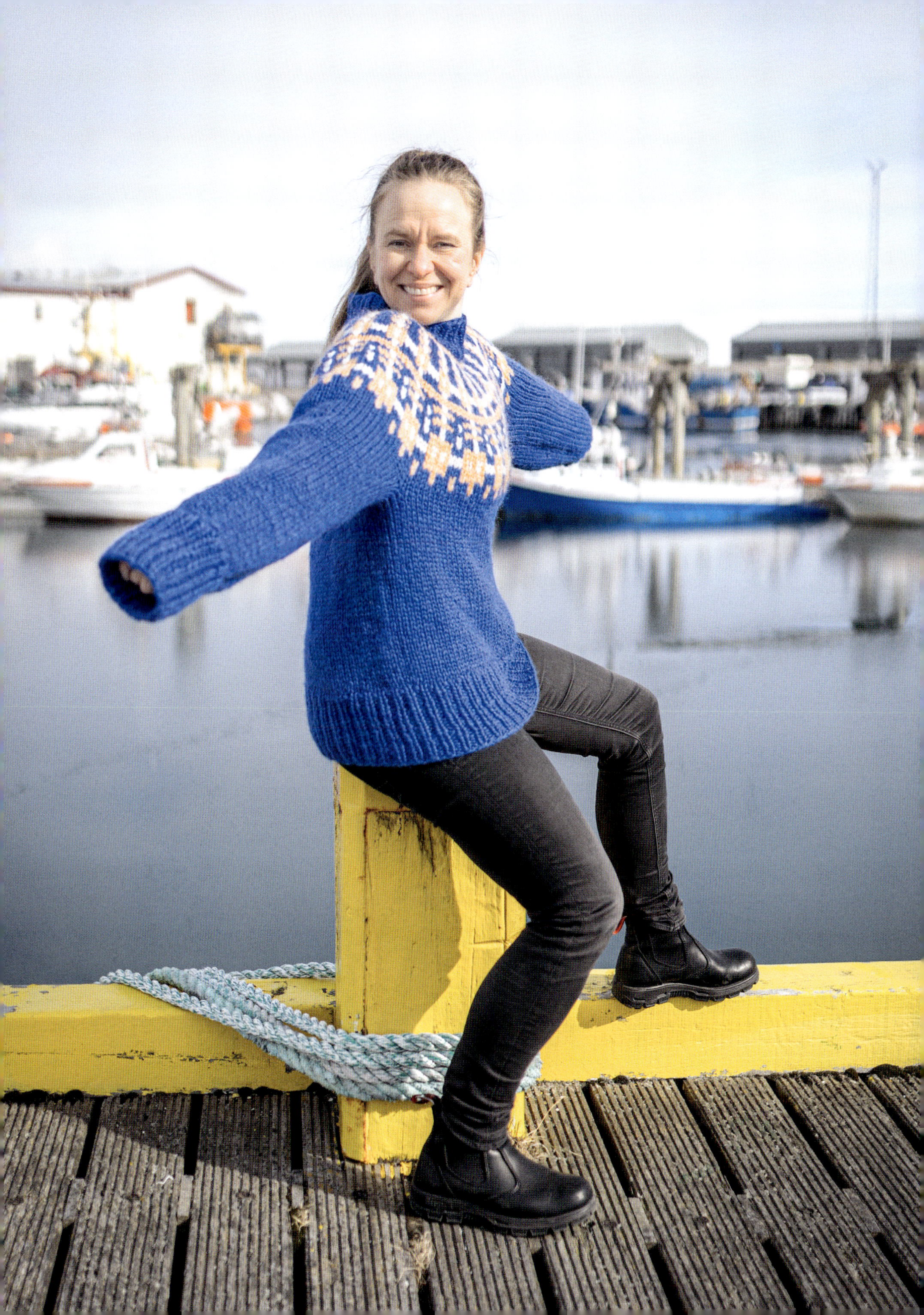

3 X

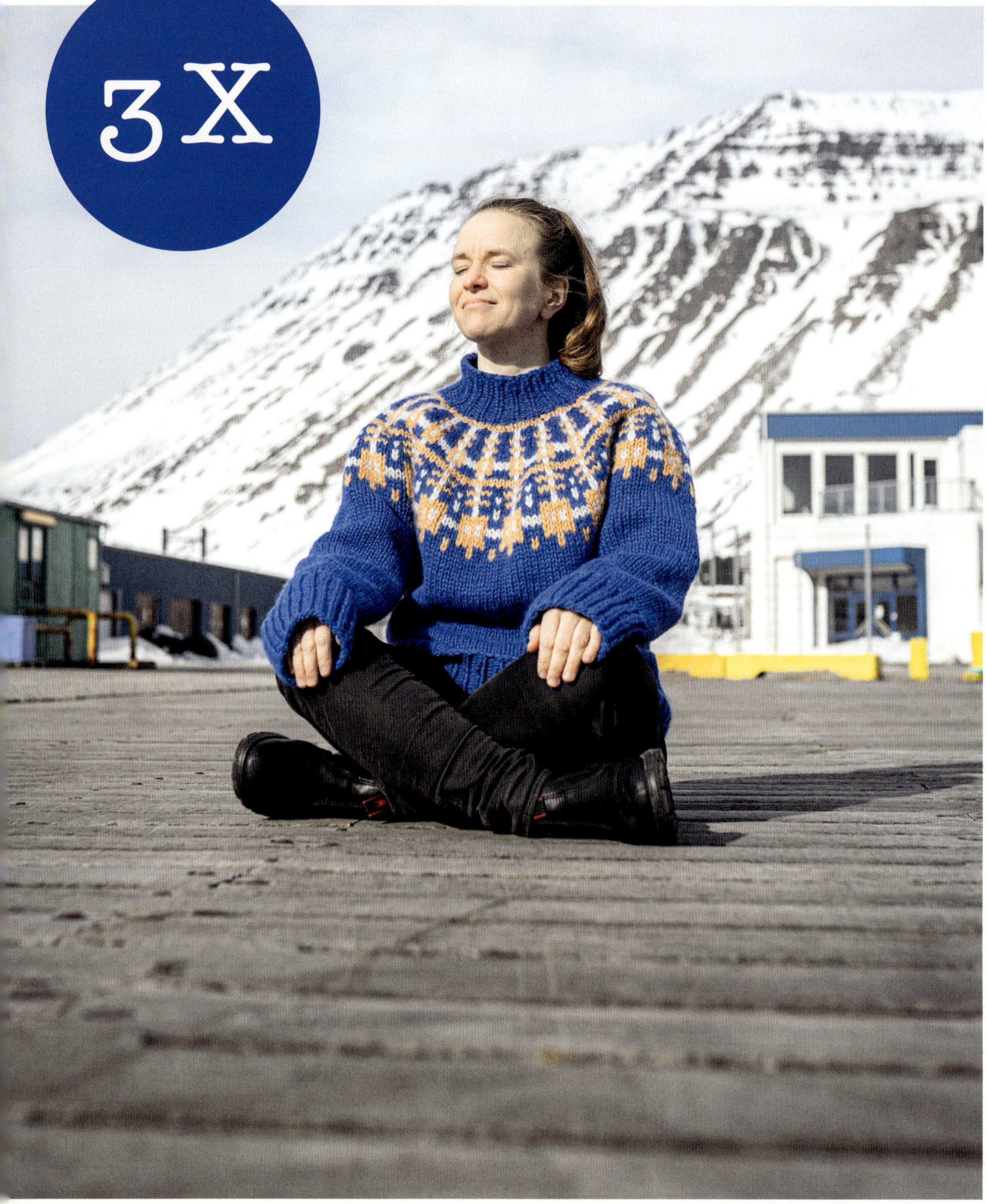

Dieser Pullover ist Satu Rämös Favorit.

Der aus dreifacher Plötulopi gestrickte Pullover ist wunderbar dick und flauschig. Der Name »3X« bezieht sich auf den dreifachen Faden, aber als wir über 3X sprachen, stellten wir fest, dass es hier noch einen anderen Bezug gibt.

Die Fischerei war schon immer ein wichtiger Wirtschaftszweig in unserem Heimatort Ísafjörður. Neben traditionellen Fischerbooten und Fischfabriken gibt es in der Region auch andere Geschäftsbetriebe, die mit Fischerei zu tun haben. Eines der ältesten Unternehmen – es wurde 1985 vom örtlichen Fischer und Erfinder Ingólfur Árnason gegründet – heißt tatsächlich 3X. Heute verkauft das Unternehmen seine Produkte an die Fischerei- und Lebensmittelindustrie auf der ganzen Welt.

Unser 3X ist blau wie das Meer, und das Muster erinnert an einen Abendhimmel vor einem Sturm. Gleichzeitig ist es eine Hommage an die isländischen Fischer*innen.

3X

3X ist schnell gestrickt. Arbeite locker und gleichmäßig.

Garn

Plötulopi 100 g

- **A:** 9448 Königsblau (5) 6 (7) 7 (8) Platten
- **B:** 2028 Hellorange (1) 1 (1) 1 (1)
- **C:** 0001 Naturweiß (1) 1 (1) 1 (1)

Der Pullover wird mit dreifacher Plötulopi gestrickt. Um drei Fäden zu bekommen, kannst du aus einer Platte drei Knäuel wickeln. In der Hauptfarbe kannst du die Fäden von drei Platten gleichzeitig verwenden.

Maschenprobe

10 cm x 10 cm = 11 M und 16 Rd

Nadeln

Rundstricknadeln

Nr. 6 (80 cm) und Nr. 7 (60 cm und 80 cm)

Nadelspiele

Nr. 6 und Nr. 7

Beim Stricken von großen Größen nach Bedarf eine 100 cm lange Rundstricknadel verwenden (Nr. 7).

In dieser Anleitung wird das hohe Halsbündchen mit dem Nadelspiel gestrickt. Alternativ kannst du auch eine 40 cm lange Rundstricknadel (Nr. 6) verwenden.

MASSE DES FERTIGEN PULLOVERS IN CM

Größe	**(S)**	**M**	**(L)**	**XL**	**(XXL)**
Brustumfang	96	106	116	126	136
Damen					
Rumpflänge Achsel bis Bund	34	36	38	40	42
Ärmellänge Achsel bis Bündchen	43	44	45	46	47

ÄRMEL

Mit dem Bündchen beginnen. (32) 34 (36) 38 (38) M dreifädig mit Farbe A und Nadelspiel Nr. 6 anschlagen. 12 cm im 1/1-Rippenmuster (1 M re, 1 M li) in Rd str. Zu Nadelspiel Nr. 7 wechseln und 1 Rd re M str, dabei (4) 4 (6) 6 (6) M zun [= (36) 38 (42) 44 (44) M]. Glatt rechts fortf. Für die Ärmelzunahmen nach der 1. M und vor der letzten M je 1 M zun, und zwar je nach Größe an unterschiedlichen Stellen:

Für die Größen S, M, L und XL bei 20 cm und 32 cm ab Bündchen gemessen;

Für die Größe XXL bei 18 cm, 28 cm und 32 cm lang ab Bündchen gemessen [= (40) 42 (46) 48 (50) M].

Den Ärmel danach bis zur gewünschten Länge str.

In der letzten Rd die letzten (4) 4 (5) 5 (5) M und auch die folgenden (4) 4 (4) 5 (5) M [= (8) 8 (9) 10 (10) M] auf einem Hilfsfaden oder einer Hilfsnadel stilllegen. Danach hat der Ärmel noch (32) 34 (37) 38 (40) M.

Beiseitelegen und den zweiten Ärmel genauso str.

RUMPF

(96) 104 (116) 124 (134) M dreifädig mit Farbe A und der Rundstricknadel Nr. 6 anschlagen. Einen MM setzen.

12 cm im 1/1-Rippenmuster (1 M re, 1 M li) in Rd str. Zu Rundstricknadel Nr. 7 wechseln.

1 Rd re M str, dabei gleichmäßig verteilt (10) 12 (12) 14 (14) M zun [= (106) 116 (128) 138 (148) M].

Re M str, bis der Rumpf vom Bund bis zur Achsel die gewünschte Länge hat.

In der letzten Rd die letzten (4) 4 (5) 5 (5) M und auch die folgenden (4) 4 (4) 5 (5) M [= (8) 8 (9) 10 (10) M] auf einem Hilfsfaden oder einer Hilfsnadel stilllegen. Diese M sind für ein Armloch. Erst wenn der Pullover fertig gestrickt ist, werden die Armlöcher geschlossen.

PASSE

Die Ärmel und den Rumpf wie auf Seite 152 beschrieben zusammenfügen, zwischen Rückenteil und linkem Ärmel beginnen.

Du hast zuletzt (8) 8 (9) 10 (10) M vom Rumpfteil auf einen Hilfsfaden oder eine Hilfsnadel gelegt [= 1. Achsel]. Jetzt einen Ärmel nehmen und die von diesem auf einem Hilfsfaden stillgelegten M sowie die vom Rumpfteil stillgelegten M gegeneinanderlegen. Die (32) 34 (37) 38 (40) Ärmel-M auf die Rundstricknadel des Rumpfteils str, die M auf dem Hilfsfaden bleiben stillgelegt.

Die nächsten (45) 50 (55) 59 (64) M für den Rumpf str [= Vorderseite des Pullovers]. Vom Rumpfteil die nächsten (8) 8 (9) 10 (10) M auf einen Hilfsfaden oder eine Hilfsnadel heben [= 2. Achsel].

Dann die (32) 34 (37) 38 (40) M des zweiten Ärmels auf die Rundstricknadel des Rumpfteils str und danach die (45) 50 (55) 59 (64) M für das Rückenteil des Pullovers str, dabei verteilt (2) 0 (0) 2 (0) M abn [= (152) 168 (184) 192 (208) M].

Rumpf und Ärmel sind nun auf einer Nadel vereint. Setze einen MM für den Rd-Übergang (zwischen Rückenteil und linkem Ärmel). Der MM wird im weiteren Verlauf immer abgehoben und mitgeführt, sodass der Rd-Beginn jederzeit sichtbar ist.

Jetzt mit dem Passenmuster gemäß Zählmuster beginnen. Zur kürzeren Rundstricknadel (60 cm) Nr. 7 wechseln, wenn die Maschenzahl entsprechend weniger geworden ist.

Nach dem Stricken des Zählmusters liegen (57) 63 (69) 72 (78) M auf der Nadel.

ERHÖHUNG DES RÜCKENTEILS

Wenn das Passenmuster komplett gestrickt wurde, kannst du auf Wunsch noch einige verkürzte Reihen stricken.

1 Rd re mit Farbe A str.

(12) 13 (14) 14 (15) M re str.

Den Faden vor die Arb legen, die nächste M von der linken Nadel auf die rechte Nadel heben. Den Faden wieder hinter die Arb legen. Die M zurück von der rechten Nadel auf die linke Nadel heben.

Die Arb wenden und in der Rück-R (41) 45 (48) 50 (54) M li str.

Die nächste M umwickeln und die Arb wenden wie zuvor beschrieben. (29) 32 (34) 36 (39) M re str.

Die nächste M umwickeln und die Arb wenden wie zuvor beschrieben. (17) 19 (20) 22 (24) M li str.

Die nächste M umwickeln und die Arb wenden wie zuvor beschrieben. (17) 19 (20) 22 (24) M re str.

HALSBÜNDCHEN

Wenn das Passenmuster (und ggf. die verkürzten Reihen) fertig gestrickt sind, zu einem Nadelspiel oder einer Rundstricknadel (40 cm) Nr. 6 wechseln. Mit Farbe A 1 Rd re M str, dabei gleichmäßig verteilt (11) 15 (21) 22 (28) M abn [= (46) 48 (48) 50 (50) M].

Achtung beim Stricken von verkürzten Reihen! Bei den Wendemaschen liegt der Faden vor der M. Die Wendemasche und den umlaufenden Faden in der nächsten Runde zus-str. Dadurch wird verhindert, dass ein Loch entsteht.

ZÄHLMUSTER

Bei diesem Muster variiert der Beginn einer neuen Rd je nach Größe. Ein dicker, vertikaler Strich zeigt an, wo für die jeweilige Größe die neue Rd beginnt. Zuerst wird der Rd-Beginn gestrickt, danach wird der rot umrandete Rapport bis zum Rd-Ende wiederholt.

Die Abnahmen gemäß Zählmuster arbeiten und die daneben angegebenen, größenspezifischen Ergänzungen beachten.

---

7 cm im 1/1-Rippenmuster (1 M re, 1 M li) str. Alle M locker abketten.

FERTIGSTELLUNG

Die Nähte unter den Ärmeln schließen (auf Seite 154–157 findest du eine bebilderte Anleitung zum Schließen dieser Nähte im Maschenstich mit einer Wollnadel oder zum Zusammenstricken mit einer dritten Stricknadel). Alle Fäden vernähen.

Den Pullover waschen und liegend trocknen lassen.

Genauere Anweisungen zur Fertigstellung findest du auf Seite 158.

Ein leuchtend blauer Lopapeysa! Na, warum nicht? Diese Farbkombination hat definitiv das gewisse Etwas.

Denke daran, auch die Musterfarben mit dreifachem Faden zu stricken!

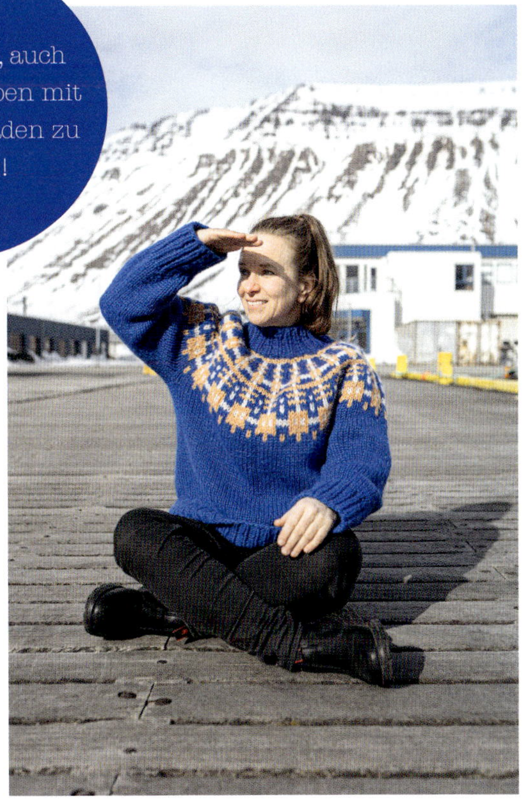

- x keine M (wurde abgenommen)
- / Diese M und die M rechts daneben re zus-str.
- \ Diese M und die M links daneben re abgehoben zus-str.

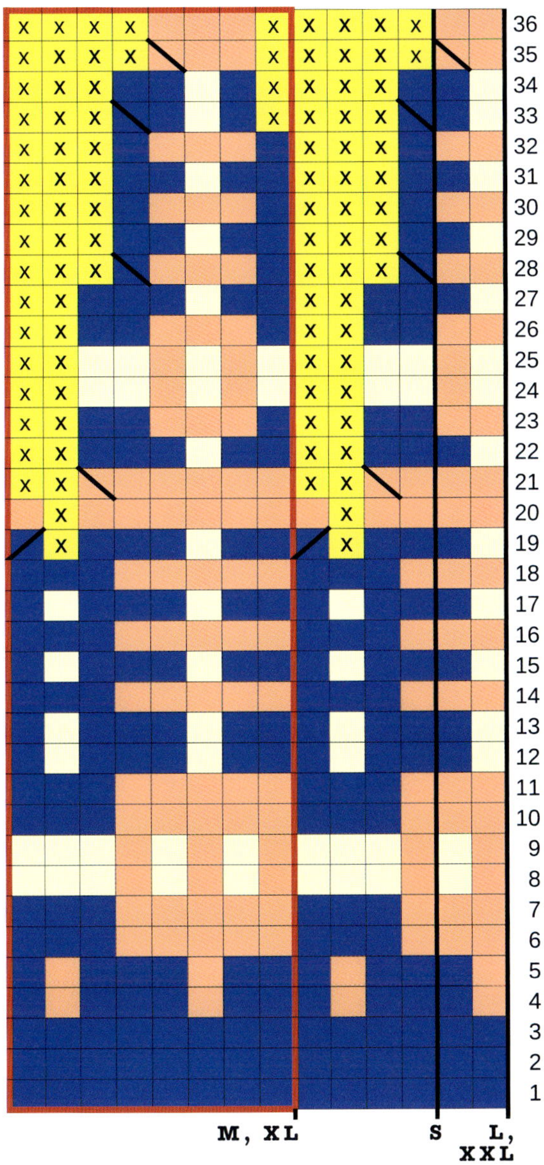

ERGÄNZUNGEN ZUM ZÄHLMUSTER

Rd	Anleitung
36	Nach den Abnahmen der vorigen Rd liegen (57) 63 (69) 72 (78) M auf der Nadel.
34	Nach den Abnahmen der vorigen Rd liegen (76) 84 (92) 96 (104) M auf der Nadel.
29–30	Für Größe S, M und L überspringen.
29	Nach den Abnahmen der vorigen Rd liegen (95) 105 (115) 120 (130) M auf der Nadel.
22	Nach den Abnahmen der vorigen Rd liegen (114) 126 (138) 144 (156) M auf der Nadel.
20	Nach den Abnahmen der vorigen Rd liegen (133) 147 (161) 168 (182) M auf der Nadel.
14–15	Für Größe S und M überspringen.
3	Für Größe S, M, L und XL überspringen.
1–2	Für Größe S überspringen.
1	Am Anfang liegen (152) 168 (184) 192 (208) M auf der Nadel.

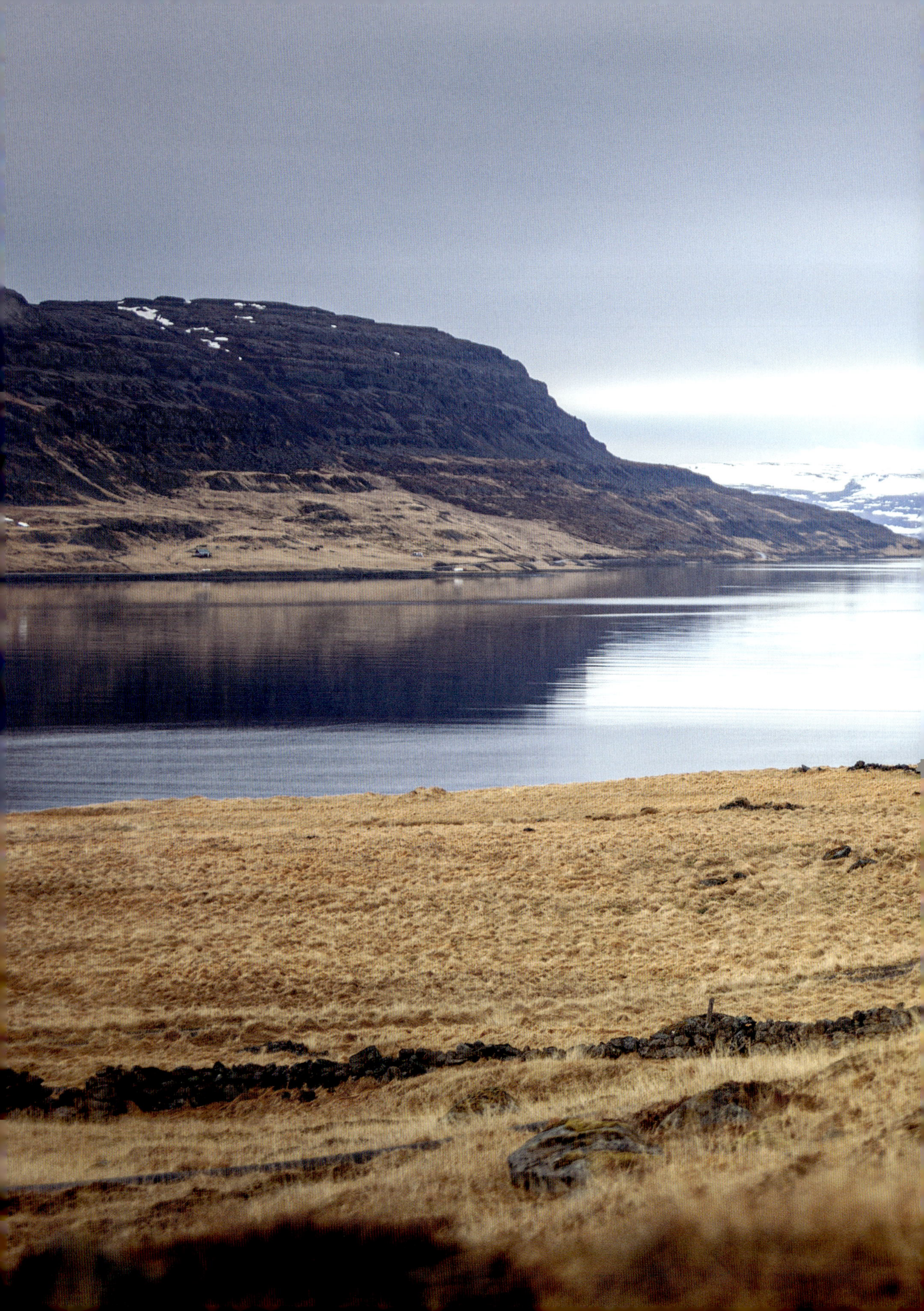

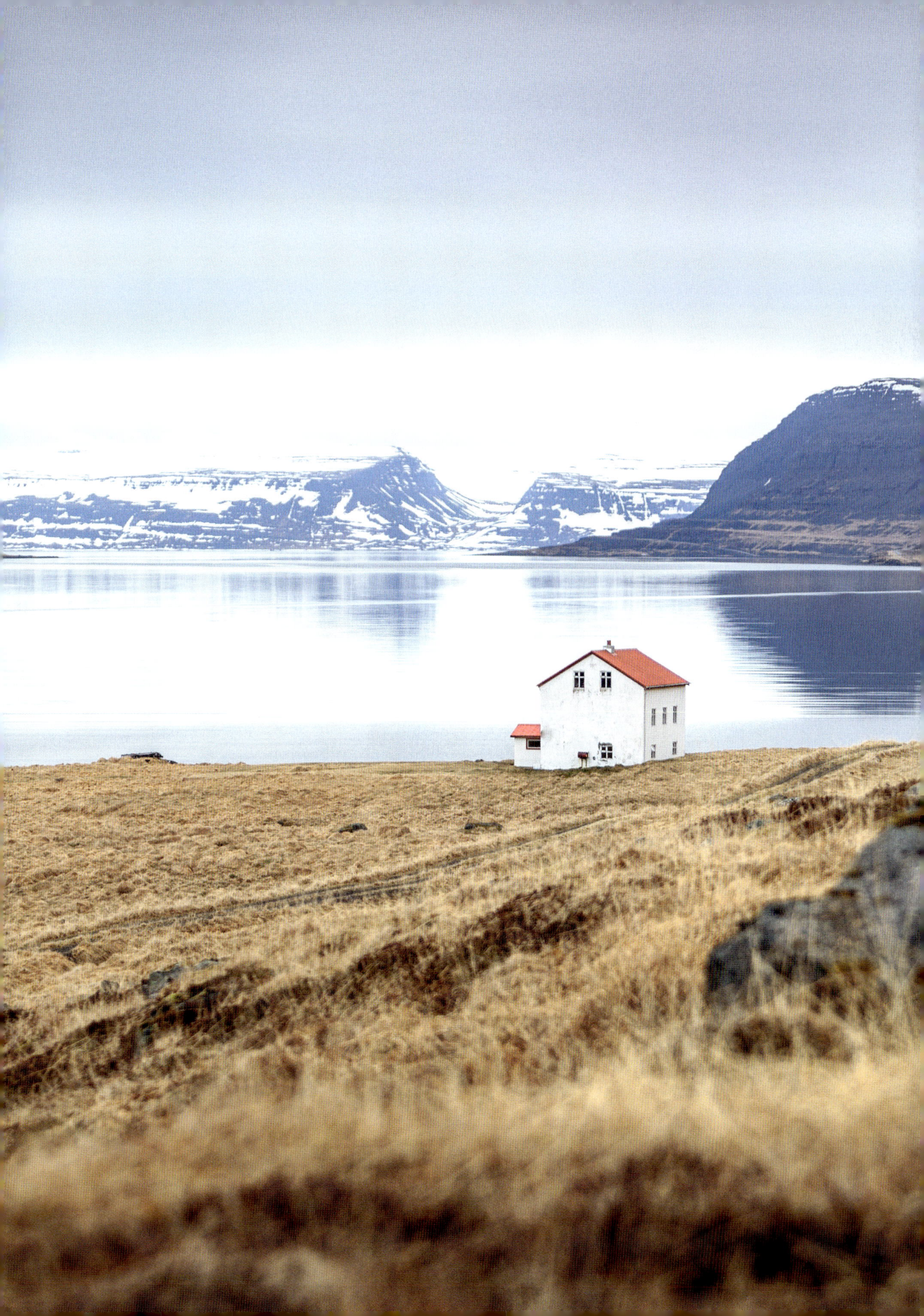

Das Muster auf dem Salt-Pullover ist so schön und klar wie ein Salzkristall. Seit Jahrhunderten wird – bis heute – auf Island Meersalz hergestellt. Die beiden Werke liegen im Nordwesten Islands.

Zunächst wird das Meerwasser gefiltert, dann wird es unter Nutzung heißer Quellen erhitzt, sodass das Wasser verdampft. Sobald die Salzkristalle, die sich an der Oberfläche der Salzlösung bilden, schwer genug sind, setzen sie sich auf dem Boden ab. Anschließend wird das Salz von Hand gesammelt. Meerwasser enthält etwas Gips (aus Calciumsulfat), der beim Erhitzen zu Pulver wird. Man möchte aber kein helles Gipspulver im Salz haben. Das manuelle Sammeln von Salz aus den Pfannen ist mühsam, dafür wird man mit sehr sauberem und schmackhaftem Salz belohnt. Nachdem das Salz getrennt wurde, wird es getrocknet und verpackt und an Restaurants und Feinkostläden auf der ganzen Welt verschickt.

In Island ist die Herstellung von Fingersalz (Meersalzflocken) ein echtes Handwerk wie das Stricken. Geschwindigkeit führt hier zu nichts, es braucht Ausdauer und Gelassenheit. Es dauert etwa eine Woche, um gebrauchsfertiges Fingersalz aus dem Meer zu gewinnen. Wie lange brauchst du, um einen Pullover zu stricken?

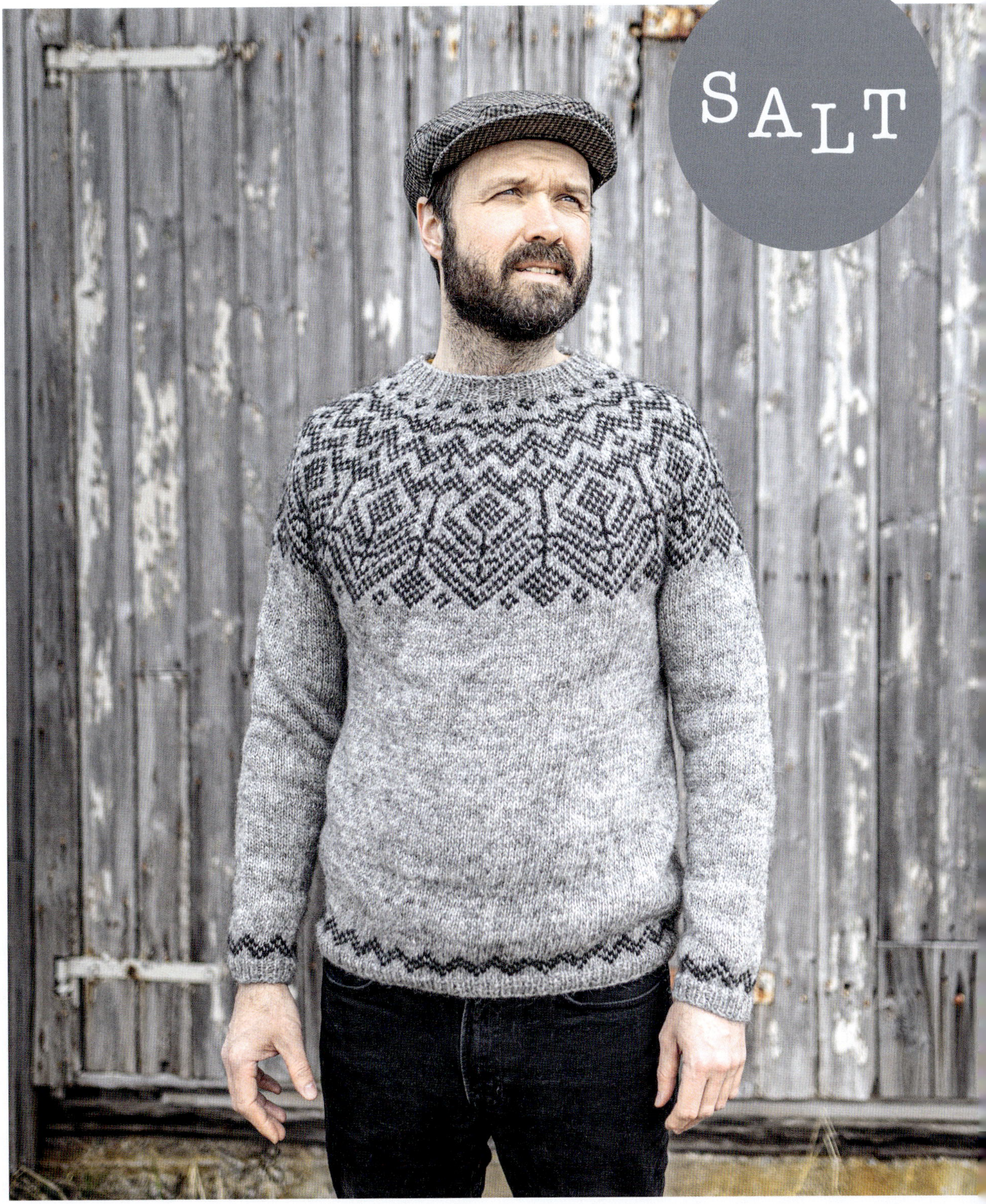

Óskar Örn Hálfdánarson lebt in Ísafjörður und arbeitet in der familieneigenen Molkerei Arna.

SALT

Garn

Léttlopi 50 g

Farbkombination 1

- **A:** 0056 Hellgrau (8) 9 (10) 11 (12) Knäuel
- **B:** 0005 Naturschwarz (1) 2 (2) 2 (2)

Farbkombination 2

- **A:** 0052 Schafschwarz/Dunkelbraun (8) 9 (10) 11 (12)
- **B:** 9427 Bronze (1) 2 (2) 2 (2)

Maschenprobe

10 cm x 10 cm = 18 M und 24 Rd

Nadeln

Rundstricknadeln

Nr. 3,5 (80 cm) und Nr. 4,5 (60 cm und 80 cm)

Nadelspiele

Nr. 3,5 und Nr. 4,5

Beim Stricken von großen Größen nach Bedarf eine 100 cm lange Rundstricknadel verwenden (Nr. 4,5).

In dieser Anleitung wird das Halsbündchen mit dem Nadelspiel gestrickt. Alternativ kannst du auch eine 40 cm lange Rundstricknadel (Nr. 3,5) verwenden.

MASSE DES FERTIGEN PULLOVERS IN CM

Größe	**(S)**	**M**	**(L)**	**XL**	**(XXL)**
Brustumfang	88	98	108	118	128
Damen					
Rumpflänge Achsel bis Bund	36	38	40	42	44
Ärmellänge Achsel bis Bündchen	45	46	47	48	49
Herren					
Rumpflänge Achsel bis Bund	39	41	43	45	47
Ärmellänge Achsel bis Bündchen	49	50	51	52	53

ÄRMEL

Mit dem Bündchen beginnen. (36) 42 (42) 48 (48) M mit Farbe A und Nadelspiel Nr. 3,5 anschlagen. 2,5 cm im 1/1-Rippenmuster (1 M re, 1 M li) in Rd str. Zu Nadelspiel Nr. 4,5 wechseln. Gemäß Zählmuster A (siehe rechts) str. Wenn das Zählmuster fertig gestrickt ist, 1 Rd in Farbe A str, dabei (2) 0 (2) 0 (0) M zun [= (38) 42 (44) 48 (48) M]. Noch 3 Rd str.

In der nächsten Rd wie folgt zunehmen: Nach der 1. M und vor der letzten M je 1 M zun. Die Zunahmen in jeder (10.) 9. (8.) 7. (6.) Rd insg (9) 10 (12) 13 (15) Mal wdh [= (56) 62 (68) 74 (78) M].

Wenn du längere Ärmel strickst (z. B. für einen Herrenpullover), arbeite die Zunahmen in etwas größeren Abständen: in jeder (11.) 10. (8.) 8. (7.) Rd.

Den Ärmel danach bis zur gewünschten Länge str.

In der letzten Rd die letzten (6) 7 (8) 9 (9) M und auch die folgenden (7) 7 (8) 8 (9) M [= (13) 14 (16) 17 (18) M] auf einem Hilfsfaden oder einer Hilfsnadel stilllegen. Danach hat der Ärmel noch (43) 48 (52) 57 (60) M.

Beiseitelegen und den zweiten Ärmel genauso str.

RUMPF

(156) 174 (192) 210 (228) M mit Farbe A und der Rundstricknadel Nr. 3,5 anschlagen. Einen MM setzen, er markiert den Rd-Übergang.

2,5 cm im 1/1-Rippenmuster (1 M re, 1 M li) in Rd str. Zu Rundstricknadel Nr. 4,5 wechseln und 1 Rd re M str. Gemäß Zählmuster A str.

ZÄHLMUSTER

Zählmuster A wird direkt über Ärmelbündchen und Bund gestrickt. Der Mustersatz (Rapport) besteht aus 6 M und 6 Rd.

ZÄHLMUSTER A FÜR ÄRMELBÜNDCHEN UND BUND

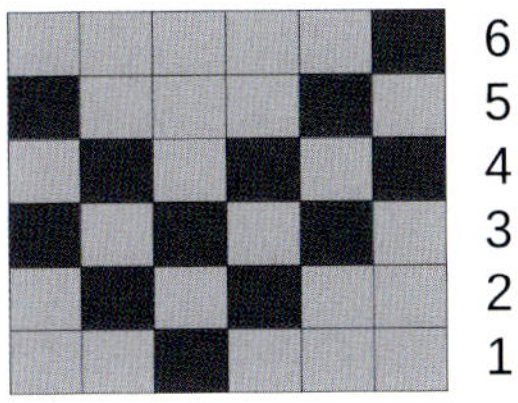

Beim Stricken des Musters die Hauptfarbe näher am Strickstück und die Musterfarbe weiter entfernt halten. So kommt das Muster schöner zur Geltung.

Nach dem Zählmuster gerade mit der Grundfarbe str, bis der Rumpf vom Bund bis zur Achsel die gewünschte Länge hat.

In der letzten Rd die letzten (6) 7 (8) 9 (9) M und auch die folgenden (7) 7 (8) 8 (9) M [= (13) 14 (16) 17 (18) M] stilllegen. Diese M sind für ein Armloch. Erst wenn der Pullover fertig gestrickt ist, werden die Armlöcher geschlossen.

PASSE

Die Ärmel und den Rumpf wie auf Seite 152 beschrieben zusammenfügen, zwischen Rückenteil und linkem Ärmel beginnen.

Du hast zuletzt (13) 14 (16) 17 (18) M vom Rumpfteil auf einen Hilfsfaden oder eine Hilfsnadel gelegt [= 1. Achsel]. Jetzt einen Ärmel nehmen und die von diesem auf einem Hilfsfaden stillgelegten M sowie die vom Rumpfteil stillgelegten M gegeneinanderlegen.

Die (43) 48 (52) 57 (60) Ärmel-M auf die Rundstricknadel des Rumpfteils str, die M auf dem Hilfsfaden bleiben stillgelegt.

Die nächsten (65) 73 (80) 88 (96) M für den Rumpf str [= Vorderseite des Pullovers].

Vom Rumpfteil die nächsten (13) 14 (16) 17 (18) M stilllegen [= 2. Achsel].

Dann die (43) 48 (52) 57 (60) M des zweiten Ärmels auf die Rundstricknadel des Rumpfteils str und danach die (65) 73 (80) 88 (96) M für das Rückenteil des Pullovers str, dabei (0) 2 (0) 2 (0) M abn [= (216) 240 (264) 288 (312) M].

Rumpf und Ärmel sind nun auf einer Nadel vereint. Setze einen MM für den Rd-Übergang (zwischen Rückenteil und linkem Ärmel). Der MM wird im weiteren Verlauf immer abgehoben und mitgeführt, sodass der Rd-Beginn jederzeit sichtbar ist.

Jetzt mit der Passe gemäß Zählmuster B beginnen und die Abnahmen arbeiten, dabei die unten angegebenen, größenspezifischen Ergänzungen beachten.

Zur kürzeren Rundstricknadel (60 cm) Nr. 4,5 wechseln, wenn die Maschenzahl entsprechend weniger geworden ist.

Nach dem Stricken des Zählmusters liegen (72) 80 (88) 96 (104) M auf der Nadel.

ZÄHLMUSTER

Zählmuster B ist das Muster für die Passe, davon gibt es zwei: eins für die Größen S und M (rechte Seite) und eins für die Größen L, XL und XXL (Seite 126).

Beim Stricken stets die Hauptfarbe näher am Strickstück und die Musterfarbe weiter vom Strickstück entfernt halten.

Achtung! Bei Zählmuster B variiert der Beginn einer neuen Rd je nach Größe. Ein dicker, vertikaler Strich zeigt an, wo für die jeweilige Größe die neue Rd beginnt. Zuerst wird der Rd-Beginn gestrickt, danach wird der rot umrandete Rapport bis zum Rd-Ende wiederholt.

ERGÄNZUNGEN ZUM ZÄHLMUSTER

GRÖSSE (S) M

Rd	Anleitung
47	Für Größe S überspringen.
47	Nach den Abnahmen der vorigen Rd liegen (72) 80 M auf der Nadel.
45	Nach den Abnahmen der vorigen Rd liegen (90) 100 M auf der Nadel.
44	**Für Größe S** erfolgt die Abnahme bei der letzten M in der Rd. Die 1. M der 44. Rd (markiert mit einem gelben X) in der Hauptfarbe str und am Ende der 44. Rd die letzte M mit der 1. M der 45. Rd zus-str. Wenn der Rd-Übergang mit einem MM markiert ist, entferne ihn vor der Abnahme, führe die Abnahme aus und setze den MM dann wieder.
43	Für Größe S überspringen.
38	Nach den Abnahmen der vorigen Rd liegen (108) 120 M auf der Nadel.
36	Nach den Abnahmen der vorigen Rd liegen (126) 140 M auf der Nadel.
35	Nach den Abnahmen der vorigen Rd liegen (144) 160 M auf der Nadel.
31	Nach den Abnahmen der vorigen Rd liegen (162) 180 M auf der Nadel.
24	Nach den Abnahmen der vorigen Rd liegen (180) 200 M auf der Nadel.
23	**Für Größe S** erfolgt die Abnahme bei der ersten M in der Rd. Die letzte M der 22. Rd nicht str. Die 1. M der 23. Rd und die letzte M der 22. Rd zus-str. Wenn der Rd-Übergang mit einem MM markiert ist, setze ihn vor dem Zusammenstricken der 2 M auf die rechte Nadel.
20	Nach den Abnahmen der vorigen Rd liegen (198) 220 M auf der Nadel.
1	Am Anfang liegen (216) 240 M auf der Nadel.

ZÄHLMUSTER B FÜR DIE PASSE, NUR GRÖSSE S UND M

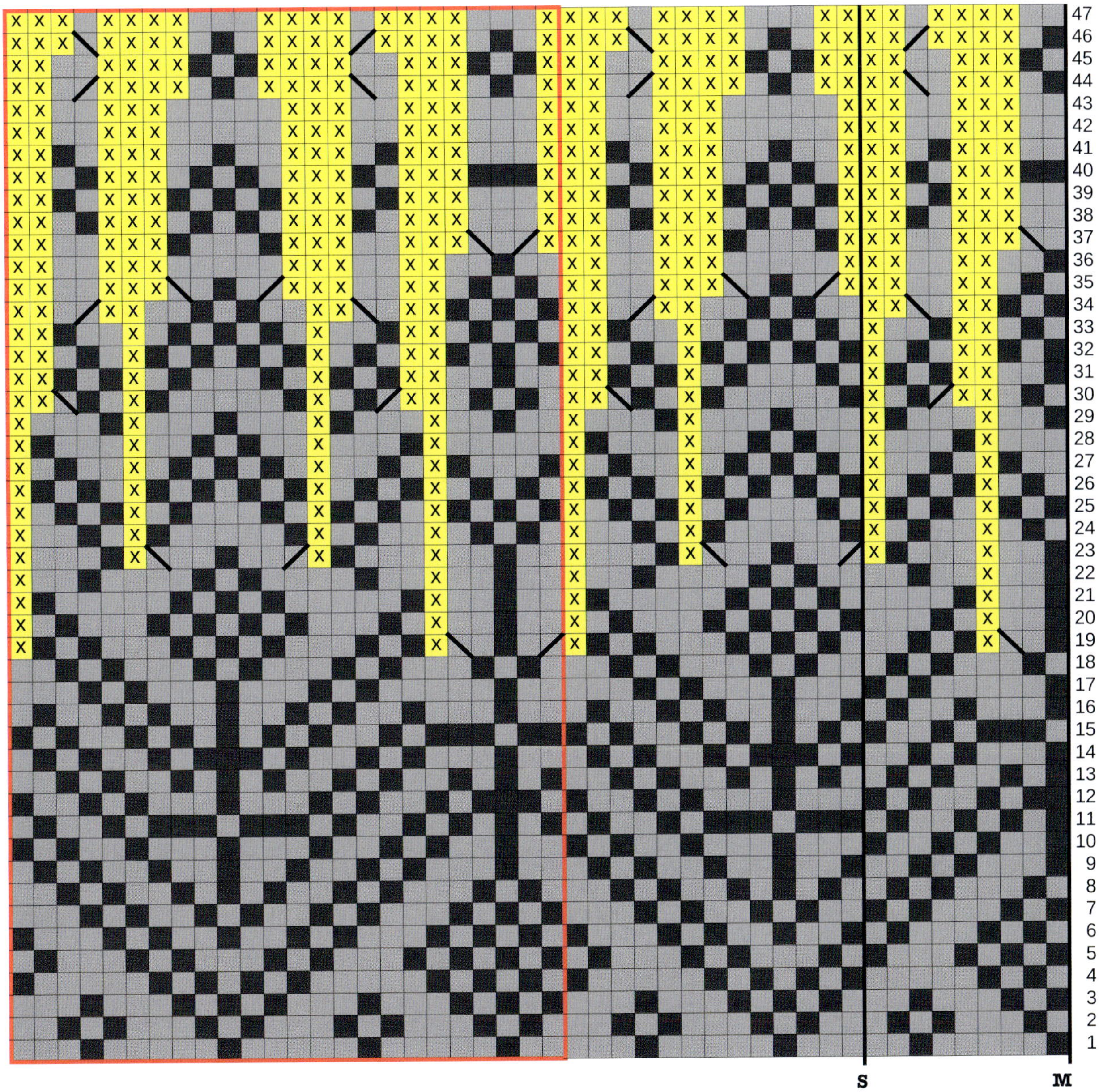

x keine M (wurde abgenommen)

/ Diese M und die M rechts daneben re zus-str.

\ Diese M und die M links daneben re abgehoben zus-str.

ZÄHLMUSTER B FÜR DIE PASSE, NUR GRÖSSE L, XL UND XXL

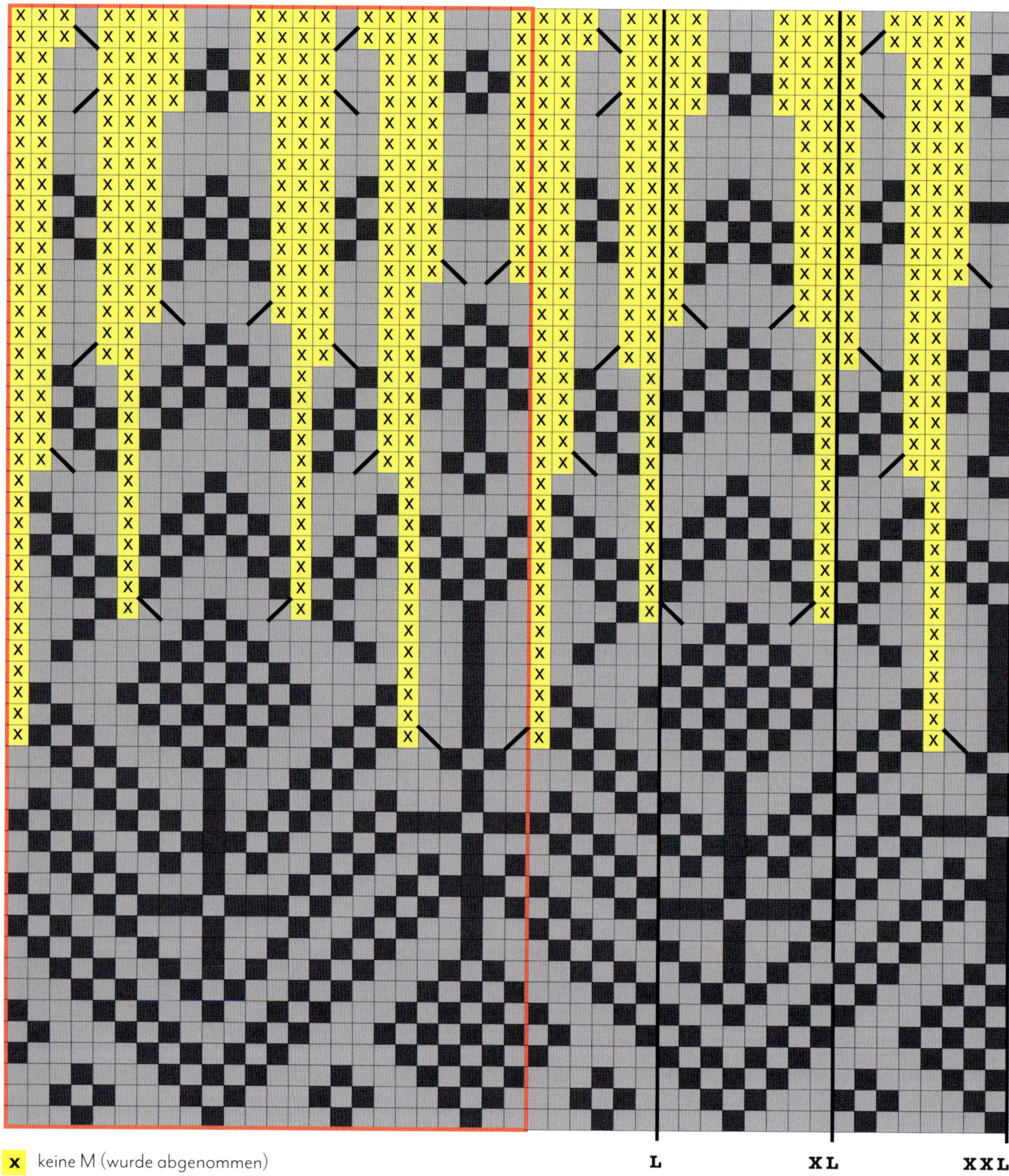

x keine M (wurde abgenommen)

/ Diese M und die M rechts daneben re zus-str.

\ Diese M und die M links daneben re abgehoben zus-str.

Das Muster für den Salt-Pullover erfordert Geduld und Aufmerksamkeit. Halte beim Stricken der Passe die Hauptfarbe näher am Strickstück und die Musterfarbe weiter entfernt. Beim Farbwechsel die Musterfarbe über der Hauptfarbe durchholen.

ERGÄNZUNGEN ZUM ZÄHLMUSTER GRÖSSE (L) XL (XXL)

Rd	Anleitung
53	Für Größe L überspringen.
53	Nach den Abnahmen der vorigen Rd liegen (88) 96 (104) M auf der Nadel.
50	Nach den Abnahmen der vorigen Rd liegen (110) 120 (130) M auf der Nadel.
49	**Für Größe L** erfolgt die Abnahme bei der 1. M in der Rd. Die letzte M der 48. Rd nicht str. Die 1. M der 49. Rd mit der letzten M der 48. Rd zus-str. Wenn der Rd-Übergang mit einem MM markiert ist, setze ihn vor dem Zusammenstricken der M auf die rechte Nadel. **Für Größe XL** erfolgt die Abnahme bei der letzten M in der Rd. Die 1. M der 49. Rd (markiert mit einem gelben X) in der Hauptfarbe str. Am Ende der 49. Rd die letzte M mit der 1. M der 50. Rd zus-str. Wenn der Rd-Übergang mit einem MM markiert ist, entferne ihn vor der Abnahme, führe die Abnahme aus und setze den MM dann auf die rechte Nadel.
47	Für Größe L überspringen.
42	Nach den Abnahmen der vorigen Rd liegen (132) 144 (156) M auf der Nadel.
40	Für Größe L und XL überspringen.
40	Nach den Abnahmen der vorigen Rd liegen (154) 168 (182) M auf der Nadel.
38	Nach den Abnahmen der vorigen Rd liegen (176) 192 (208) M auf der Nadel.
33	Nach den Abnahmen der vorigen Rd liegen (198) 216 (234) M auf der Nadel.
26	Nach den Abnahmen der vorigen Rd liegen (220) 240 (260) M auf der Nadel.
25	**Für Größe L** erfolgt die Abnahme bei der letzten M in der Rd. Die 1. M der 25. Rd (markiert mit einem gelben X) in der Hauptfarbe str und am Ende der 25. Rd die letzte M mit der 1. M der 26. Rd zus-str. Wenn der Rd-Übergang mit einem MM markiert ist, entferne ihn vor der Abnahme, führe die Abnahme aus und setze den MM dann auf die rechte Nadel.
20	Nach den Abnahmen der vorigen Rd liegen (242) 264 (286) M auf der Nadel.
1	Am Anfang liegen (264) 288 (312) M auf der Nadel.

ERHÖHUNG DES RÜCKENTEILS

Wenn das Passenmuster komplett gestrickt wurde, kannst du auf Wunsch noch einige verkürzte Reihen stricken.

(14) 16 (17) 19 (20) M re mit Farbe A str. Den Faden vor die Arb legen, die nächste M von der linken Nadel auf die rechte Nadel heben. Den Faden wieder hinter die Arb legen. Die M zurück von der rechten Nadel auf die linke Nadel heben.

Die Arb wenden und in der Rück-R (50) 56 (61) 67 (72) M li str.

Die nächste M umwickeln und die Arb wenden wie zuvor beschrieben. (36) 40 (44) 48 (52) M re str.

Die nächste M umwickeln und die Arb wenden wie zuvor beschrieben. (22) 24 (27) 29 (32) M li str.

Die nächste M umwickeln und die Arb wenden wie zuvor beschrieben. (22) 24 (27) 29 (32) M re str.

HALSBÜNDCHEN

Wenn das Passenmuster (und ggf. die verkürzten Reihen) fertig gestrickt sind, zu einem Nadelspiel oder einer Rundstricknadel (40 cm) Nr. 3,5 wechseln. Mit Farbe A 1 Rd re M str, dabei gleichmäßig verteilt (0) 6 (12) 18 (24) M abn [= (72) 74 (76) 78 (80) M].

Achtung beim Stricken von verkürzten Reihen! Bei den Wendemaschen liegt der Faden vor der M. Die Wendemasche und den umlaufenden Faden in der nächsten Runde zus-str. Dadurch wird verhindert, dass ein Loch entsteht.

---

3 cm im 1/1-Rippenmuster (1 M re, 1 M li) str. Alle M locker abketten.

FERTIGSTELLUNG

Die Nähte unter den Ärmeln schließen (auf Seite 154–157 findest du eine bebilderte Anleitung zum Schließen dieser Nähte im Maschenstich mit einer Wollnadel oder zum Zusammenstricken mit einer dritten Stricknadel). Alle Fäden vernähen.

Den Pullover waschen und liegend trocknen lassen.

Genauere Anweisungen zur Fertigstellung findest du auf Seite 158.

Farbkombination 1

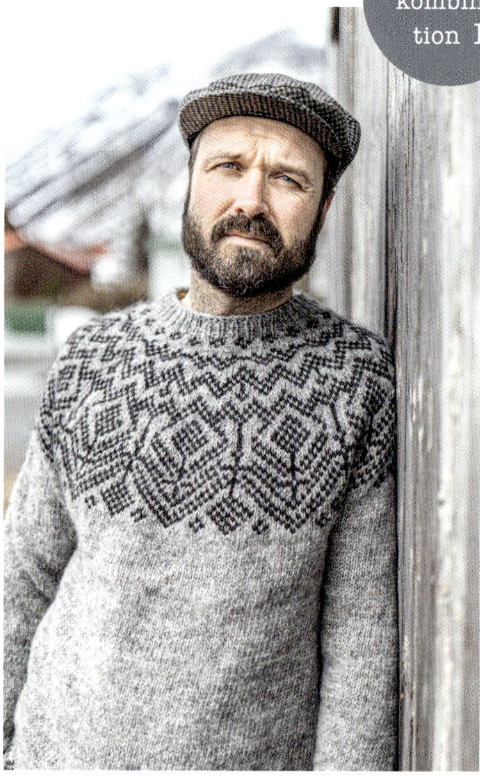

Oben: Óskar Örn Hálfdánarson

Rechts: Schreiner Viðar Kristinsson trägt den Salt-Pullover in der Farbkombination 2.

Farbkombination 2

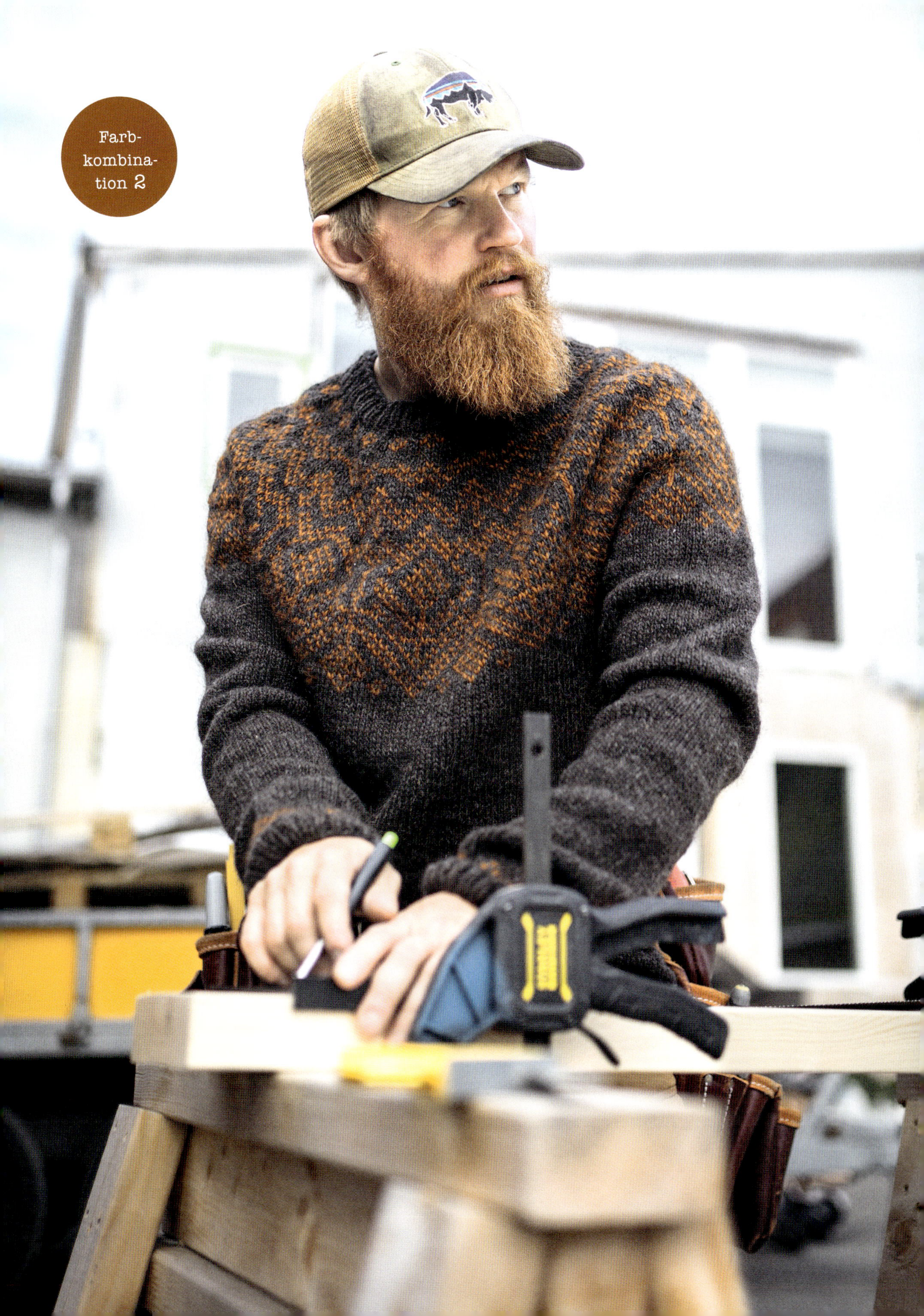

ISLÄNDISCHE SCHAFWOLLE FÜR WIND UND WETTER

Schaf und Mensch kamen auf derselben Route nach Island. Die Besiedelung Islands begann um das Jahr 870, als die ersten Wikinger*innen von Norwegen aus zu unserer Insel segelten. Einige der Wikingerschiffe legten unterwegs an irischen und schottischen Küsten an, wo neben Frauen und Sklaven auch Tiere kurzerhand geraubt und mitgenommen wurden.

Islands eigene Schafrasse entwickelte sich aus diesen Schafen, die im 9. Jahrhundert auf die Insel gebracht wurden. Im Laufe der Jahrhunderte haben die isländischen Schafe unter den rauen klimatischen Bedingungen ein praktisches, doppellagiges Fell entwickelt. Die weiche und feine Unterwolle *(þel)* hält schön warm, während das raue Deckhaar *(tog)* Regen abhält. Früher wurden *þel* und *tog* in Island von Hand getrennt. Das grobe Deckhaar wurde beispielsweise zur Herstellung von Schuhen und die weiche Unterwolle für Pullover verwendet. Heute wird ein isländischer Pullover, *íslensk lopapeysa,* aus Garn gestrickt, das sowohl Unterwolle als auch Deckhaar enthält.

Natürlich sind Islandpullover nicht komplett wasserdicht, aber der Anteil an Wollfett sorgt dafür, dass ihnen etwas Nieselregen nichts anhaben kann und der Pullover nicht zu einem schweren, nassen Lappen wird.

Ein dicker Pullover wird auf Island traditionell nur draußen getragen. Früher wurden alle Pullover hier zwei- oder dreifädig aus Plötulopi oder Álafosslopi gestrickt. Ein dicker Wollpullover wird – anders als in West- und Mitteleuropa – *über* einer dünnen Jacke oder einem zusätzlichen Pullover getragen. Er war immer gedacht für Fischer*innen und alle, die unter freiem Himmel arbeiten.

Als das Léttlopi-Garn in den 1990er-Jahren auf den Markt kam und die Farbkarten erneuert wurden, waren viele isländische Stricker*innen ganz aus dem Häuschen. Endlich war es möglich, attraktive Pullover aus heimischem Garn auch für den Innenbereich zu stricken! Heute werden aus Lopi-Garnen viele verschiedene Kleidungsstücke hergestellt: warme Wolljacken, Kleider, urbane Shirts, Pullunder, stylische Capes und dünne Sommerhemden.

In diesem Buch wollten wir neben traditionellen Pullovermodellen auch weit geschnittene Pullover für drinnen sowie derzeit sehr beliebte, breite »kastige« Modelle zeigen.

SALT

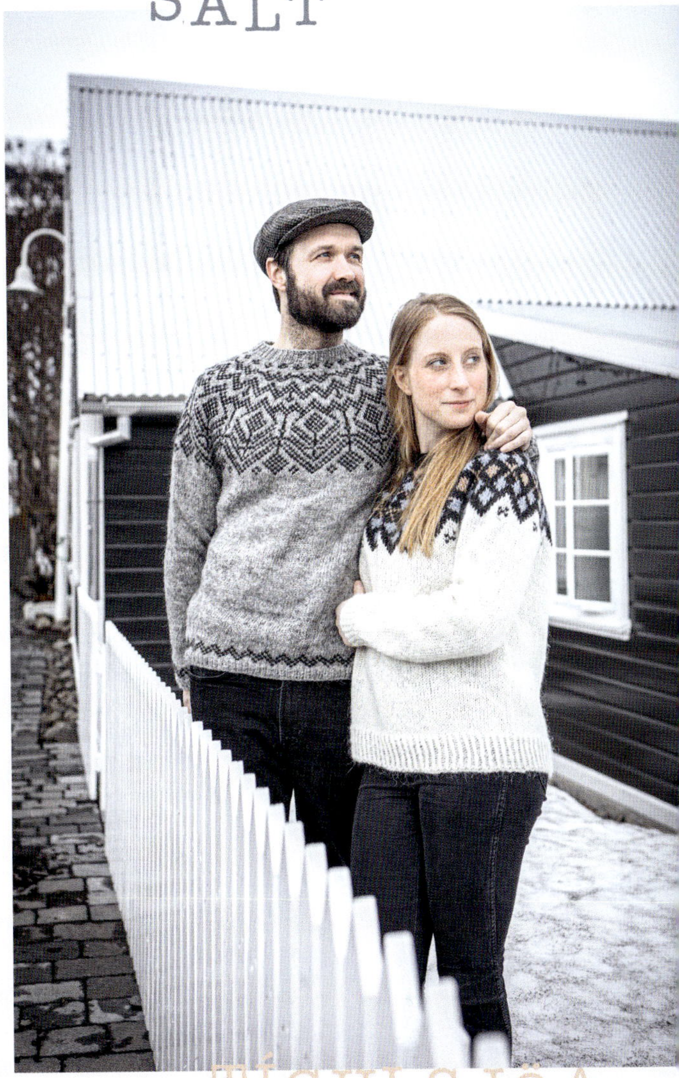

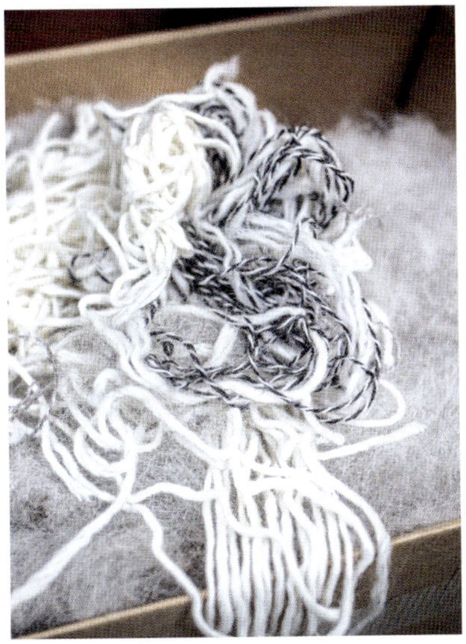

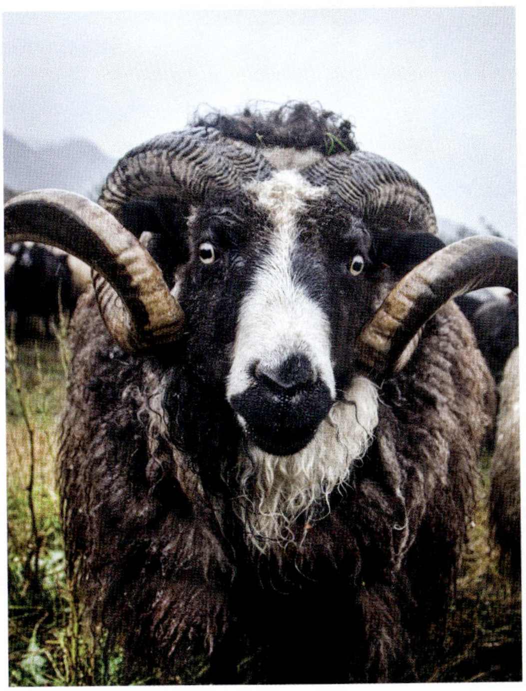

TÍGULSJÖA

TÍGUL-SJÖA

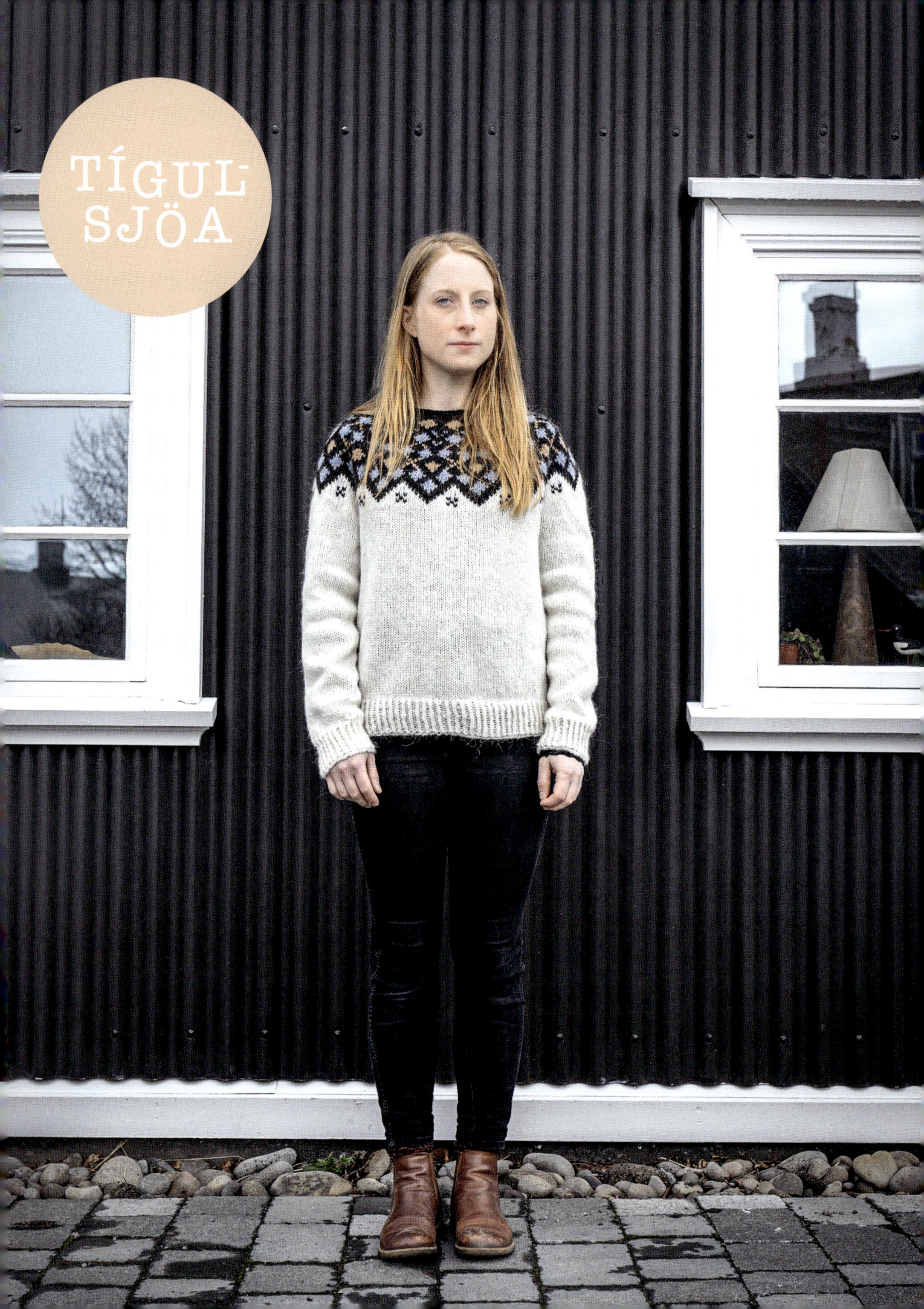

Tígulsjöa bedeutet Kreuz sieben. Isländer*innen spielen viel Karten – in den Pausen am Arbeitsplatz, in Pflegeheimen, bei Jugendfreizeiten und in der Nachmittagsbetreuung in den Schulen.

Sigga hat mit ihren Großeltern regelmäßig Karten gespielt. Die so verbrachten Stunden sind ihr in guter Erinnerung geblieben. Als Sigga diesen Pullover entwarf, fiel ihr beim Kreuzmuster in der Passe die Ähnlichkeit zu Spielkarten auf. Die Zahl Sieben ist Teil des alten isländischen Spruchs »sieben, neun, dreizehn«. Wenn man sich etwas wirklich sehr wünscht oder sich vor Unheil schützen will, muss man ihn aufsagen und gleichzeitig mit den Fingerknöcheln auf eine harte Fläche klopfen – ähnlich dem »toi, toi, toi« im Deutschen.

Die Journalistin Halla Ólafsdóttir (links) arbeitet für den isländischen Rundfunk RÚV. In ihrer Freizeit joggt sie, fährt Ski und renoviert zusammen mit ihrem Mann ihr Holzhaus aus den 1860er-Jahren im Zentrum von Ísafjörður.

TÍGUL-SJÖA

Garn

Léttlopi 50 g

- **A:** 0051 Weiß (6) 7 (8) 9 (10) Knäuel
- **B:** 0005 Naturschwarz (2) 2 (2) 2 (3)
- **C:** 1700 Eisblau (1) 1 (1) 1 (1)
- **D:** 1419 Gerste (1) 1 (1) 1 (1)

Diesen Pullover haben wir nur in Damengröße, aber man kann ihn definitiv für jeden stricken. Einfach Rumpf und Ärmel verlängern.

Maschenprobe

10 cm x 10 cm = 18 M und 24 Rd

Nadeln

Rundstricknadeln

Nr. 3,5 (80 cm) und Nr. 4,5 (60 cm und 80 cm)

Nadelspiele

Nr. 3,5 und Nr. 4,5

Beim Stricken von großen Größen nach Bedarf eine 100 cm lange Rundstricknadel verwenden (Nr. 4,5).

In dieser Anleitung wird das Halsbündchen mit dem Nadelspiel gestrickt. Alternativ kannst du auch eine 40 cm lange Rundstricknadel (Nr. 3,5) verwenden.

MASSE DES FERTIGEN PULLOVERS IN CM

Größe	(S)	M	(L)	XL	(XXL)
Brustumfang	83	93	103	113	123
Damen					
Rumpflänge Achsel bis Bund	35	37	39	41	43
Ärmellänge Achsel bis Bündchen	45	46	47	48	49

ÄRMEL

Mit dem Bündchen beginnen. (40) 42 (44) 46 (48) M mit Farbe A und Nadelspiel Nr. 3,5 anschlagen. 6 cm im 1/1-Rippenmuster (1 M re verschr, 1 M li) in Rd str. Zu Nadelspiel Nr. 4,5 wechseln und 1 Rd re M str.

In der nächsten Rd wie folgt zunehmen: Nach der 1. M und vor der letzten M je 1 M zun. Die Zunahmen in jeder (11.) 10. (9.) 9. (8.) Rd insg (8) 9 (10) 11 (12) Mal wdh [= (56) 60 (64) 68 (72) M].

Den Ärmel danach bis zur gewünschten Länge str.

In der letzten Rd die letzten (6) 7 (7) 7 (9) M und auch die folgenden (7) 8 (8) 8 (8) M [= (13) 15 (15) 15 (17) M] auf einem Hilfsfaden oder einer Hilfsnadel stilllegen. Danach hat der Ärmel noch (43) 45 (49) 53 (55) M.

Beiseitelegen und den zweiten Ärmel genauso str.

RUMPF

(150) 168 (186) 204 (222) M mit Farbe A und der Rundstricknadel Nr. 3,5 anschlagen. Einen MM setzen, er markiert den Rd-Übergang.

6 cm im 1/1-Rippenmuster (1 M re verschr, 1 M li) in Rd str. Zu Rundstricknadel Nr. 4,5 wechseln und glatt re str, bis der Rumpf vom Bund bis zur Achsel die gewünschte Länge hat.

In der letzten Rd die letzten (6) 7 (7) 7 (9) M und auch die folgenden (7) 8 (8) 8 (8) M [= (13) 15 (15) 15 (17) M] auf einem Hilfsfaden oder einer Hilfsnadel stilllegen. Diese M sind für ein Armloch. Erst wenn der Pullover fertig gestrickt ist, werden die Armlöcher geschlossen.

PASSE

Die Ärmel und den Rumpf wie auf Seite 152 beschrieben zusammenfügen, zwischen Rückenteil und linkem Ärmel beginnen.

Wenn die Ärmel und der Rumpf zusammengefügt werden, gleichzeitig (0) 4 (2) 0 (4) M in der Rd abn, am besten zwischen Ärmeln und Rumpf.

Du hast zuletzt (13) 15 (15) 15 (17) M vom Rumpfteil auf einen Hilfsfaden oder eine Hilfsnadel gelegt [= 1. Achsel]. Jetzt einen Ärmel nehmen und die von diesem auf einem Hilfsfaden stillgelegten M sowie die vom Rumpfteil stillgelegten M gegeneinanderlegen. Die (43) 45 (49) 53 (55) Ärmel-M auf die Rundstricknadel des Rumpfteils str, die M auf dem Hilfsfaden bleiben stillgelegt. Die nächsten (62) 69 (78) 87 (94) M für den Rumpf str [= Vorderseite des Pullovers].

Vom Rumpfteil die nächsten (13) 15 (15) 15 (17) M auf einen Hilfsfaden oder eine Hilfsnadel heben [= 2. Achsel].

Dann die (43) 45 (49) 53 (55) M des zweiten Ärmels auf die Rundstricknadel des Rumpfteils str und danach die (62) 69 (78) 87 (94) M für das Rückenteil des Pullovers str.

Rumpf und Ärmel sind nun auf einer Nadel vereint [= (210) 224 (252) 280 (294) M]. Setze einen MM für den Rd-Übergang (zwischen Rückenteil und linkem Ärmel). Der MM wird im weiteren Verlauf immer abgehoben und mitgeführt, sodass der Rd-Beginn jederzeit sichtbar ist.

Jetzt mit dem Passenmuster gemäß Zählmuster beginnen. Zur kürzeren Rundstricknadel (60 cm) Nr. 4,5 wechseln, wenn die Maschenzahl entsprechend weniger geworden ist.

Nach dem Stricken des Zählmusters liegen (75) 80 (90) 100 (105) M auf der Nadel.

ZÄHLMUSTER

Es gibt jeweils ein Zählmuster für die Größen S und M sowie eins für die größeren Größen (Seite 138).

Achtung! Bei diesem Muster variiert der Beginn einer neuen Rd je nach Größe. Ein dicker, vertikaler Strich zeigt an, wo für die jeweilige Größe die neue Rd beginnt. Zuerst wird der Rd-Beginn gestrickt, danach wird der rot umrandete Rapport bis zum Rd-Ende wiederholt.

Die Abnahmen gemäß Zählmuster arbeiten und die neben dem Zählmuster angegebenen, größenspezifischen Ergänzungen beachten.

PASSE, GRÖSSE S UND M

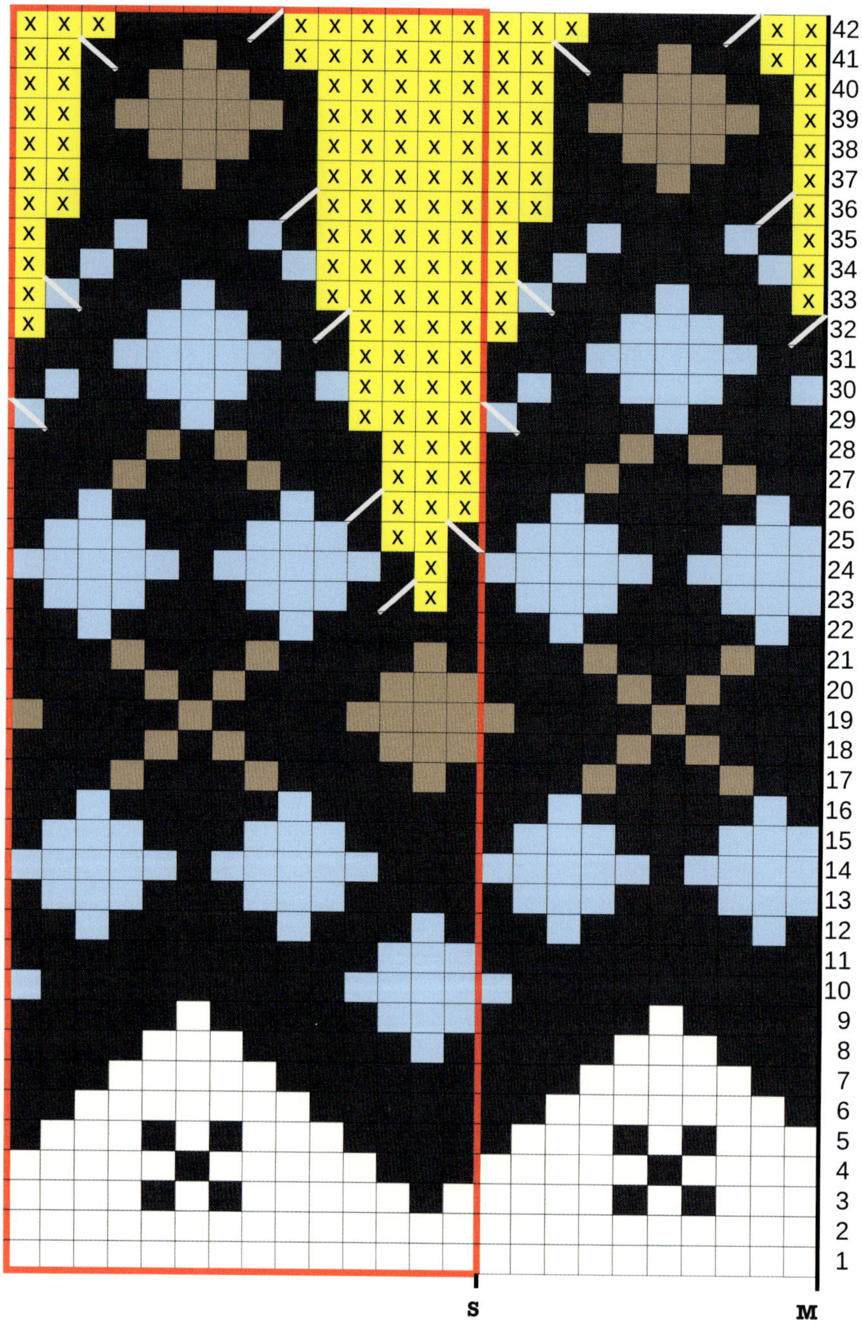

X keine M (wurde abgenommen)

/ Diese M und die M rechts daneben re zus-str.

\ Diese M und die M links daneben re abgehoben zus-str.

ERGÄNZUNGEN ZUM ZÄHLMUSTER

GRÖSSE (S) M

Rd	Anleitung
42	Die letzte M der 41. Rd nicht str. Die letzte M der 41. Rd und die 1. M der 42. Rd zus-str. Wenn du den Rd-Wechsel mit einem MM markiert hast, setze ihn vor dem Zusammenstricken der 2 M auf die rechte Nadel.
42	Nach den Abnahmen der vorigen Rd liegen (90) 96 M auf der Nadel.
41	Die letzte M der 41. Rd mit der 1. M der 42. Rd zus-str. Wenn du den Rd-Wechsel mit einem MM markiert hast, entferne ihn vor der Abnahme, führe die Abnahme aus und setze den MM dann auf die rechte Nadel.
37	Nach den Abnahmen der letzten Rd liegen (105) 112 M auf der Nadel.
36	Die letzte M der 35. Rd nicht str. Die 1. M der 36. Rd und die letzte M der 35. Rd zus-str. Wenn du den Rd-Wechsel mit einem MM markiert hast, setze ihn vor dem Zusammenstricken der 2 M auf die rechte Nadel.
34	Nach den Abnahmen der letzten Rd liegen (120) 128 M auf der Nadel.
33	Die letzte M der 33. Rd mit der 1. M der 34. Rd zus-str. Wenn du den Rd-Wechsel mit einem MM markiert hast, entferne ihn vor der Abnahme, führe die Abnahme aus und setze den MM dann auf die rechte Nadel.
33	Nach den Abnahmen der letzten Rd liegen (135) 144 M auf der Nadel.
32	Die letzte M der 31. Rd nicht str. Die 1. M der 32. Rd und die letzte M der 31. Rd zus-str. Wenn du den Rd-Wechsel mit einem MM markiert hast, setze ihn vor dem Zusammenstricken der 2 M auf die rechte Nadel.
30	Nach den Abnahmen der letzten Rd liegen (150) 160 M auf der Nadel.
29	**Nur Größe M:** Die letzte M der 29. Rd mit der 1. M der 30. Rd zus-str. Wenn du den Rd-Wechsel mit einem MM markiert hast, entferne ihn vor der Abnahme, führe die Abnahme aus und setze den MM dann auf die rechte Nadel.
27	Nach den Abnahmen der vorigen Rd liegen (165) 176 M auf der Nadel.
26	Nach den Abnahmen der vorigen Rd liegen (180) 192 M auf der Nadel.
24	Nach den Abnahmen der vorigen Rd liegen (195) 208 M auf der Nadel.
1–2	Für Größe S überspringen.
1	Am Anfang liegen (210) 224 M auf der Nadel.

Nach dem Stricken des Passenmusters liegen (75) 80 M auf der Nadel.

PASSE, GRÖSSE L, XL UND XXL

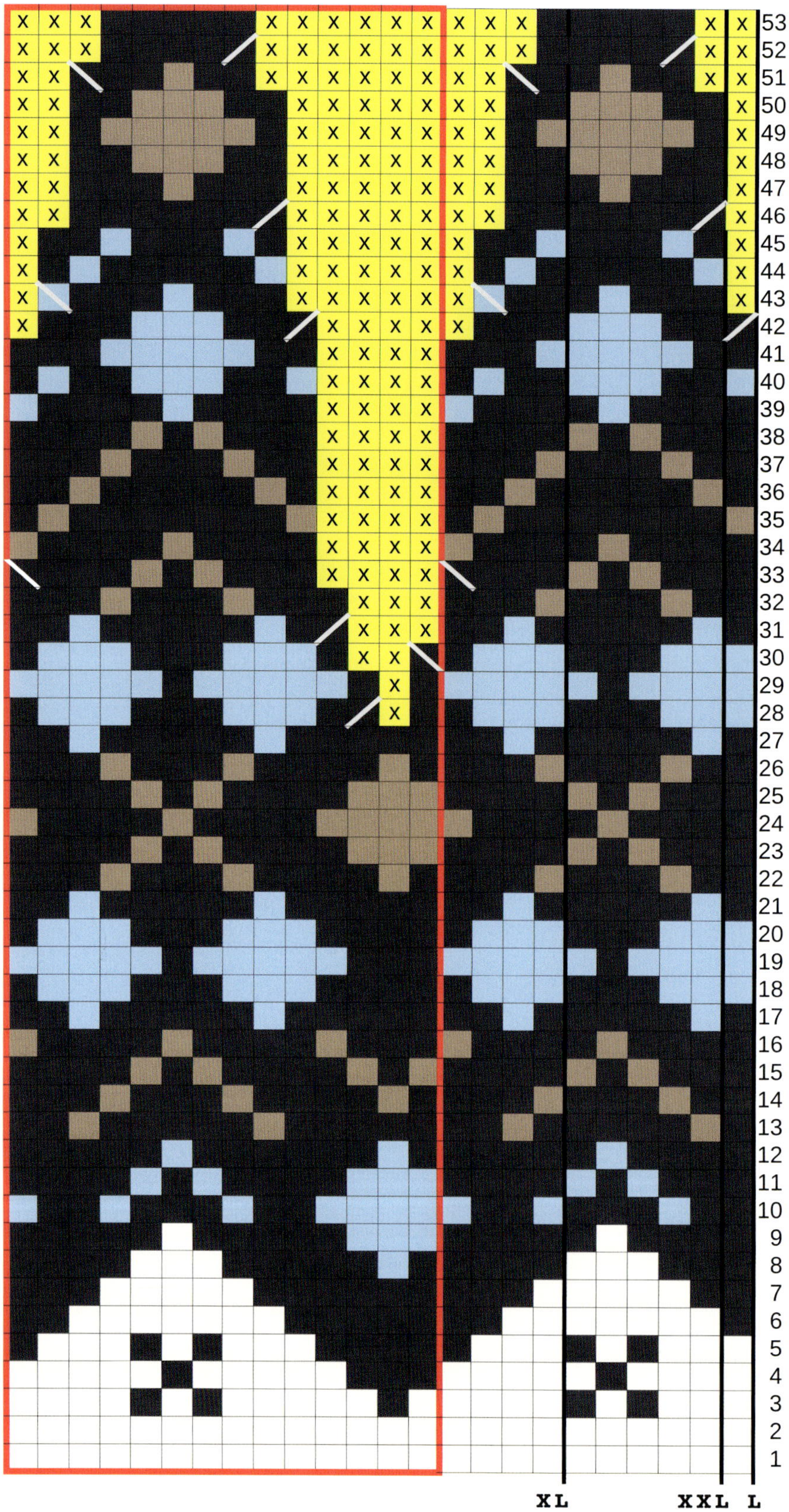

x keine M (wurde abgenommen)

/ Diese M und die M rechts daneben re zus-str.

\ Diese M und die M links daneben re abgehoben zus-str.

ERGÄNZUNGEN ZUM ZÄHLMUSTER GRÖSSE (L) XL (XXL)

Rd	Anleitung
53	Nach den Abnahmen der vorigen Rd liegen (90) 100 (105) M auf der Nadel.
52	**Nur Größe L und XXL:** Die letzte M der 51. Rd nicht str. Die 1. M der 52. Rd und die letzte M der 51. Rd zus-str. Wenn du den Rd-Wechsel mit einem MM markiert hast, setze ihn vor dem Zusammenstricken der 2 M auf die rechte Nadel.
52	Nach den Abnahmen der letzten Rd liegen (108) 120 (126) M auf der Nadel.
51	**Nur Größe L und XXL:** Die letzte M der 51. Rd mit der 1. M der 52. Rd zus-str. Wenn du den Rd-Wechsel mit einem MM markiert hast, entferne ihn vor der Abnahme, führe die Abnahme aus und setze den MM dann auf die rechte Nadel.
47	Nach den Abnahmen der letzten Rd liegen (126) 140 (147) M auf der Nadel.
46	**Nur Größe L und XXL:** Die letzte M der 45. Rd nicht str. Die 1. M der 46. Rd und die letzte M der 45. Rd zus-str. Wenn du den Rd-Wechsel mit einem MM markiert hast, setze ihn vor dem Zusammenstricken der 2 M auf die rechte Nadel.
44	Nach den Abnahmen der letzten Rd liegen (144) 160 (168) M auf der Nadel.
43	Nach den Abnahmen der letzten Rd liegen (162) 180 (189) M auf der Nadel.
42	**Nur Größe L:** Die letzte M der 42. Rd mit der 1. M der 43. Rd zus-str. Wenn du den Rd-Wechsel mit einem MM markiert hast, entferne ihn vor der Abnahme, führe die Abnahme aus und setze den MM dann auf die rechte Nadel.
34	Nach den Abnahmen der vorigen Rd liegen (180) 200 (210) M auf der Nadel
32	Nach den Abnahmen der vorigen Rd liegen (198) 220 (231) M auf der Nadel.
31	Nach den Abnahmen der vorigen Rd liegen (216) 240 (252) M auf der Nadel.
29	Nach den Abnahmen der vorigen Rd liegen (234) 260 (273) M auf der Nadel.
13–16	Für Größe L und XL überspringen.
1–2	Für Größe L überspringen.
1	Am Anfang liegen (252) 280 (294) M auf der Nadel.

ERHÖHUNG DES RÜCKENTEILS

Wenn das Passenmuster komplett gestrickt wurde, kannst du auf Wunsch noch einige verkürzte Reihen stricken.

(15) 15 (17) 18 (19) M re mit Farbe B str. Den Faden vor die Arb legen, die nächste M von der linken Nadel auf die rechte Nadel heben. Den Faden wieder hinter die Arb legen. Die M zurück von der rechten Nadel auf die linke Nadel heben.

Die Arb wenden und in der Rück-R (53) 55 (63) 68 (72) M li str.

Die nächste M umwickeln und die Arb wenden wie zuvor beschrieben. (45) 47 (54) 59 (62) M re str.

Die nächste M umwickeln und die Arb wenden wie zuvor beschrieben. (37) 39 (45) 50 (52) M li str.

Die nächste M umwickeln und die Arb wenden wie zuvor beschrieben. (30) 32 (37) 41 (43) M re str.

Die nächste M umwickeln und die Arb wenden wie zuvor beschrieben. (23) 25 (29) 32 (34) M li str.

Die nächste M umwickeln und die Arb wenden wie zuvor beschrieben. (23) 25 (29) 32 (34) M re str.

HALSBÜNDCHEN

Wenn das Passenmuster (und ggf. die verkürzten Reihen) fertig gestrickt sind, zu einem Nadelspiel oder einer Rundstricknadel (40 cm) Nr. 3,5 wechseln. Mit Farbe B 1 Rd re M str, dabei gleichmäßig verteilt (3) 6 (12) 18 (19) M abn [= (72) 74 (78) 82 (86) M].

Achtung beim Stricken von verkürzten Reihen! Bei den Wendemaschen liegt der Faden vor der M. Die Wendemasche und den umlaufenden Faden in der nächsten Runde zus-str. Dadurch wird verhindert, dass ein Loch entsteht.

---

1 Rd linke M stricken.

1 Rd rechte M stricken.

Alle M locker abketten.

FERTIGSTELLUNG

Die Nähte unter den Ärmeln schließen (auf Seite 154–157 findest du eine bebilderte Anleitung zum Schließen dieser Nähte im Maschenstich mit einer Wollnadel oder zum Zusammenstricken mit einer dritten Stricknadel). Alle Fäden vernähen.

Den Pullover waschen und liegend trocknen lassen.

Genauere Anweisungen zur Fertigstellung findest du auf Seite 158.

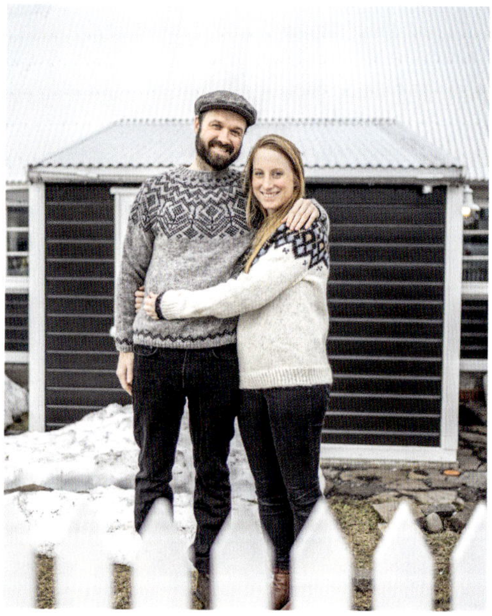

Sigga wünschte sich einen weißen Pullover mit einem ausdrucksstarken dunklen Muster. Das Modell Tígulsjöa bietet genau das.

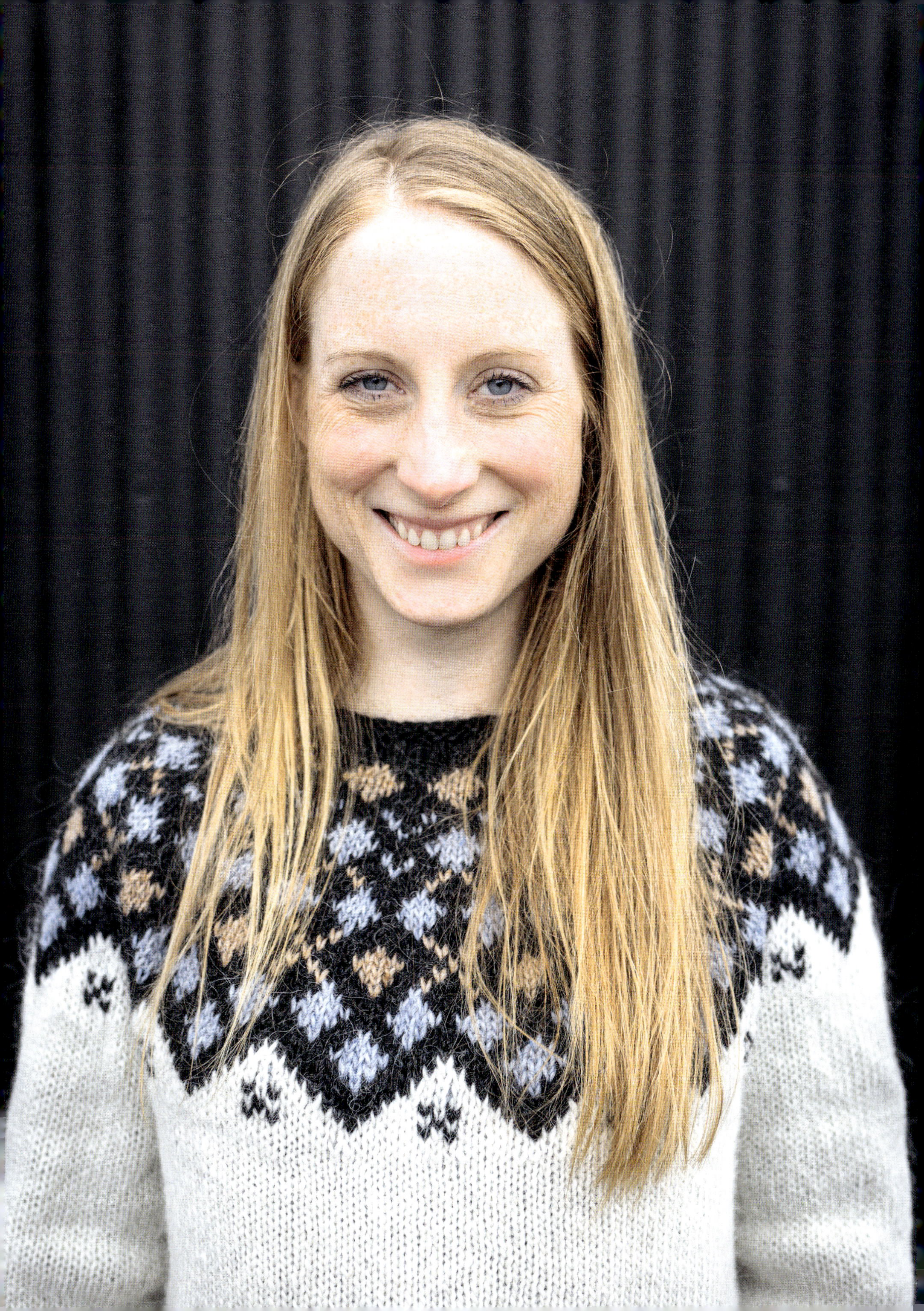

HILDUR

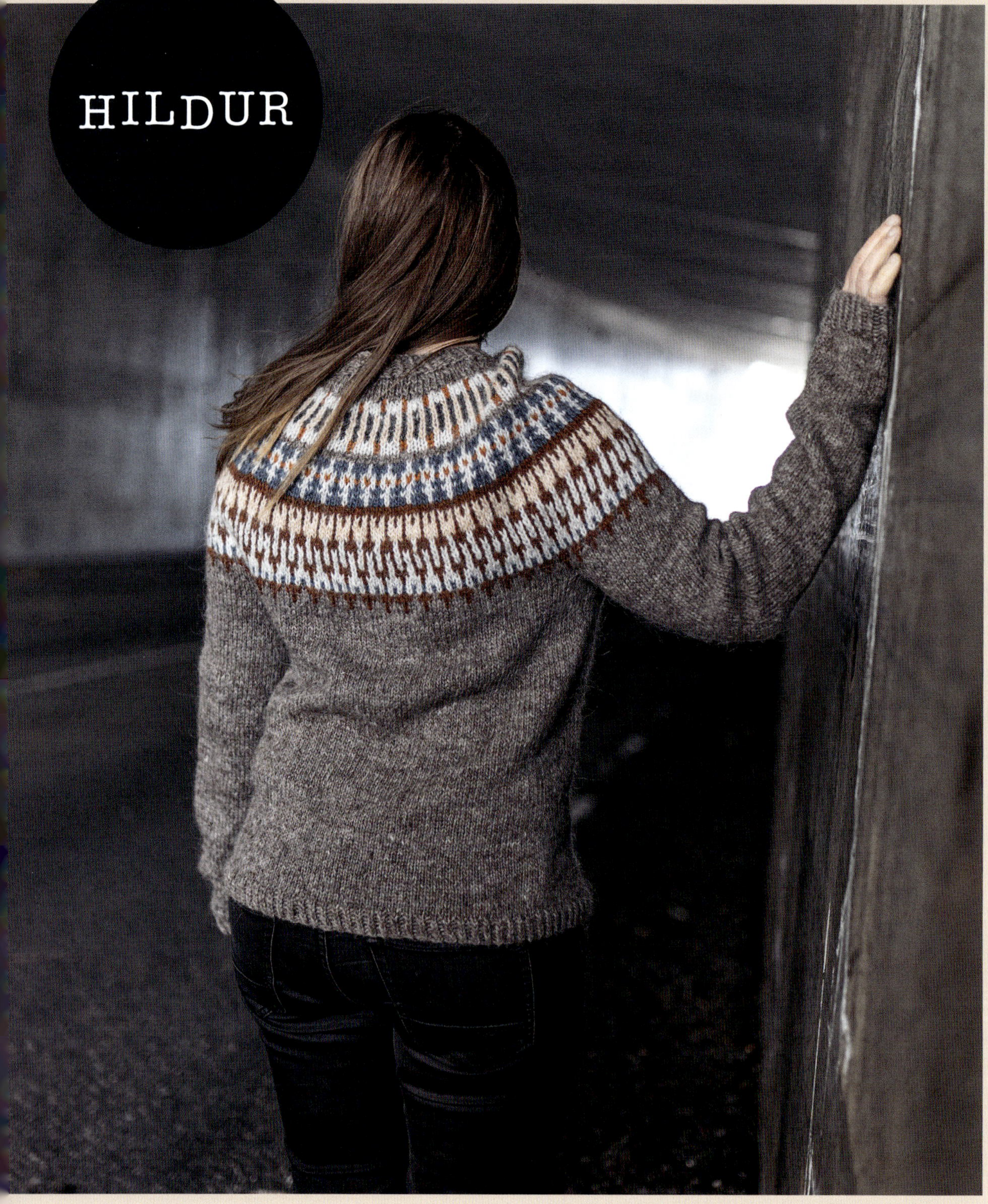

Hildur ist ein sehr alter isländischer Name. Er wurde bereits im Landnahmebuch erwähnt, das mutmaßlich im 11. Jahrhundert verfasst wurde.

Das Buch basiert auf mündlichen Überlieferungen und erzählt die Geschichte der Siedler*innen, die nach Island kamen, und sogar deren Aussehen. Aufgelistet werden mehr als 3000 der Neuankömmlinge und 1400 Wohnorte.

Hildur bedeutet Kämpferin. In alten isländischen Manuskripten des Mittelalters war Hildur eine der Walküren, die dem Hauptgott Óðinn (Odin) dienten. Hildur war die Göttin des Krieges und des Todes. Sie entschied in Schlachten, wer wann gewinnen sollte und für wen es Zeit war zu sterben.

Dieser Pullover wurde von der Welt des Verbrechens inspiriert. Die zweite Hauptfigur der von Satu geschriebenen *Hildur*-Kriminalromane ist der finnischer Polizeianwärter Jakob Johanson, der gern strickt. Jakob zieht nach Island, um einen Teil seiner Ausbildung bei der Polizei zu absolvieren. Er wird Partner und Freund der exzentrischen Detektivin Hildur Rúnarsdóttir. Jakob schenkt Hildur den ersten Wollpullover, den er in Island entworfen und gestrickt hat. Sigga hat die Hildur-Anleitung aus der Krimiwelt in unsere Welt übertragen, sodass wir diesen Pullover nachstricken können.

Hildur Rúnarsdóttir, die Protagonistin der *Hildur*-Krimireihe, ist Kriminalkommissarin und Leiterin der Einheit für vermisste Kinder aus den Westfjorden. Trotz des weiblichen Modellnamens steht der Pullover auch Herren.

HILDUR

Garn

Léttlopi 50 g

- **A:** 0085 Dunkelbeige (6) 7 (8) 9 (10) Knäuel
- **B:** 9427 Bronze (1) 1 (1) 1 (1)
- **C:** 9418 Graublau (1) 1 (1) 1 (1)
- **D:** 0054 Silbergrau (1) 1 (1) 1 (1)
- **E:** 1418 Stroh (1) 1 (1) 1 (1)
- **F:** 1704 Kupferorange (1) 1 (1) 1 (1)
- **G:** 0058 Dunkelgrau (1) 1 (1) 1 (1)

Die Abnahmen der Passe werden nur in einfarbigen Runden gestrickt: perfekt für Neulinge.

Maschenprobe

10 cm x 10 cm = 18 M und 24 Rd

Nadeln

Rundstricknadeln

Nr. 3,5 (80 cm) und Nr. 4,5 (60 cm und 80 cm)

Nadelspiele

Nr. 3,5 und Nr. 4,5

Beim Stricken von großen Größen nach Bedarf eine 100 cm lange Rundstricknadel verwenden (Nr. 4,5).

In dieser Anleitung wird das Halsbündchen mit dem Nadelspiel gestrickt. Alternativ kannst du auch eine 40 cm lange Rundstricknadel (Nr. 3,5) verwenden.

MASSE DES FERTIGEN PULLOVERS IN CM

Größe	**(S)**	**M**	**(L)**	**XL**	**(XXL)**
Brustumfang	88	98	108	118	128
Damen					
Rumpflänge Achsel bis Bund	35	37	39	41	43
Ärmellänge Achsel bis Bündchen	45	46	47	48	49
Herren					
Rumpflänge Achsel bis Bund	38	40	42	44	46
Ärmellänge Achsel bis Bündchen	49	50	51	52	53

ÄRMEL

Mit dem Bündchen beginnen. (40) 42 (44) 46 (48) M mit Farbe A und Nadelspiel Nr. 3,5 anschlagen. 3,5 cm im 1/1-Rippenmuster (1 M re, 1 M li) in Rd str. Zu Nadelspiel Nr. 4,5 wechseln und 1 Rd re M str.

In der nächsten Rd wie folgt zunehmen: Nach der 1. M und vor der letzten M je 1 M zun. Die Zunahmen in jeder (12.) 10. (8.) 7. (7.) Rd insg (8) 10 (12) 14 (15) Mal wdh [= (56) 62 (68) 74 (78) M].

Wenn du längere Ärmel strickst (z. B. für einen Herrenpullover), arbeite die Zunahmen in etwas größeren Abständen: in jeder (13.) 11. (9.) 8. (7.) Rd.

Den Ärmel danach bis zur gewünschten Länge str.

In der letzten Rd die letzten (6) 7 (8) 9 (9) M und auch die folgenden (6) 7 (8) 9 (9) M [= (12) 14 (16) 18 (18) M] auf einem Hilfsfaden oder einer Hilfsnadel stilllegen. Danach hat der Ärmel noch (44) 48 (52) 56 (60) M.

Beiseitelegen und den zweiten Ärmel genauso str.

RUMPF

(158) 176 (194) 212 (230) M mit Farbe A und der Rundstricknadel Nr. 3,5 anschlagen. Einen MM setzen, er markiert den Rd-Übergang.

3,5 cm im 1/1-Rippenmuster (1 M re, 1 M li) in Rd str. Zu Rundstricknadel Nr. 4,5 wechseln. Re M str, bis der Rumpf vom Bund bis zur Achsel die gewünschte Länge hat.

In der letzten Rd die letzten (6) 7 (8) 9 (9) M und auch die folgenden (6) 7 (8) 9 (9) M [= (12) 14 (16) 18 (18) M] auf einem Hilfsfaden oder einer Hilfsnadel stilllegen. Diese M sind für ein Armloch. Erst wenn der Pullover fertig gestrickt ist, werden die Armlöcher geschlossen.

PASSE

Die Ärmel und den Rumpf wie auf Seite 152 beschrieben zusammenfügen, zwischen Rückenteil und linkem Ärmel beginnen.

Du hast zuletzt (12) 14 (16) 18 (18) M vom Rumpfteil auf einen Hilfsfaden oder eine Hilfsnadel gelegt [= 1. Achsel]. Jetzt einen Ärmel nehmen und die von diesem auf einem Hilfsfaden stillgelegten M sowie die vom Rumpfteil stillgelegten M gegeneinanderlegen. Die (44) 48 (52) 56 (60) Ärmel-M auf die Rundstricknadel des Rumpfteils str, die M auf dem Hilfsfaden bleiben stillgelegt. Die nächsten (67) 74 (81) 88 (97) M für den Rumpf str [= Vorderseite des Pullovers].

Vom Rumpfteil (12) 14 (16) 18 (18) M auf einen Hilfsfaden oder eine Hilfsnadel heben [= 2. Achsel].

Dann die (44) 48 (52) 56 (60) M des zweiten Ärmels auf die Rundstricknadel des Rumpfteils str und danach die (67) 74 (81) 88 (97) M für das Rückenteil des Pullovers str.

Rumpf und Ärmel sind nun auf einer Nadel vereint [= (222) 244 (266) 288 (314) M]. Setze einen MM für den Rd-Übergang (zwischen Rückenteil und linkem Ärmel). Der MM wird im weiteren Verlauf immer abgehoben und mitgeführt, sodass der Rd-Beginn jederzeit sichtbar ist.

In der nächsten Rd gleichmäßig verteilt (2) 4 (2) 0 (2) M abn [= (220) 240 (264) 288 (312) M].

Mit dem Muster gemäß Zählmuster beginnen. Zur kürzeren Rundstricknadel (60 cm) Nr. 4,5 wechseln, wenn die Maschenzahl entsprechend weniger geworden ist.

Nach dem Stricken des Zählmusters liegen (72) 80 (80) 84 (94) M auf der Nadel.

ERHÖHUNG DES RÜCKENTEILS

Wenn das Passenmuster komplett gestrickt wurde, kannst du auf Wunsch noch einige verkürzte Reihen stricken.

(14) 16 (16) 17 (19) M re mit Farbe A str. Den Faden vor die Arb legen, die nächste M von der linken Nadel auf die rechte Nadel heben. Den Faden wieder hinter die Arb legen. Die M zurück von der rechten Nadel auf die linke Nadel heben.

Die Arb wenden und in der Rück-R (50) 56 (56) 59 (66) M li str.

Die nächste M umwickeln und die Arb wenden wie zuvor beschrieben. (36) 40 (40) 42 (47) M re str.

Die nächste M umwickeln und die Arb wenden wie zuvor beschrieben. (22) 24 (24) 25 (28) M li str.

Die nächste M umwickeln und die Arb wenden wie zuvor beschrieben. (22) 24 (24) 25 (28) M re str.

HALSBÜNDCHEN

Wenn das Passenmuster (und ggf. die verkürzten Reihen) fertig gestrickt sind, zu einem Nadelspiel oder einer Rundstricknadel (40 cm) Nr. 3,5 wechseln. Mit Farbe A 1 Rd re M str, dabei gleichmäßig verteilt (0) 6 (4) 6 (14) M abn [= (72) 74 (76) 78 (80) M].

Achtung beim Stricken von verkürzten Reihen! Bei den Wendemaschen liegt der Faden vor der M. Die Wendemasche und den umlaufenden Faden in der nächsten Runde zus-str. Dadurch wird verhindert, dass ein Loch entsteht.

---

3 cm im 1/1-Rippenmuster (1 M re, 1 M li) str. Alle M locker abketten.

FERTIGSTELLUNG

Die Nähte unter den Ärmeln schließen (auf Seite 154–157 findest du eine bebilderte Anleitung zum Schließen dieser Nähte im Maschenstich mit einer Wollnadel oder zum Zusammenstricken mit einer dritten Stricknadel). Alle Fäden vernähen.

Den Pullover waschen und liegend trocknen lassen.

Genauere Anweisungen zur Fertigstellung findest du auf Seite 158.

Hildur ist der Pullover vieler Geschichten. Sein Muster ist sowohl zart als auch kraftvoll, dekorativ als auch maskulin. Außerdem ist es schön einfach zu stricken.

ZÄHLMUSTER

Das Muster ist so aufgebaut, dass sich in jeder Größe ein Rapport (rot umrandet) von 4 M ergibt. Das Zählmuster zeigt für eine bessere Vorstellung mehrere Rapporte hintereinander, wiederhole jedoch nur den rot umrandeten Bereich.

Die Abnahmen gemäß der unten stehenden Ergänzungen arbeiten.

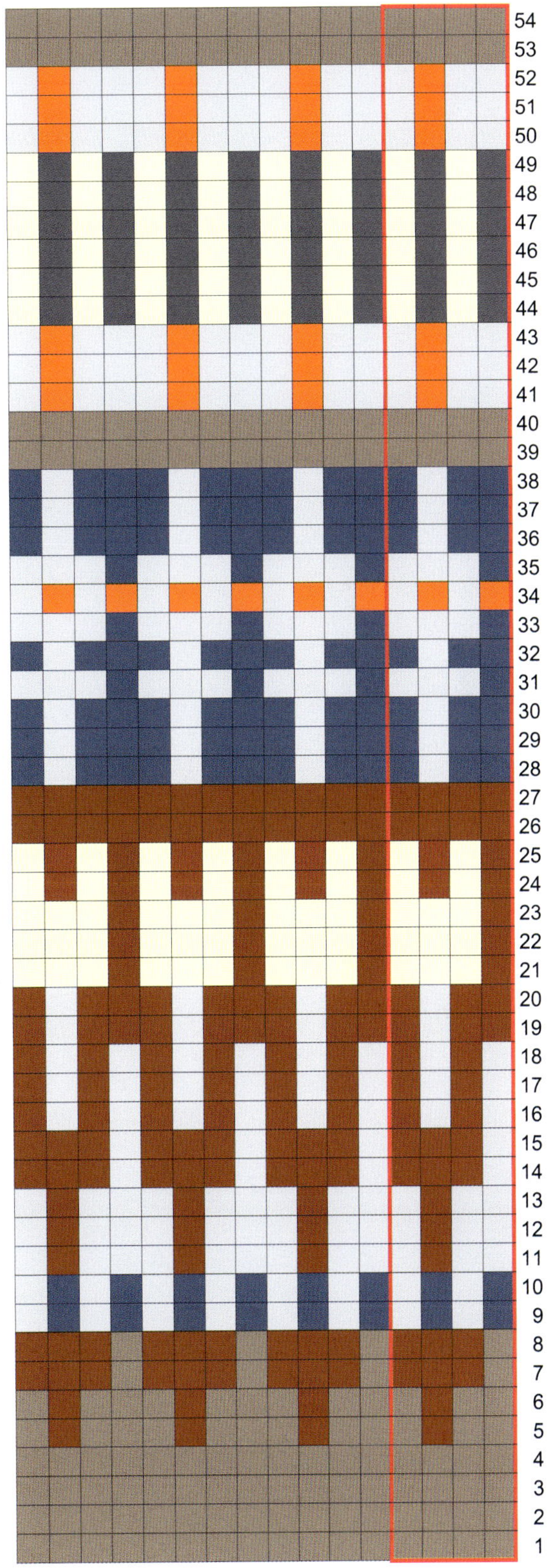

ERGÄNZUNGEN ZUM ZÄHLMUSTER

Rd	Anleitung
54	In der Rd gleichmäßig verteilt (36) 40 (52) 60 (62) M abn.
50	Für Größe S überspringen.
46	Für Größe S, M und L überspringen.
43	Für Größe S überspringen.
41	Nach den Abnahmen der vorigen Rd liegen (108) 120 (132) 144 (156) M auf der Nadel.
40	In der Rd gleichmäßig verteilt (56) 60 (64) 72 (76) M abn.
38	Für Größe S, M, L und XL überspringen.
30	Für Größe S, M und L überspringen.
28	Nach den Abnahmen der vorigen Rd liegen (164) 180 (196) 216 (232) M auf der Nadel.
27	In der Rd gleichmäßig verteilt (56) 60 (68) 72 (80) M abn.
23	Für Größe S und M überspringen.
18	Für Größe S und M überspringen.
12	Für Größe S, M, L und XL überspringen.
4	Für Größe S und M überspringen.
3	Für Größe S, M und L überspringen.
2	Für Größe S, M, L und XL überspringen.
1	Am Anfang liegen (220) 240 (264) 288 (312) M auf der Nadel.

Wenn das Muster fertig ist, liegen noch (72) 80 (80) 84 (94) M auf der Nadel.

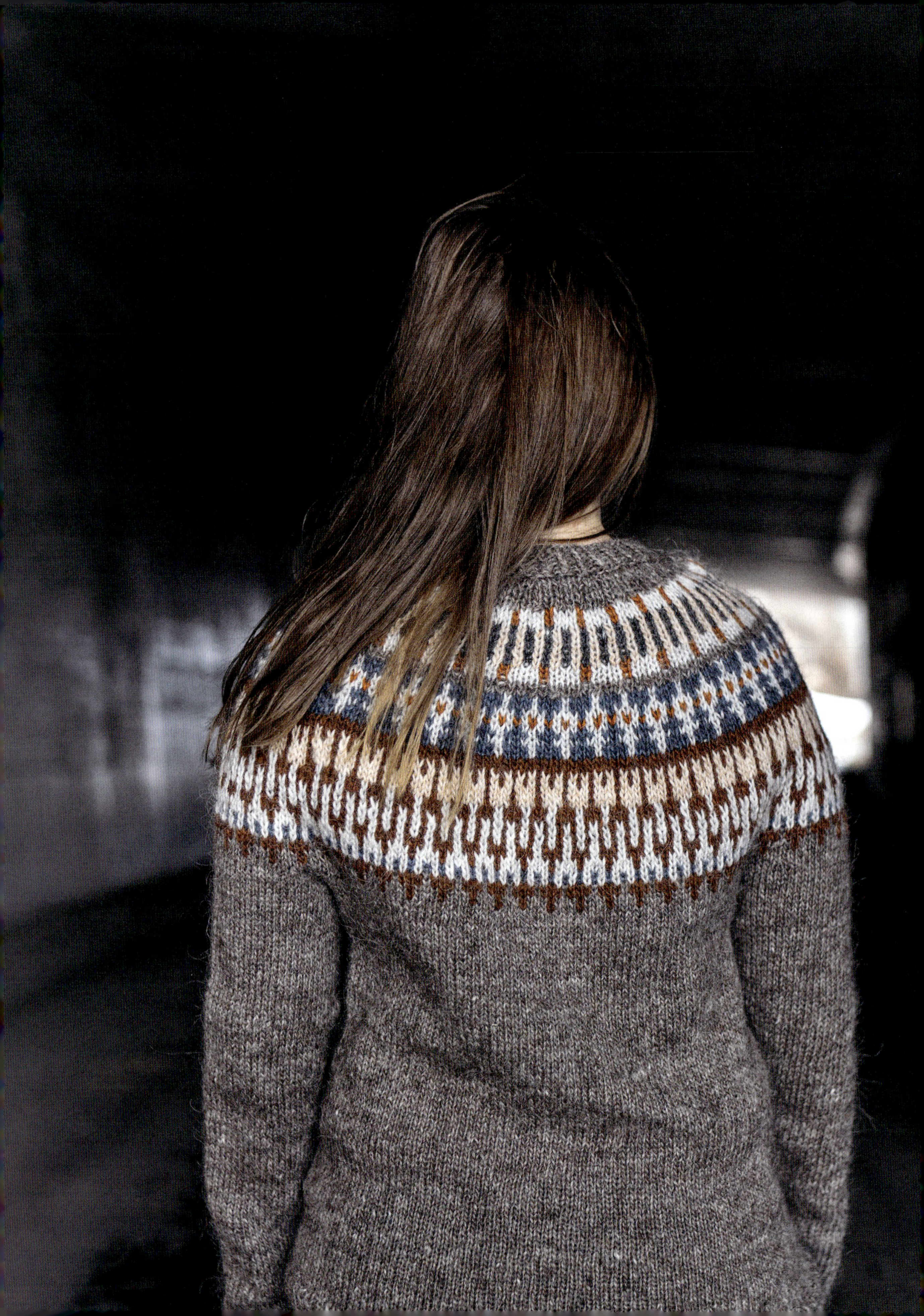

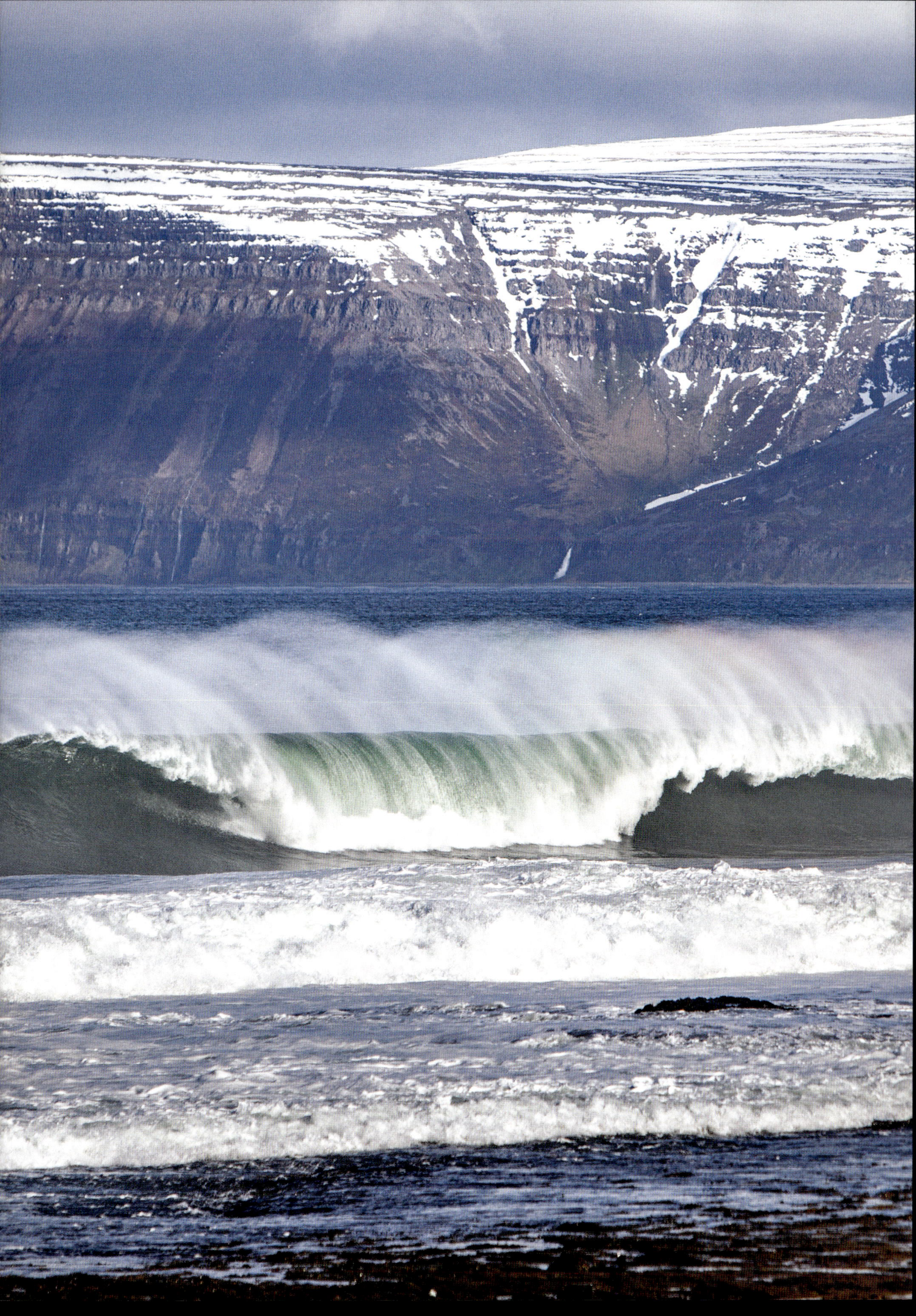

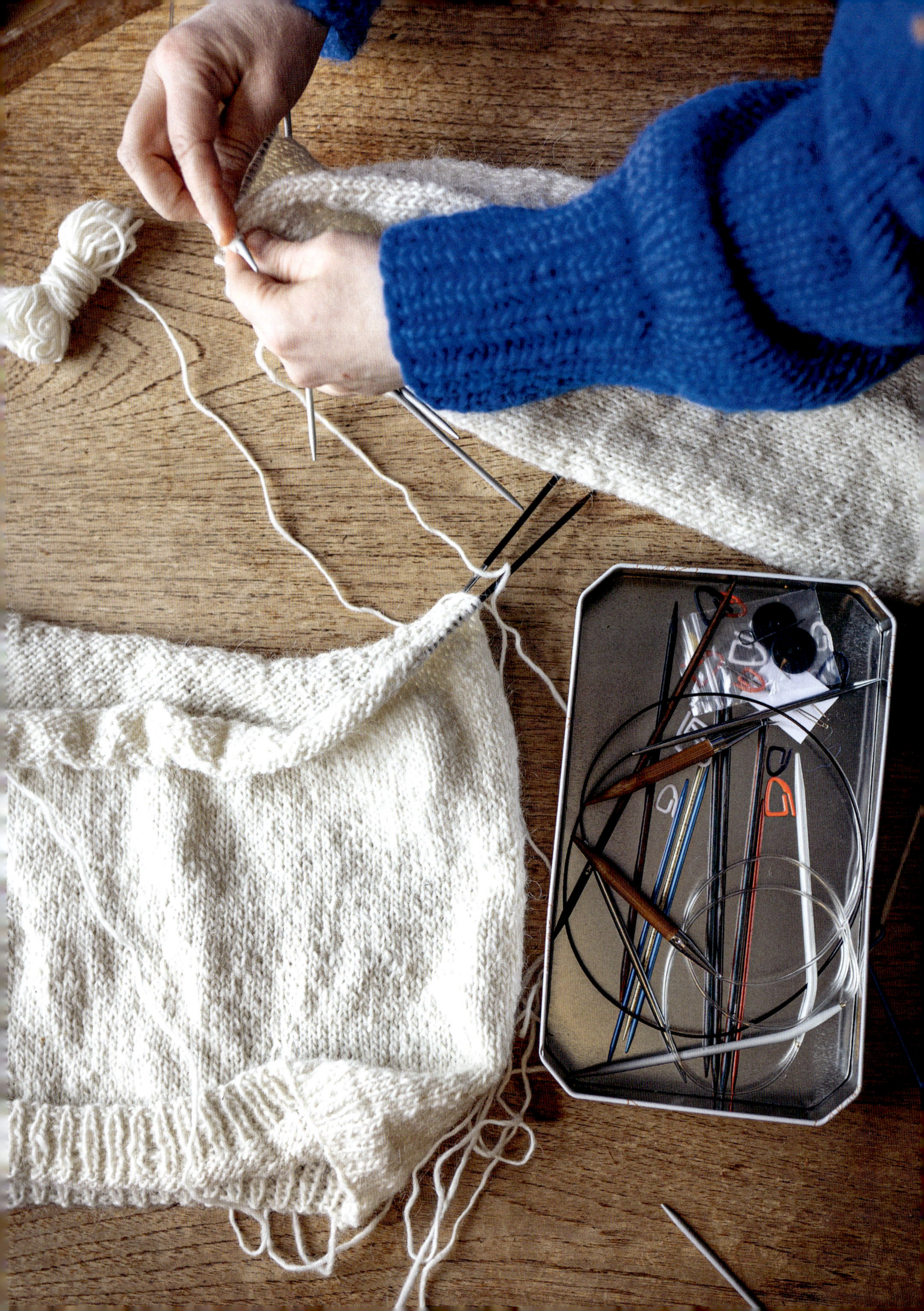

VERBINDEN UND VERSCHLIESSEN

Wenn du die fertigen Ärmel und den (vorerst fertigen) Rumpf vor dir liegen hast, brauchst du vielleicht ein paar Tipps, wie man diese zusammenfasst, und später auch für die Fertigstellung des Pullovers. Für diese Arbeitsschritte haben wir bebilderte Anleitungen erstellt.

Das Zusammenfügen der Ärmel und des Rumpfteils auf einer Rundstricknadel ist für viele, insbesondere für Strickanfänger*innen, recht knifflig. Mithilfe der Bilder geht es hoffentlich besser. Zum Schließen der Armlöcher stellen wir zwei Techniken vor. Satu schließt die Löcher unter den Ärmeln gern mit einer dritten Stricknadel. Sigga hingegen mag diese Technik nicht, weil ihr das Endergebnis nicht so gut gefällt. Sie findet, das Schließen im Maschenstich führt zu einem viel schöneren, fast unsichtbaren Resultat.

Aus diesem Grund wollte Sigga in diesem Buch diese Technik mit den drei Stricknadeln überhaupt nicht erwähnen, aber da es Satu so gut gefällt (mal ganz abgesehen davon, wie selten jemand einem unter die Achsel schaut), haben wir uns darauf geeinigt, beide Methoden mit Fotos vorzustellen.

Zusammenfügen von Ärmeln und Rumpf

1

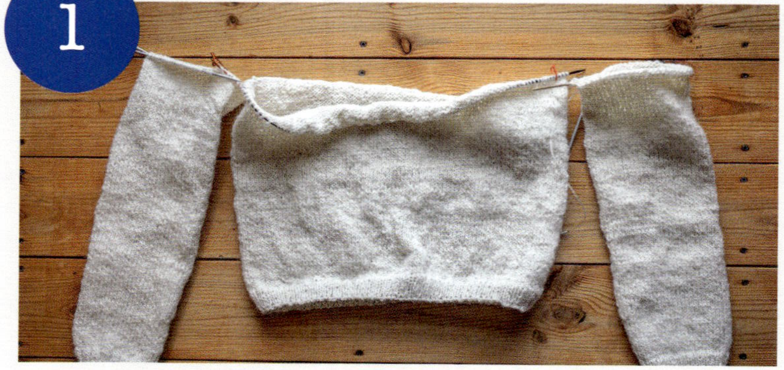

Ausgangssituation: Ärmel und Rumpf sind fertig. Beginne mit dem Zusammenfügen an der linken Pulloverrückseite, hier liegt auch der neue Rd-Übergang.

2

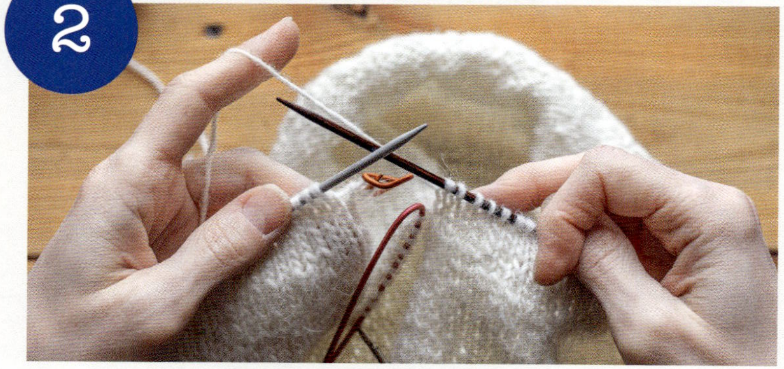

Lege die auf einem Hilfsfaden oder einer Hilfsnadel stillgelegten Maschen des linken Ärmels und des Rumpfteils gegeneinander. Das ist das 1. Armloch unter der Achsel.

3

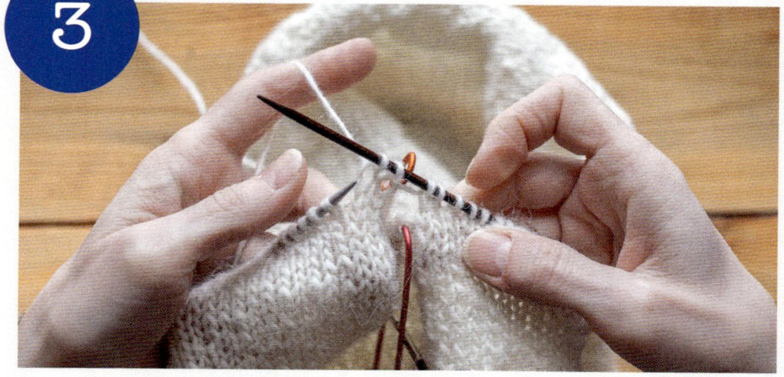

Stricke die Maschen des (linken) Ärmels auf die lange Rundstricknadel des Rumpfteils. Wenn alle Maschen des Ärmels abgestrickt sind, kannst du die Ärmelnadeln weglegen.

4

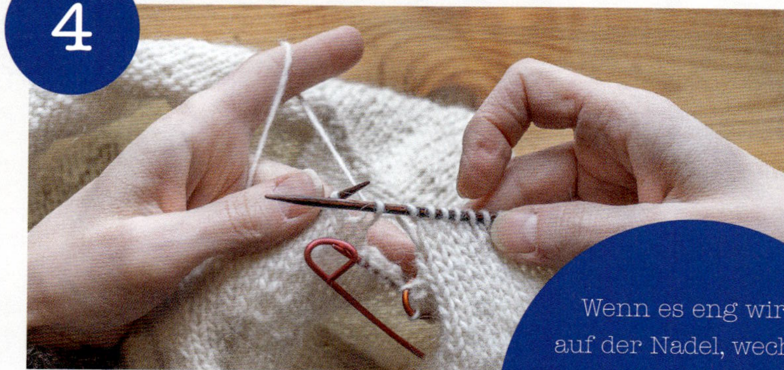

Stricke dann die Maschen des vorderen Rumpfteils auf dieselbe Rundstricknadel.

Wenn es eng wird auf der Nadel, wechsle zu einer längeren Rundstricknadel, z. B. 80 cm., für XL und XXL sogar auf 100 cm.

5

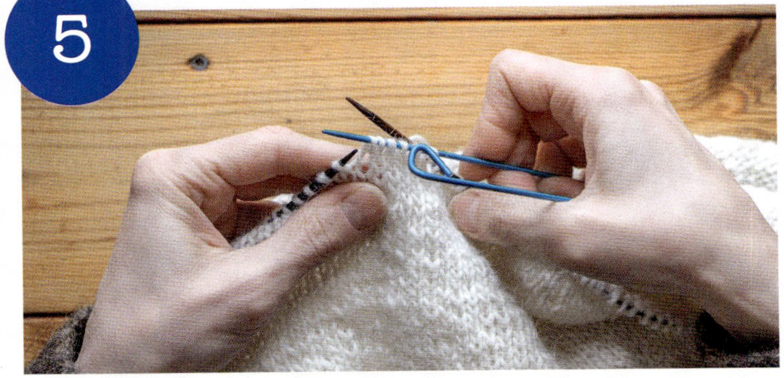

Hebe dann die entsprechende Anzahl Maschen vom Rumpfteil auf eine separate Hilfsnadel oder einen Hilfsfaden für das zweite (rechte) Armloch. Diese Maschen liegen den Armlochmaschen des rechten Ärmels gegenüber.

6

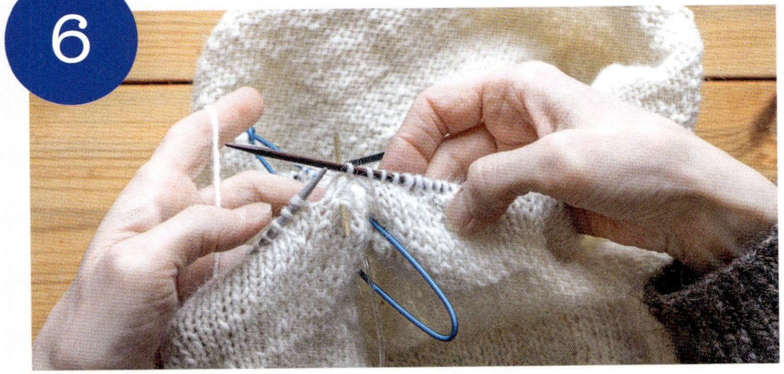

Stricke die Maschen des rechten Ärmels auf dieselbe lange Rundstricknadel. Wenn alle Maschen des Ärmels abgestrickt sind, kannst du auch diese Ärmelnadel beiseitelegen.

7

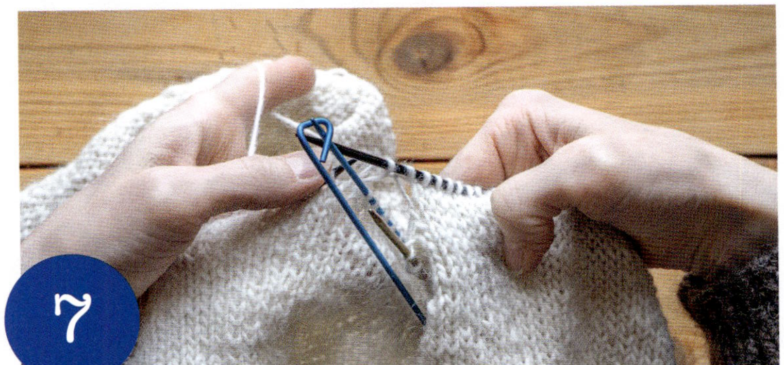

Stricke die Maschen des Rückenteils.

8

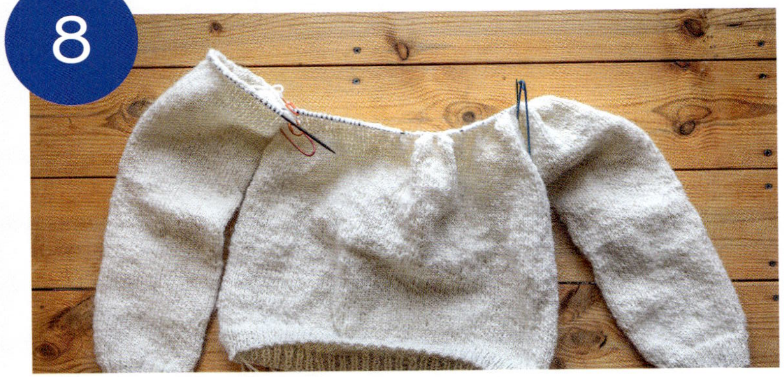

Tilbúið! Fertig! Die Maschen des Rumpfteils und der Ärmel liegen nun auf derselben Rundstricknadel. Setze jetzt einen MM (am Verbindungspunkt zwischen dem linken Ärmel und dem Rückenteil), um den neuen Rd-Beginn zu kennzeichnen.

Schließen der Armlöcher mit drei Stricknadeln

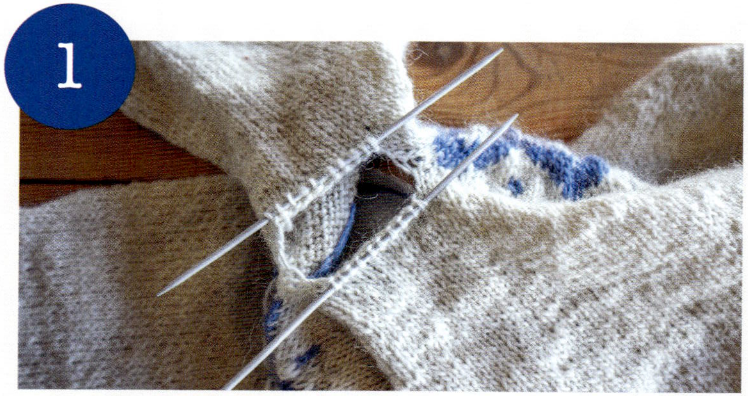

Leg die Armlochmaschen des Rumpfteils auf eine Sockennadel und die Armlochmaschen des Ärmels auf eine zweite Sockennadel. Stell sicher, dass auf beiden Nadeln die gleiche Anzahl an Maschen liegt.

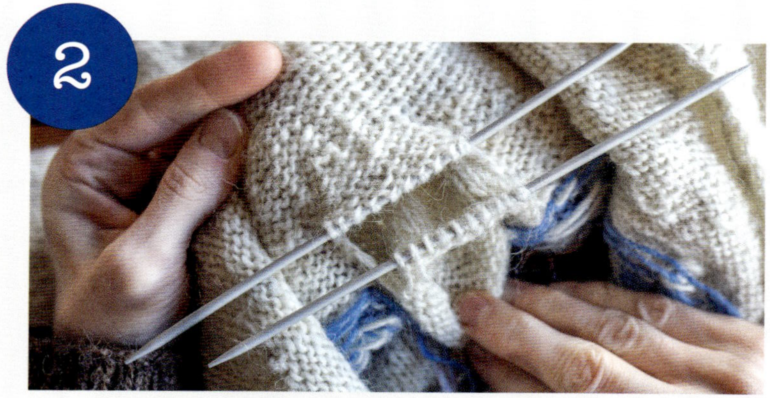

Wende den Pullover auf links.

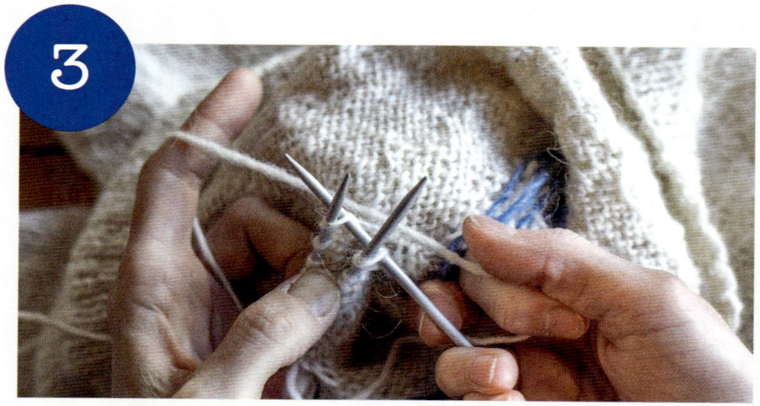

Lege die Nadeln parallel zueinander und stich mit einer dritten Nadel in die jeweils erste Masche auf beiden Nadeln ein.

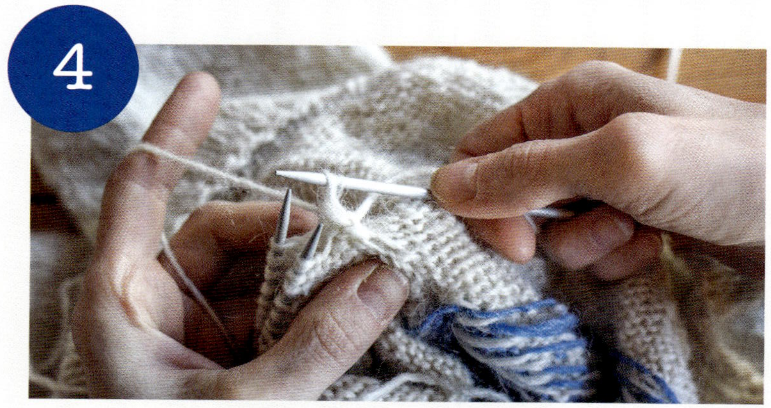

Stricke die Maschen zusammen.

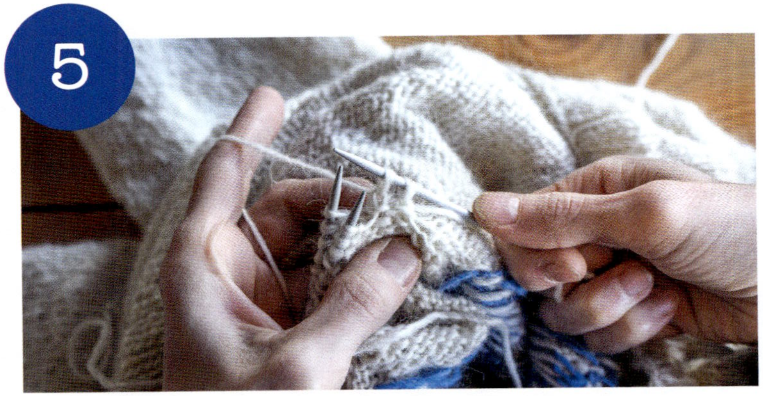

Wiederhole den Vorgang noch einmal. Auf der rechten Nadel liegen jetzt 2 Maschen.

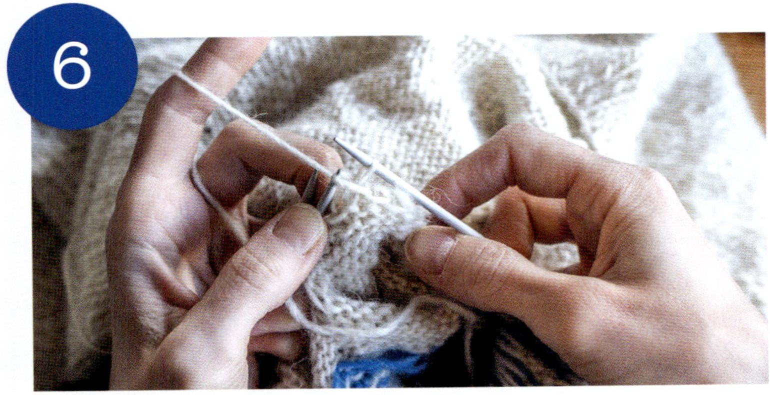

Ziehe die rechte Masche über die linke wie beim normalen Abketten. Wiederhole Schritt 4 und 5, bis alle Maschen abgekettet sind.

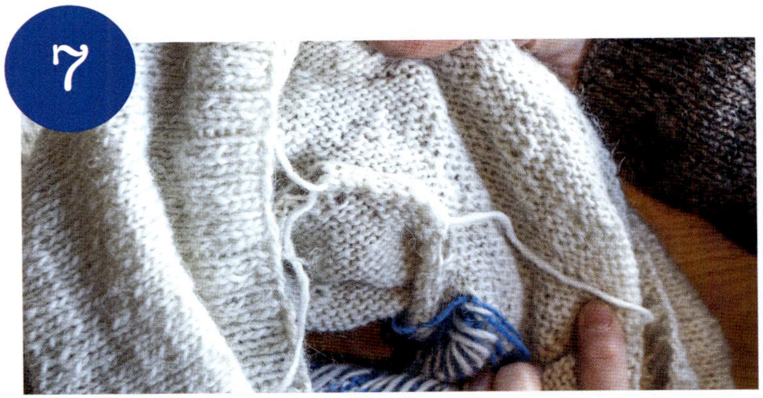

Eventuelle Löcher mit den Fadenenden der Ärmel schließen. So sieht das Ergebnis von der linken Seite aus.

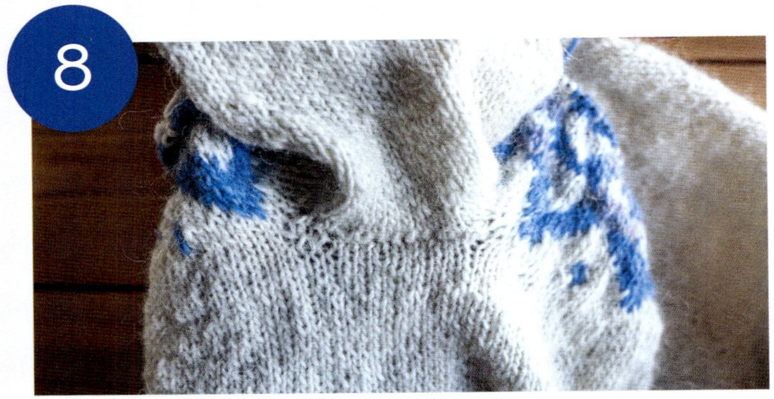

So sieht das Ergebnis von der rechten Seite aus.

Schließen der Armlöcher mit einer Wollnadel

1

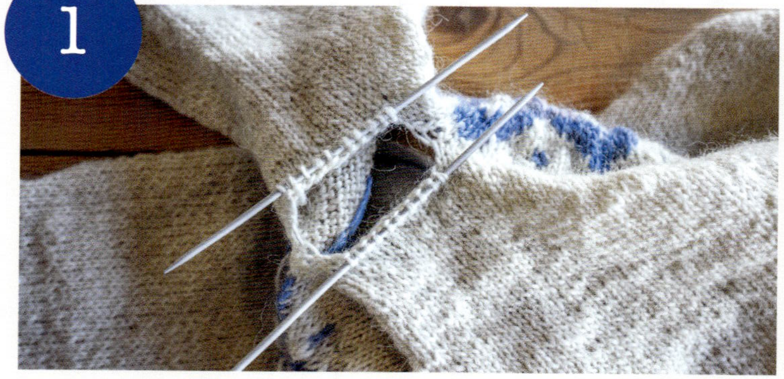

Die Maschen auf Sockennadeln legen. Kontrolliere, dass auf beiden Nadeln die gleiche Anzahl an Maschen liegt.

2

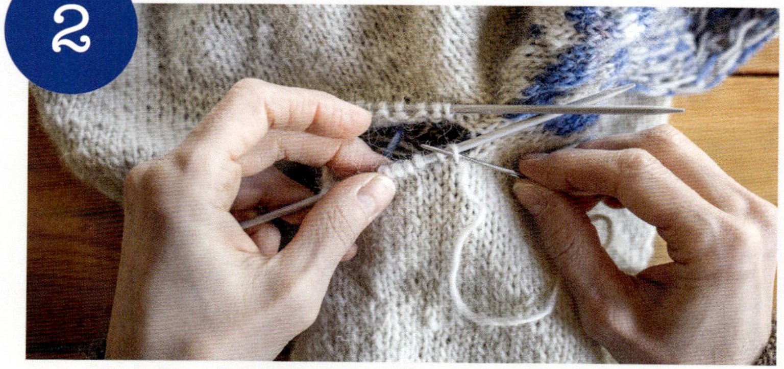

Lege die Nadeln mit den Maschen der beiden Teile nebeneinander. Die Maschen werden auf der rechten Seite im Maschenstich miteinander verbunden.

3

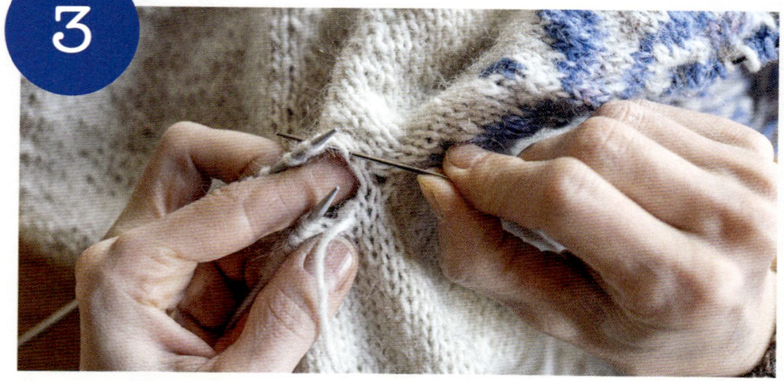

Hoffentlich hast du an einem Ärmel oder am Pullover ein langes Fadenende hängen lassen. Fädle diesen Faden auf eine Wollnadel mit großem Öhr.

4

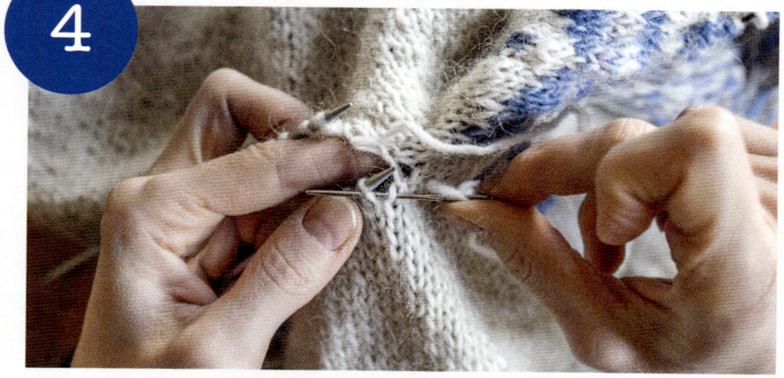

Fahre im Maschenstich von Masche zu Masche fort, bis das Armloch geschlossen ist.

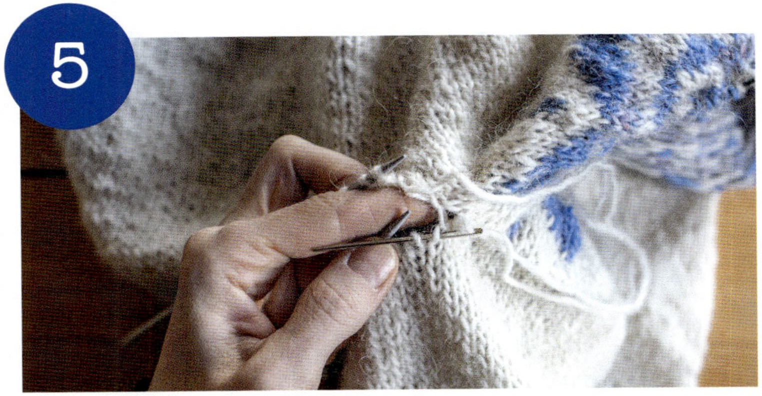

5

Die Nadeln werden Masche für Masche nach links herausgezogen.

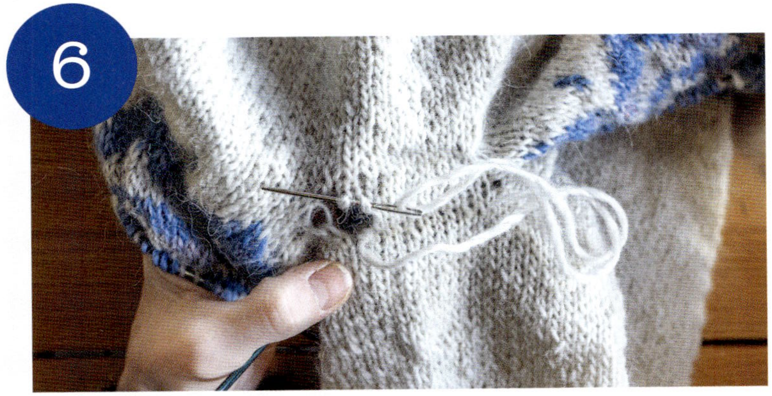

6

Fahre im Maschenstich fort, bis alle Maschen genäht sind.

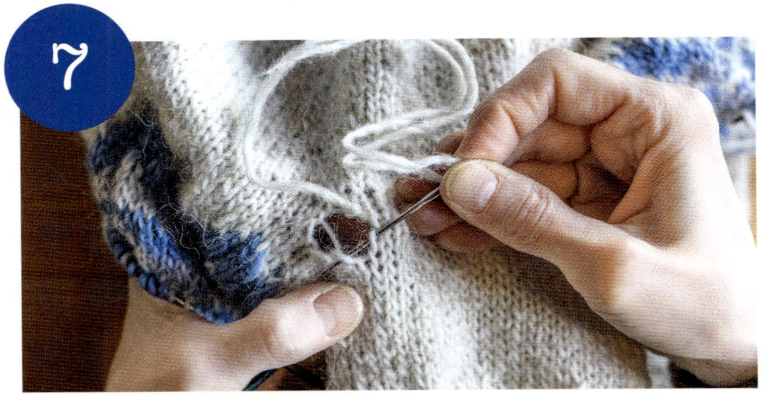

7

Schließe die Löcher an den Enden.

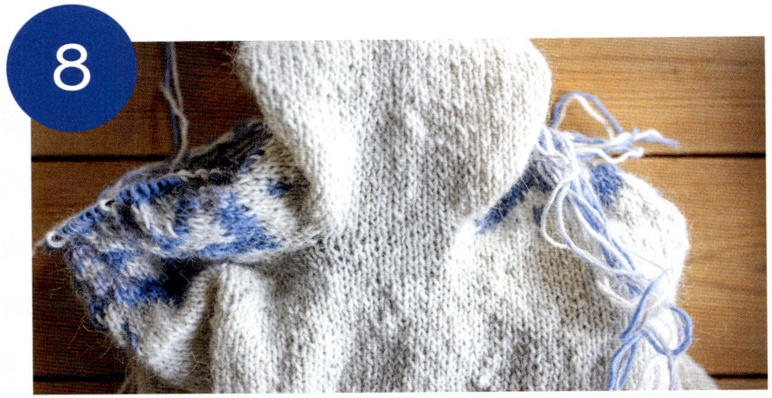

8

So sieht das Ergebnis von der rechten Seite aus.

Fertigstellen des Pullovers

VERNÄHEN DER FÄDEN

Den Pullover auf links drehen. Die Fadenenden (eins nach dem anderen natürlich) auf eine dicke Nadel ohne Spitze fädeln. Den Faden etwas, aber nicht zu fest anziehen, damit sich das Strickstück an der Stelle nicht zusammenzieht. Die Fäden in einer gleichfarbigen Strickfläche vernähen. Von Zeit zu Zeit einen Blick auf die rechte Seite des Strickstücks werfen und kontrollieren, dass die Fäden nicht durchschimmern.

Zum Vernähen reicht in der Regel ein 10 cm langes Fadenstück aus. Bei den Rippenbündchen (an Ärmel, Hüfte und Hals) die Fäden vertikal einweben, bei den glatt rechts gestrickten Flächen den Faden schräg in den hinteren Maschengliedern verweben. Wenn du die Fadenenden verknotest, können sich Verdickungen bilden und auf die rechte Seite durch das Gestrick drücken. Andererseits kann auch das ganz lustig aussehen.

ERSTES WASCHEN DES FERTIGEN PULLOVERS

Beim Stricken kann sich Schmutz oder Schweiß von den Händen auf die Wolle übertragen. Und auch wenn die Wolle nach dem Spinnen gewaschen wurde, können beispielsweise durch die Lagerung noch Verunreinigungen in der Wolle zurückbleiben. Der Pullover sollte deshalb vor dem ersten Tragen gewaschen werden, da außerdem die Wäsche die Optik des Pullovers noch vereinheitlicht und somit verbessert. Nach dem Waschen kommt das Muster besser heraus und das Strickbild ist ebenmäßiger.

Du kannst den Pullover entweder von Hand oder in der Maschine waschen. Wenn du eine Waschmaschine benutzt, wähle das Wollprogramm (30 °C) und stelle den Schleudergang auf maximal 700 Umdrehungen ein – oder ganz aus. Lege den Pullover zum Trocknen flach auf ein Handtuch. Hänge ihn nicht zum Trocknen auf einen Kleiderbügel, da sich ein nasses, schweres Strickstück dabei in die Länge zieht.

Achtung! Benutze die Waschmaschine nur, wenn das Wollprogramm funktioniert. (Satu wäscht ihre Strickpullover immer von Hand, weil sie den Programmen ihrer schon alten Waschmaschine nicht traut.)

Wenn du den Pullover von Hand wäschst, gib lauwarmes Seifenwasser in einen Eimer oder Bottich und lege den Pullover für etwa zehn Minuten hinein. Spüle ihn dann mit lauwarmem Wasser und drücke überschüssiges Wasser aus. Du kannst den Pullover in der Maschine schleudern (ca. 700 Umdrehungen) oder ihn mit einer »Handtuchrolle« vortrocknen: Breite ihn auf einem großen, dicken Handtuch aus, wickle das Handtuch *mit* dem Pullover zu einer festen Rolle auf und tritt barfuß ein paar Mal auf die Rolle. Lege den Pullover anschließend auf eine glatte Fläche zum Trocknen, zum Beispiel auf einem trockenen Handtuch.

Verwende ein für Wolle geeignetes Waschmittel. Auf Island ist es zwar nicht üblich, einen Schuss Essig in das Waschwasser zu geben, aber es schadet sicher auch nicht.

Es ist geschafft! Skál!

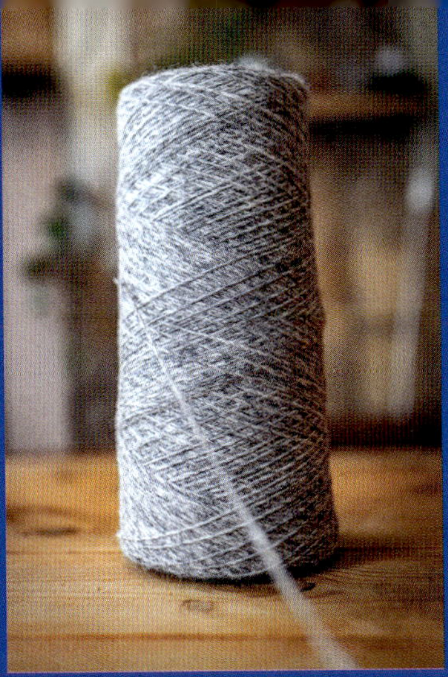

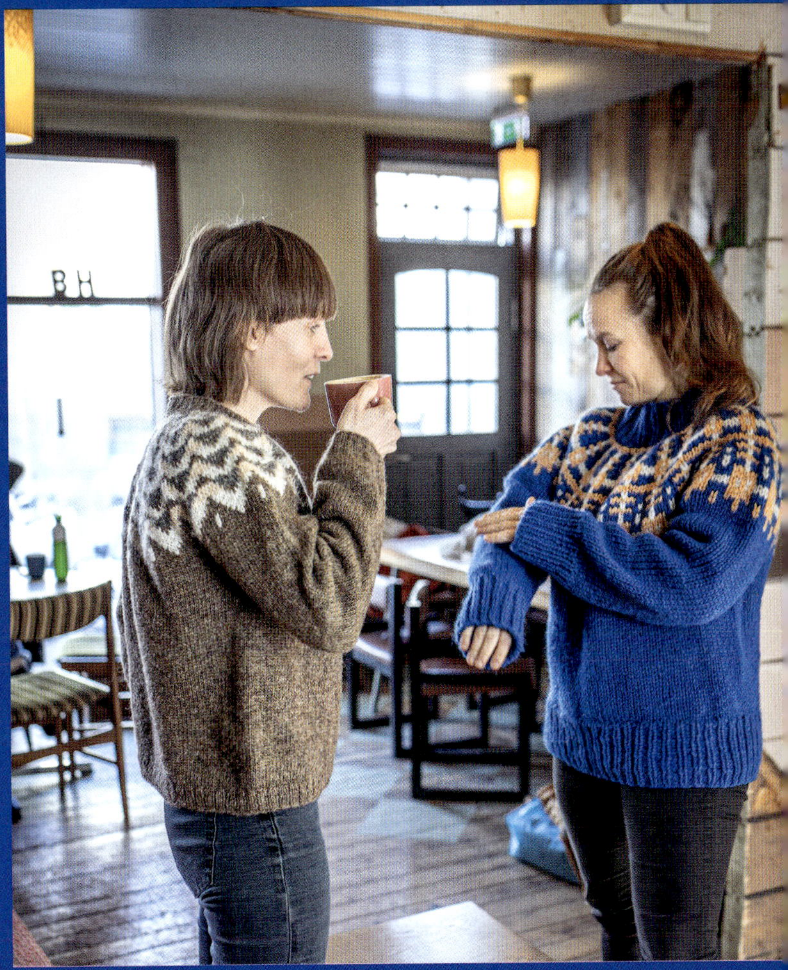

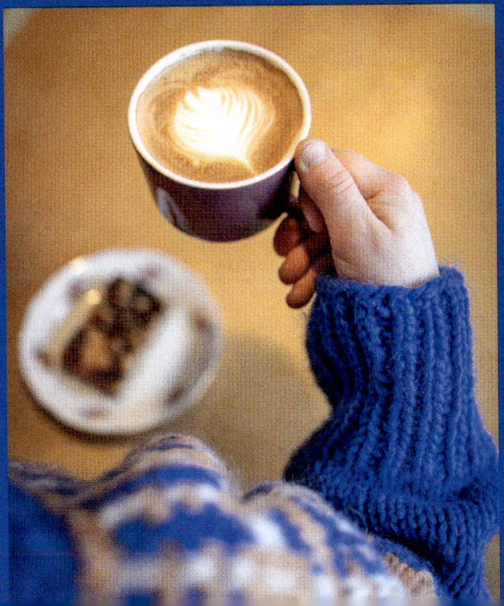

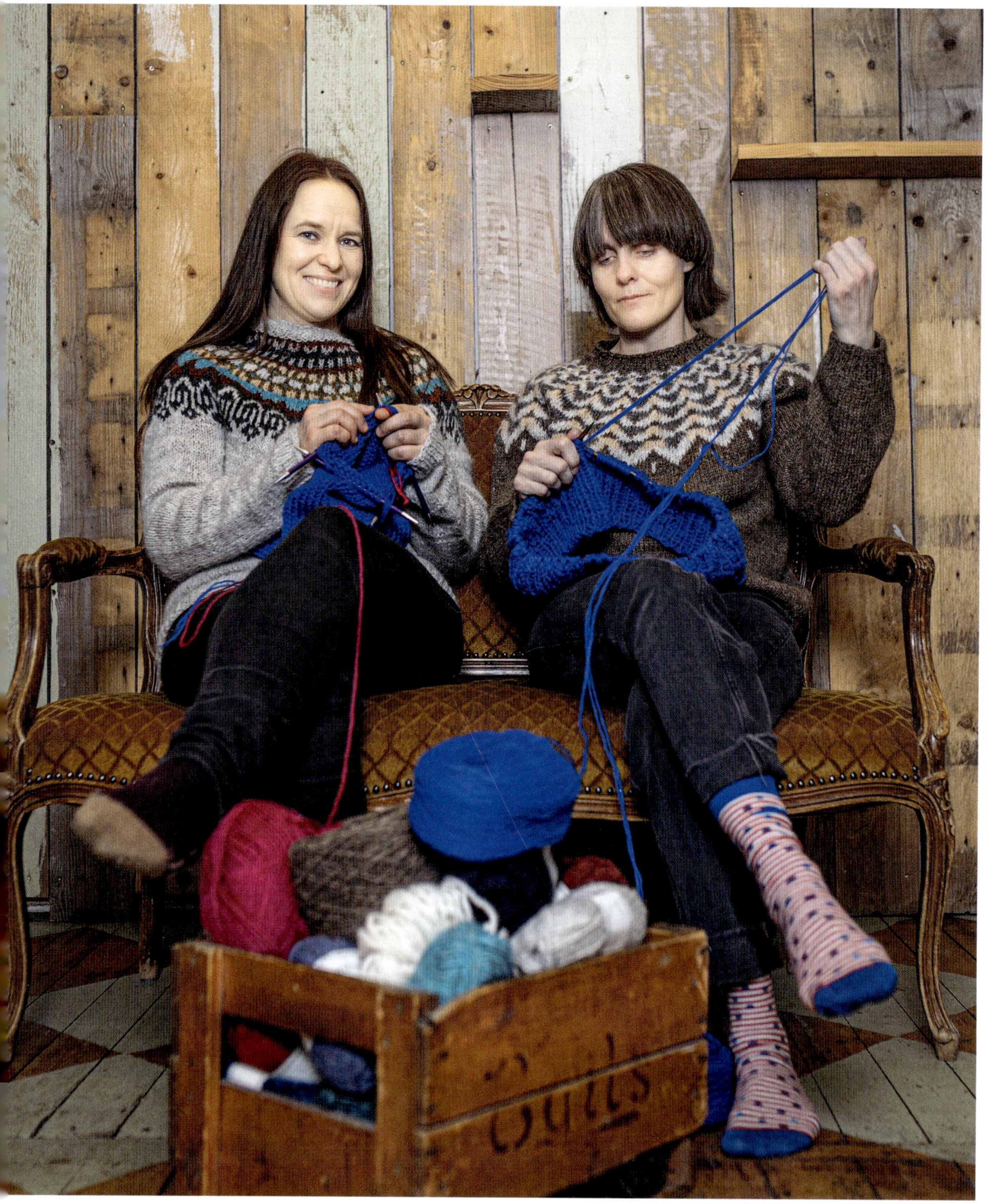

Und nun frohen Mutes und mit mehr Erfahrung ran an den nächsten Pullover!